Excel
人力资源管理实操
从入门到精通（升级版）

齐涛◎编著

中国铁道出版社有限公司
CHINA RAILWAY PUBLISHING HOUSE CO., LTD.

北 京

图书在版编目（CIP）数据

Excel 人力资源管理实操从入门到精通：升级版 / 齐涛编著 . —2 版 . —北京：中国铁道出版社有限公司，2024.6
ISBN 978-7-113-30960-2

Ⅰ. ①E… Ⅱ. ①齐… Ⅲ. ①表处理软件 – 应用 – 人力资源管理 Ⅳ. ① F243–39

中国国家版本馆 CIP 数据核字（2024）第 082999 号

书　　名：	Excel 人力资源管理实操从入门到精通（升级版） Excel RENLI ZIYUAN GUANLI SHICAO CONG RUMEN DAO JINGTONG（SHENGJI BAN）
作　　者：	齐　涛

责任编辑：	苏　茜	编辑部电话：（010）51873022	编辑邮箱：505733396@qq.com
封面设计：	仙　境		
责任校对：	苗　丹		
责任印制：	赵星辰		

出版发行：中国铁道出版社有限公司（100054，北京市西城区右安门西街 8 号）
印　　刷：天津嘉恒印务有限公司
版　　次：2024 年 6 月第 2 版　2024 年 6 月第 1 次印刷
开　　本：710 mm×1 000 mm　1/16　印张：16.5　字数：302 千
书　　号：ISBN 978-7-113-30960-2
定　　价：88.00 元

版权所有　侵权必究

凡购买铁道版图书，如有印制质量问题，请与本社读者服务部联系调换。电话：（010）51873174
打击盗版举报电话：（010）63549461

前言

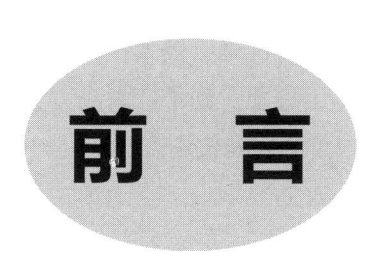

《Excel人力资源管理实操从入门到精通》自2016年3月出版以来，受到了广大人力资源从业者的欢迎，曾长期占据当当网热销榜。2016年入选当当网好书榜（经管类）、京东网"10本提升HR专业能力书籍"，此外，还被多所大学选为实训教材，实现了从畅销书到长销书的转变。

第1版已出版多年，随着Excel版本的升级、个人所得税政策的变化、人力资源数据分析愈加重要，到了必须要进行修订的时机。结合大量的读者反馈，此次主要从以下几个方面进行了修订：

1.Excel版本升级

第1版是基于Excel 2010编著的，现在Excel 2021已经上市，高版本软件可以使书中一些操作更加简单且易上手。此次，笔者使用Microsoft 365重新整理了所有操作，降低了操作难度，主要包括以下内容：

- 新函数的使用，例如FILTER（）函数等。
- 新图表的使用，例如直方图、瀑布图、漏斗图等。
- 新功能的使用，主要是版本升级带来的图表操作的改变等。
- Power Query的使用，主要用于多表合并。

同时为了照顾使用不同版本的读者，对一些呈现效果还给出了不同版本的操作方式。在此，建议读者使用Excel 2016及以上版本。

2.个人所得税核算方式的改变

修订后的《中华人民共和国个人所得税法》于2019年1月1日施行，新个税政策的一个重大变化是按全年综合所得计算个税，并实行每月预扣预缴制度。这一变化使通过公式直接计算个税的方式成为历史。

通过研究个人所得税政策，笔者通过"公式+表格"的思路设计了薪酬核算表,这张表格简单、易上手、核算准确,极大提高了薪酬核算人员的工作效率,而且根据这套表格开发的课程一上市便受到了广大人力资源从业者的欢迎,本书中将会完整体现薪酬核算表格的设计思路和使用方法。

3.难度降低

第1版上市这些年,有读者反馈操作较复杂,对新手不太友好。主要原因是之前在写作时是基于自动生成报表和报告的思路编写的,对函数和图表操作有一定要求。

这次修订,书中主要思想并没有改变,但是极大降低了学习难度。除了升级版本带来的难度降低,还专门降低了操作难度,其中包括简化公式、表格设计替代公式操作、减少开发控件的使用等。

4.精简内容

这次修订,减少了一部分内容。例如,各章节中目录页设计、一些数据分析维度、不通用的操作等,其中最大的变化是直接删除了最后三章,主要原因是其内容涉及的管理知识太多,为避免读者在学习过程中管理知识与数据操作的脱节,忍痛割舍。

5.适应人力资源数据分析需求

第1版在2016年编写时,人力资源数据分析在整个行业中并没有受到高度重视,近几年人力资源数据分析逐渐成为行业痛点,人力资源从业者对数据分析技能需求大增。

此次修订,对数据分析方面做了重点改变,第7章~第10章重写了大部分内容。修订后的内容除了兼顾人力资源职能管理需求,还重点照顾了有数据分析需求的人力资源管理者,更偏向于数据分析思路,同时也增加了对数据分析思路的引导。

应该如何学习此书

第1版自出版以来,笔者唯恐读者掌握不了学习思路,这些年在读者群内反复强调学习思路,但终归覆盖面有限。

此次修订,在前言中便告诉大家高效的学习方法。

1.学习顺序

第1章和第2章是树立正确的操作理念和规范的方法,因此拿到书后这两章是必看的内容。

第3章和第7章讲解员工信息管理，第4章和第8章讲解招聘管理，第5章和第9章讲解培训管理，第6章和第10章讲解薪酬考勤管理，每一模块的前一章内容讲解表格设计和简单的数据提取、整理等，后一章的内容讲解数据汇总和分析技巧。

重点是每一模块的章节内容前后思路是连贯的，如果学习后要应用于实际，建议您两章内容要从头至尾细读。如果要学习表格设计、数据汇总和数据分析的思路，可以单独阅读对应章节。

2.难点攻克

书中内容是按照Excel在人力资源管理中的应用方式来编写的，读者在学习过程中难免出现未曾接触的Excel知识或比较难的Excel操作（主要是函数操作），每节出现的新知识点或者比较难的操作，会在该节最后向大家解析。

如果您在书中看到了不了解的函数，可以在知识点、函数索引目录中查找对应的函数进行学习。

3.对数据分析人员的提示

书中包括完整的数据分析内容，如数据收集、数据清洗、数据分析和数据呈现。在第3章~第6章中，讲解了各模块数据收集和数据提取等内容；第7章~第10章中，讲解了各模块数据分析和数据呈现的内容，您可以根据自己的需求进行跳跃式学习。

书中配套的表格文件可以扫描二维码获取。

齐　涛

目 录

第 1 章　树立正确的操作理念

1.1　认识Excel对HR的重要性 1
1.1.1　Excel应用的普遍性 1
1.1.2　数字化时代对人力资源管理提出的新要求 1
1.1.3　HR岗位晋升必备技能 2

1.2　数据源表格和报表表格区别对待 2
1.2.1　数据源表格 2
1.2.2　报表表格 4

1.3　表格设计的正确意识 5
1.3.1　大局意识 6
1.3.2　统一意识 7
1.3.3　长远意识 7
1.3.4　传承意识 7

第 2 章　减少不规范操作，提高工作效率

2.1　表格结构的不规范操作 9
2.1.1　多行表头的不规范应用 9
2.1.2　小计行、合计行的不规范应用 11
2.1.3　合并单元格的不规范应用 12
2.1.4　人为产生隔断的不规范应用 14
2.1.5　隐藏行或列的不规范应用 17
2.1.6　数据前后排序不重视 17

	2.1.7	工作表中出现多个不同表格	18
	2.1.8	表名的不正确命名	18

2.2 工作表内容的不规范操作 19
- 2.2.1 空格的滥用 19
- 2.2.2 日期格式不规范 20
- 2.2.3 数字格式不规范 21
- 2.2.4 名称表达不统一 21
- 2.2.5 多类数据混用 22
- 2.2.6 批注的不正确应用 23

2.3 表格存储的不规范操作 24
- 2.3.1 不注意保护工作表 24
- 2.3.2 工作表、工作簿名称不一致 24
- 2.3.3 文件保管不规范 25

第 3 章 员工信息表的建立,让人事管理简单化

3.1 员工信息表设计维护 26
- 3.1.1 员工信息表结构设计 26
- 3.1.2 快速输入员工编号 28
- 3.1.3 限制空格输入 36
- 3.1.4 身份证号输入设定 38
- 3.1.5 从身份证号中提取出生日期及性别 39
- 3.1.6 日期输入规范 42
- 3.1.7 利用序列实现统一录入 43
- 3.1.8 二级联动下拉菜单设置 46

3.2 员工岗位异动表设计维护 54

3.3 员工生日信息维护 58

3.4 劳动合同续签信息维护 65

3.5 利用邮件合并制作劳动合同续签意向书 70

第 4 章 招聘数据系统的建立,让招聘环节数据化

4.1 招聘数据表格设计分析 75

- 4.2 招聘需求汇总表设计维护 77
- 4.3 应聘人员信息表设计维护 82
- 4.4 招聘成本相关表格设计维护 85
  - 4.4.1 直接成本统计表设计 86
  - 4.4.2 间接成本统计表设计 87
  - 4.4.3 成本汇总表设计 89
- 4.5 招聘数据汇总表设计维护 91
- 4.6 利用邮件合并发送录用通知书 93

第 5 章 培训数据程序的建立，让培训开发可比化

- 5.1 培训数据表格设计分析 98
- 5.2 年度培训计划完成统计表设计 99
- 5.3 培训班汇总表设计维护 102
- 5.4 反应评估汇总表设计维护 105
- 5.5 培训成本表设计维护 108
- 5.6 员工培训考核情况统计表设计维护 112
- 5.7 内部培训讲师汇总表 113
- 5.8 员工培训档案管理 117

第 6 章 考勤和薪酬数据模板化

- 6.1 薪酬核算表及配套表格设计分析 120
- 6.2 休假管理 121
  - 6.2.1 员工休假统计表设计维护 121
  - 6.2.2 员工年休假统计表设计维护 124
- 6.3 考勤管理 128
  - 6.3.1 整理电子考勤数据 128
  - 6.3.2 生成完整考勤表 130
- 6.4 加班统计表 132
- 6.5 薪酬核算表模板设计维护 135

6.6 薪酬核算表打印 ... 139
6.6.1 页面设置 ... 140
6.6.2 页眉页脚设置 ... 142
6.6.3 带部门小结及数据汇总的薪酬核算表设置 ... 143
6.6.4 工资条打印 ... 143
6.7 销售提成计算 ... 144
6.7.1 浮动提成计算 ... 145
6.7.2 超额阶梯提成计算 ... 146

第 7 章 人员结构、人事数据统计分析可视化

7.1 人事数据统计分析准备 ... 147
7.2 在职人员结构统计分析 ... 148
7.2.1 在职人员结构统计 ... 148
7.2.2 在职人员结构分析图表呈现 ... 154
7.3 入职、离职人员结构分析图表呈现 ... 159
7.4 人员流动情况分析 ... 162
7.4.1 人员流动情况统计分析 ... 162
7.4.2 年度人员流动情况统计分析 ... 168
7.4.3 离职原因统计分析 ... 171
7.5 岗位变动情况统计 ... 172
7.6 用数据透视表进行多维分析 ... 174

第 8 章 招聘指标模板的建立，全面检验招聘工作

8.1 招聘管理中的数据统计分析 ... 176
8.2 招聘效果数据统计分析 ... 177
8.2.1 招聘计划完成率统计分析 ... 177
8.2.2 平均招聘周期统计分析 ... 180
8.3 过程控制数据统计分析 ... 182
8.3.1 招聘漏斗分析 ... 182
8.3.2 未报到原因统计分析 ... 186

8.4 招聘费用数据统计分析 188
    8.4.1 招聘费用支出情况统计分析 188
    8.4.2 招聘渠道有效性统计分析 190
8.5 入职异动指标分析 193

第9章 培训数据模板的建立，以图表呈现培训效果

9.1 培训班次情况统计分析 194
9.2 人均培训学时分析 201
9.3 培训覆盖率统计分析 203
9.4 内部培训讲师分析与评测 206
9.5 培训评估分析 210
    9.5.1 学习评估数据分析 210
    9.5.2 结果评估数据分析 213
9.6 培训成本数据统计分析 215
    9.6.1 月度培训费用预算完成情况分析 215
    9.6.2 培训直接成本构成分析 217
    9.6.3 人均培训直接成本分析 219

第10章 考勤薪酬分析模板，总结规模无忧工作

10.1 考勤薪酬数据统计分析总述 221
10.2 快速汇总全年薪酬数据 222
10.3 部门出勤情况分析 227
10.4 薪酬预算与完成分析 229
10.5 薪酬构成分析 233
    10.5.1 薪酬部门构成分析 233
    10.5.2 薪酬项目构成分析 234
10.6 薪酬历史数据分析 239
10.7 薪酬分布分析 244
10.8 人均薪酬收入分析 248

知识点、函数索引目录

1. "&" 连字符 30
2. 相对引用、绝对引用和混合引用 30
3. TEXT( )函数 31
4. ROW( )函数 31
5. AND( )函数 32
6. LEN( )函数 32
7. LEFT( )函数 33
8. RIGHT( )函数 33
9. ISNUMBER( )函数 34
10. COUNTIF( )函数 35
11. 函数嵌套 35
12. MID( )函数 39
13. MOD( )函数 39
14. TRUE、FALSE 40
15. IF( )函数 40
16. INDIRECT( )函数 50
17. COUNTA( )函数 51
18. MATCH( )函数 51
19. OFFSET( )函数 52
20. VLOOKUP( )函数 56
21. IFERROR( )函数 57
22. INDEX( )函数 62
23. SMALL( )函数 63
24. 数组及数组公式 64
25. 关系运算符 "<>" 64
26. DATE( )函数 68
27. MAX( )、MIN( )函数 68
28. YEAR( )、MONTH( )、DAY( )函数 68
29. COUNTIFS( )函数 84
30. SUMPRODUCT( )函数 90
31. SUMIFS( )函数 111
32. SUMIF( )函数 115
33. ROUND( )函数 116
34. AVERAGEIF( )函数 116
35. WEEKDAY( )函数 123
36. ABS( )函数 126
37. INT( )函数 127
38. DATEDIF( )函数 152
39. FILTER( )函数 153
40. EOMONTH( )函数 168

第1章

树立正确的操作理念

1.1 认识Excel对HR的重要性

Excel是微软公司的办公软件Microsoft Office的重要组件之一,它具有简单灵活的操作、舒适的人机界面及培训成本低等特点,在我们的工作中担当着重要的角色。对HR(人力资源)从业者来说,"人"已经作为一种资源进行管理,必然从原来对资源的统计升格到对资源的汇总、分析、调配等方面,因此Excel在人事信息管理、招聘管理、培训管理、薪酬绩效管理等领域的数据统计、汇总、分析、结果输出等方面起着不可或缺的作用。

1.1.1 Excel应用的普遍性

现在能独立开发或者购买人事管理系统的企业毕竟还是少数,多数企业从成本方面或其他方面考虑,利用Excel成本低这一特点,仍选择用Excel对人力资源数据进行管理。

企业管理都有自己独特的地方,它并不一定按固定模式一直发展下去,而人事管理系统只能实现其固有的功能,系统设定之外的功能则不能实现,不能满足企业各方面的需求,这时就需要通过Excel的灵活性进行补充。

1.1.2 数字化时代对人力资源管理提出的新要求

从传统的人事管理到人力资源管理,"人"作为一种资源逐渐被社会所接受,但发展的路途是坎坷的,因为"人"作为一种资源不能被量化,只能从思想上进行重视，但不能从实际中进行评估。

数字化人力资源管理的变革也将来临，人才的选、用、育、留都可以量化，人力资源管理也将从模糊的、经验式的管理进入科学的、量化的管理。对数据的统计、存储、汇总、分析等操作都需要用软件实现，Excel可以担当一部分数据处理的角色，甚至是在多数公司完全担当这一角色。所以对HR从业者的数据处理的能力提出了更高的要求，对于应用广泛的Excel办公软件来说，它在HR工作中的作用越来越大。

1.1.3　HR岗位晋升必备技能

职位晋升、工作效率提升、各岗位高效协作都离不开Excel这一工具的使用。

从HR各个职位来说，专员岗位需要建立各种数据表，利用Excel对数据进行存储并进行简单汇总分析；主管岗位或专业模块经理需要将专员汇总的数据进行深入分析，找出问题原因并提出改进意见；经理岗位必须在所有数据中进行综合分析，找出人力资源运行中出现的问题并加以解决，并为公司发展提供科学的人力资源战略决策。

只有将Excel知识和专业知识、工作实际结合起来，HR从业者的技能才能融会贯通，结合数据分析，从观念性的管理到科学的数据管理。

1.2　数据源表格和报表表格区别对待

职场人士经常说表格或Excel表格，为什么还会出现数据源表格和报表表格？Excel表格怎么能区分出这些呢？

其实这两种表格是概念中的，并非靠Excel固有的功能进行区分。在学习Excel的过程中，HR必须先将这两种概念的表格区分清楚，学习过程才能更加顺利。

我们从小就被教育学习要打好基础，学习Excel同样如此，这个基础是从区分两种表格开始的，只有了解清楚这两种表格，才能更好地进行表格的设计和应用。

1.2.1　数据源表格

数字化时代，数据已经成为公司的重要资产之一，对HR来说，人力资源数据是不断积累的，数据量会越来越大。例如历年来的薪酬数据、员工入离调转数据、招聘数据、培训数据等。

这里所提到的数据并不是处理过的数据，而是一些基础的数据，数据等同于信息。

如果有人说他有历年来公司的离职率、离职原因分析等，这不是基础数据，而是处理过的数据，对HR的工作意义不是太大，因为管理并不是固化的，HR每年不可能固定地用几项指标。如果有人说他有历年来公司离职员工的各项基本信息，那么这样的信息对HR分析员工离职的各项数据是非常有帮助的。

在日常工作中，很多人分不清数据源表格或者让数据源表格承担了太多的"职责"，最终搞得不伦不类，导致在表格和数据处理方面，浪费了大量的时间和精力，最后还可能达不到想要的结果。

图1-1所示为某公司的一张人事信息表，根据这张表，如果要统计各部门28周岁以上的女性，是否有一种苦恼至极的感觉？这仅仅是一项统计，如果按人力资源工作中的各项指标来统计，那么需要一个人用很长时间来专门统计这些数据，这样则极大降低了工作效率。

人事信息表

总序号	姓名	岗位	性别	出生日期	身份证号	学历	入职时间
1	朱娜	经理	女	1978-11-28	130████████20	专科	2008-1-6
2	李玉红	往来会计	女	1988-12-9	130████████20	专科	2012-4-10
3	张静	出纳	女	1986-6-3	130████████20	专科	2012-5-17
4	王冬娜	成本会计	女	1978-11-28	130████████20	专科	2012-9-30
5	李红梅	总账会计	女	1987-5-10	130████████20	本科	2013-8-5
6	赵学灵	成本会计	女	1982-9-20	130████████20	专科	2014-8-25
财务部	6人						
7	吴谦谦	经理	男	1985-1-20	130████████10	专科	2009-2-16
8	刘红	采购专员	女	1988-12-9	130████████20	专科	2013-4-10
9	魏亚静	采购专员	女	1986-6-3	130████████20	专科	2013-5-17
10	刘晓洁	采购专员	女	1989-10-25	130████████20	专科	2014-8-1
11	张梅	采购助理	女	1987-5-10	130████████20	本科	2014-8-5
采购部	5人						
12	李健	经理	男	1972-2-4	130████████10	本科	2011-4-1
13	赵娟	SOP技术员	女	1979-3-16	130████████20	本科	2011-5-11
14	胡波	主管	男	1989-3-1	130████████10	本科	2012-8-19
15	李立杰	工艺工程师	男	1986-9-1	130████████10	本科	2013-3-20
16	王佳	工艺技术员	男	1984-10-18	130████████10	本科	2013-5-26
17	田方方	文员	女	1984-7-25	130████████20	本科	2014-8-1
工艺部	6人						

图1-1　不规范的数据源

数据源表格一般只是给数据统计分析人员看的，在没有汇总分析的情况下，对于其他人员来说意义并不大，HR不能指望一张表格满足多项需求，千万不要把一张表做得不伦不类，结果满足不了各种需求，反而会给数据汇总分析造成困难。

地基牢固方能建起高楼大厦，在Excel表格操作中数据源表格就是这个地基，基础打不好，谈什么工作效率提高，数据分析、多维对比等都是枉然。

因此，在设计数据源表格时应注意以下事项。

1 录入的数据是基础的数据

基础数据表现在录入的数据是最基础的，即基础不是通过数据计算得出的，可以等同于信息。例如2024年1月5日招聘到了5个人，在统计数据时，要统计这5个人的姓名、性别、学历、岗位等信息，而不是仅仅统计"5"这一数字。

越是基础的数据，越能从中找到一些规律。例如每次培训的培训费用，可以将培训费用分为：教材费用、讲师津贴、交通费用、住宿费用等，以便日后对各项费用进行分析对比。例如想要提高工作效率，缩短一件产品的加工时间，可以将加工分解为各个基本的动作，然后从各个动作中分析问题，找出提高工作效率的方法。

2 数据便于操作处理

录入、存储各种数据，就是为了用Excel的功能或工具对数据进行汇总、分析，如筛选、排序、函数、数据透视表等，进而得到HR想要的结果。

例如，录入人事信息数据是为了对人员情况进行多维分析；录入培训数据是为了对培训情况进行分析，以期从分析结果中找出规律、找出工作中需改进的地方，不断促进HR工作效率的提高。

因此数据源表格中的数据要具备各种"变形"的能力，是各种汇总分析的基础。第2章将会讲解如何让数据具备各种"变形"的能力。

1.2.2 报表表格

数据源表格是给自己看的，通常不需要华丽的外表；但报表表格则是给他人看的，那么就需要打扮得漂漂亮亮地呈现在众人眼前。

图1-2所示为各部门出勤情况统计表，该表是一个报表表格，它是根据薪酬表格汇总出来的数据，根据这个表格可以看到，报表表格的数据是从数据源表格中汇总计算而来的，需要注意排版的美观性等方面。

部　门	实出勤	应出勤	出勤率	公司标准线
行政外联部	1765.5	1827.0	96.6%	95.2%
总经办	1006.0	1044.0	96.4%	95.2%
设备五金部	1508.0	1566.0	96.3%	95.2%
财务部	1255.0	1305.0	96.2%	95.2%
技术部	1249.5	1305.0	95.7%	95.2%
人力资源部	1247.0	1305.0	95.6%	95.2%
采购部	997.5	1044.0	95.5%	95.2%
工艺部	1492.0	1566.0	95.3%	95.2%
品质部	1989.0	2088.0	95.3%	95.2%
生产部	10373.5	10962.0	94.6%	95.2%
销售部	1704.5	1827.0	93.3%	95.2%

图1-2　报表表格样例

1.3 表格设计的正确意识

HR在接触Excel的初始阶段，必然会面临自己设计表格的情况，有不少人认为设计一个表格很简单，因为知道需要统计什么信息后直接在表中列明相应的标题即可。实际是这样吗？

如图1-3所示，你能不能快速统计出每位员工劳动合同的期限呢？这个明显是不能的，因为表格设计有问题。

如果换成图1-4所示的表格格式，能不能快速统计出劳动合同期限呢？这个答案是肯定的，用DATEDIF( )函数便可以快速统计劳动合同期限。

序号	姓名	第一次劳动合同起止日期
1	赵红花	2008-1-4至2011-1-3
2	朱娜	2008-1-6至2011-1-5
3	张龙	2008-3-24至2011-3-23
4	孙建军	2008-7-4至2011-7-3
5	陈武	2008-8-7至2011-8-6
6	张秀权	2008-8-7至2011-8-6
7	张丽	2008-8-24至2011-8-23
8	吴军杰	2008-10-1至2011-9-30
9	金建科	2008-10-24至2011-10-23
10	刘小伟	2009-1-5至2012-1-4
11	吴谦谦	2009-2-16至2012-2-15
12	张立锋	2009-3-31至2012-3-30
13	刘波	2009-8-19至2012-8-18
14	贾正	2009-9-2至2012-9-1
15	张学伟	2009-12-2至2012-12-1
16	吴婷婷	2010-2-26至2013-2-25
17	李静	2010-3-1至2013-2-28
18	张健超	2010-3-19至2013-3-18
19	潘玉博	2010-5-9至2013-5-8

图1-3　劳动合同期限统计

序号	姓名	开始日期	结束日期	劳动合同期限
1	赵红花	2008-1-4	2011-1-3	
2	朱娜	2008-1-6	2011-1-5	
3	张龙	2008-3-24	2011-3-23	
4	孙建军	2008-7-4	2011-7-3	
5	陈武	2008-8-7	2011-8-6	
6	张秀权	2008-8-7	2011-8-6	
7	张丽	2008-8-24	2011-8-23	
8	吴军杰	2008-10-1	2011-9-30	
9	金建科	2008-10-24	2011-10-23	
10	刘小伟	2009-1-5	2012-1-4	
11	吴谦谦	2009-2-16	2012-2-15	
12	张立锋	2009-3-31	2012-3-30	
13	刘波	2009-8-19	2012-8-18	
14	贾正	2009-9-2	2012-9-1	
15	张学伟	2009-12-2	2012-12-1	
16	吴婷婷	2010-2-26	2013-2-25	
17	李静	2010-3-1	2013-2-28	
18	张健超	2010-3-19	2013-3-18	
19	潘玉博	2010-5-9	2013-5-8	

图1-4　劳动合同期限规范表格

前面举了一个数据源表格的案例，图1-5所示为一个简单的员工劳保发放签收表，仅这一个简单的表格，就存在好几个问题。例如，部门和发放时间完全可以放在表格标题中，单元格之间也完全没有必要区分颜色。

	A	B	C	D
1			员工劳保发放签收表	
2			发放日期：	2024年4月
3	序号	部门	姓名	签名
4	1	技术部	员工1	
5	2		员工2	
6	3		员工3	
7	4		员工4	
8	5		员工5	
9	6		员工6	
10	7		员工7	
11	8		员工8	
12	9		员工9	
13	10		员工10	

图1-5　不规范的劳保发放签收表

无论设计数据源表格还是报表表格，都需要进行仔细分析。表格设计的逻辑，不存在所谓"高深"的知识。许多Excel的技巧或小知识，只不过是Excel表格不规范操作造成的，这其中就包括表格设计的不规范。

对于规范化的表格设计，没有统一的标准，只要设计的表格能满足工作需要，而且通过表格数据可快速得到各种处理过的数据即可。

在设计表格时，一定要仔细考虑，如同分析工作一样，分析一下表格需要采用什么样的结构达到怎样的效果等，对于一些无用信息或重复信息也要剔除出去。因此，在表格设计时，一定要有大局意识、统一意识、长远意识和传承意识。

1.3.1　大局意识

大局意识是在设计表格时要有大局观，表格设计和HR岗位晋升不一样，无论是Excel新手还是老手，设计表格时都要有大局观。在设计表格时，必须要考虑相关的岗位及上下级对数据的需求，预估工作中可能用到的数据，而且要把设计的表格放在工作流程中的某一具体环节中来考虑。

一张规范的表格数据莫过于悄无声息地融入工作流程中，不会对和自己工作相关的人员造成工作量的增加。如在员工较多的公司，员工姓名重复或出错的可能性就越大，人事专员在设计人事信息表时考虑将员工编号设置成唯一性，员工编号作为检索条件，无论在查询员工的人事信息、工资明细还是培训记录时，都可以用员工编号进行检索，这样做会在很大程度上避免出错。

培养表格设计的大局观，可以在每次设计表格时考虑如下因素：①这个表格有什么作用；②这个表格的数据是从哪张表或哪个人处得来的；③谁会在这张表格中获得数据进行工作；④上下级或同级有什么数据需求……多考虑终归是有益的，以免表格设计不完整再进行返工。

1.3.2 统一意识

设计的表格，不能仅考虑这个表格适合自己使用，还要考虑这个表格多人操作时能否做到统一。统一意识分为以下两部分：

一是表格内的统一意识，包括格式的统一、录入内容的统一、保存名称的统一等；

二是表格外的统一意识，这个统一意识并不是自己操作设计表格，而是要考虑将统一的表格设计意识传递给周围的同事，团队中所有的人都有同样的意识，这样团队中表格衔接的工作才会变得容易。

1.3.3 长远意识

人力资源工作中有人力资源规划，设计Excel表格同样要进行规划，不仅要满足当前的需求，还要考虑以后可能的需求，因为当前不需要的以后可能会需要。

例如某公司做经营分析时，发现这几年基层人员稳定，但随着工艺水平的不断提高，公司产能反而呈下降的趋势。过了一段时间，人力资源部整理了每个产品个人产能的对比表，发现有的产品个人产能在提高，而有的产品个人产能有所降低，这些数据源于这几年人力资源部在统计计件工资时，将生产部日报表中的内容随计件各项目一起输入表格中，当初就是考虑能多角度分析计件的各项数据，没想到在关键时候起到了作用。

工作不是一成不变的，随着公司的发展和管理水平的不断提高，需要的数据可能会越来越多，也可能会有一些数据用得越来越少，原来没注重的数据会越来越重要，所以设计表格时要有长远意识，将一些可能有用的数据录入其中，为以后工作带来便利。

1.3.4 传承意识

每个人都会有自己的工作思路，HR可能会调岗、晋升或者换工作，到了新岗位上有可能会和原岗位人员的工作思路不一样，但无论工作思路如何不同，各项指标分析都不可能会出现偏差。

如果表格设计时考虑的因素足够多，存储的数据量足够大，无论用任何数据或任何指标，都能从数据表中引用计算。如同前面一样，自己要去影响其他人有同样的表格操作设计意识，同样也要有统一意识和传承意识，使大家一起将该岗位需要的数据完善。这样，无论你在哪个岗位或哪个公司，你的工作都会越来越得心应手。

第2章

减少不规范操作，提高工作效率

看到其他人运用Excel时操纵自如，到自己用时却出现各种问题，有可能不是自己不熟练，而是没有进行规范化操作。其实在人力资源工作中，Excel应用很简单，很多复杂的问题都是自己造成的。本章主要讲解数据源表格中的各种不规范操作，摒弃那些不规范操作，让Excel更加得心应手。

2.1 表格结构的不规范操作

你是否遇到过以下这些情况：无法选取部分数据区域；对某一列排序的时候出现错误提示；用数据透视表的时候发现不能创建；用函数公式的时候会出现错误结果等情形。

看着别人操作得那么熟练，到自己操作时为什么就不行了呢？答案是表格结构不规范，是影响数据处理的一大因素。

2.1.1 多行表头的不规范应用

在设计表格的时候，有人会习惯性的将标题先分大类，再分明细，这样就造成了多行表头。在文字描述中，这样的思路很清晰，但设计数据源表格和文字描述的思路还是不同的。

如图2-1所示，这是一张人事信息表中的一部分，此表格中用了两行表头。在第1章中介绍了，数据源表格存储的是基础数据，没必要去对这些基础数据再进行分类，而且数据源表格本身就是自己看的，报表数据是从数据源表格中提取、汇总、分析出来的，可以说数据源表格本身是不能拿来立即使用的。

多行表头可以应用，但在数据源表格中一定不能应用，因为在Excel默认的规则里，第一行是标题行，这样设计会对以后的操作带来麻烦。

危害一：影响分类汇总。如图2-2所示，在"分类汇总"选项卡下"选定汇总项"时，只出现第一行的标题，第二行的标题不会出现。

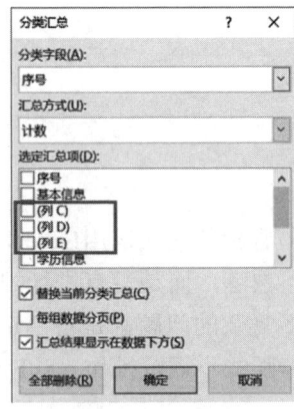

图2-1 多行表头表格示例   图2-2 分类汇总图例

危害二：应用超级表标题行出错。如图2-3所示，应用超级表时，标题行是第一行，但大部分标题都在第二行。

图2-3 表格应用图例

危害三：应用数据透视表出错。如图2-4所示，在创建数据透视表时，会出现错误的提示，数据透视表的字段名无效。

图2-4 创建数据透视表时的错误提示

2.1.2 小计行、合计行的不规范应用

在表格中使用小计和合计,是很多人的一个习惯,这样可以快速地查看数据汇总情况,如图2-5所示。但是要考虑以下几个问题:

①插入小计行和合计行使用多长时间?
②对各组成员的考核成绩进行排名,如何快速操作?
③所有成员成绩总排名,如何快速操作?
④对各组平均分排序,如何快速操作?

序号	班组	姓名	考核成绩	备注
1	组1	员工3	45	
2	组1	员工4	55	
3	组1	员工5	37	
4	组1	员工6	100	
5	组1	员工7	52	
6	组1	员工8	92	
7	组1	员工9	60	
8	组1	员工10	64	
组1合计及平均分			505	63.13
9	组2	员工11	58	
10	组2	员工12	45	
11	组2	员工13	89	
12	组2	员工14	86	
13	组2	员工15	33	
14	组2	员工16	59	
组2合计及平均分			370	61.67
15	组3	员工17	40	
16	组3	员工18	63	
17	组3	员工19	67	
18	组3	员工20	69	
19	组3	员工21	32	
20	组3	员工22	26	
21	组3	员工23	76	
组3合计及平均分			373	53.29

图2-5 合计行应用示例

解决这些问题是不是占用了大量时间？如果取消小计行和合计行，使用分类汇总或数据透视表得出小计和合计的结果是非常高效的，而且前面几个问题也能迎刃而解。

数据源表格设计的一个特点是不用或尽量少用通过计算得到的数据，小计行或合计行的出现，是不符合数据源表格设计原则的，而数据源表格中人为增加小计行或合计行，更是浪费了大量的时间。

想要得到汇总数据，可以通过公式、数据透视表等方法汇总统计，或者通过分类汇总在数据源工作表中汇总，看完结果后还可以快速地恢复原状。

Excel的功能是很强大的，如果在汇总分析表格的过程中，出现了大量手工计算或者操作时，就应该停下来想一想有没有简单一些的办法。否则，如果继续做下去，出错的可能性是非常大的。

2.1.3 合并单元格的不规范应用

合并单元格在Excel应用中很广泛，在数据源表格中合并单元格对数据汇总分析带来非常大的麻烦，称它为"表格操作杀手"也毫不为过。

图2-6所示为5月份培训实施表，现在，通过此表来讲解合并单元格的一些危害。

	A	B	C	D	E	F	G	H	I
1	序号	培训时间	培训内容	培训学员	部门	考核成绩	培训讲师	培训课时	培训费用
2	1	2023-5-17	3C知识及要求	肖桂宏	品质部	68.5	吴亮	1	800
3				郑姣姣		48.5			
4				王晓晓		33.5			
5				王晶晶		90.4			
6				王华平		18.3			
7				王鲁幸		69.9			
8				杨帆		90.1			
9	2	2023-5-25	质量控制问题的解决方法	王世博	生产部	57.3	吴亮	3	1800
10				张晓阳		75.7			
11				郑姣姣		24.5			
12				王晓晓		89.6			
13				焦健哈		78.6			
14				王鲁幸		66.4			
15				杨帆		66.9			
16				肖杏梅		48.5			
17	3	2023-5-22	ProE制图规范	米彦杰	技术部	63.7	王海涛	4	1200
18				肖桂宏		39.3			
19				梁静依		38.3			
20				梁浩然		56.4			
21				温素珍		44.8			
22				王书青		42.8			
23				康娟		87.1			

图2-6 合并单元格图例

危害一：影响选取数据区域。如要选取品质部人员参加的培训内容，应该选择A1:F14数据区域，选择这个区域时就会扩展到A1:F16区域，因为合并单元格的存在，在操作时不能选择合并单元格的一部分，Excel会自动扩展到整个合并单元格，这样就会给操作带来不便。

危害二：影响排序。培训时间没有按时间先后顺序录入。如果按时间进行升序排列，就会弹出如图2-7所示的提示框，最终得不到想要的结果。

危害三：影响筛选。合并单元格后，数据只保存在合并单元格区域的首行或首列，如图2-8所示。所以筛选时，也只能筛选到合并单元格首行的信息，如图2-9所示。想要筛选生产部人员参加的培训，结果只显示15行一条信息，16行的信息没有显示，因为E16单元格为空值。

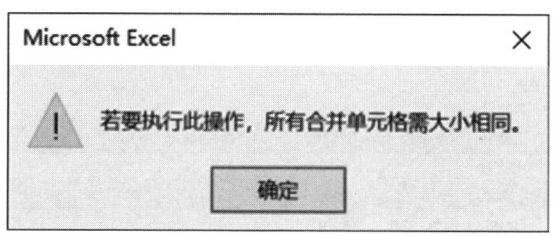

图2-7　排序出错提示框　　　　图2-8　合并单元格公式示例

图2-9　筛选合并单元格内容示例

危害四：数据透视表不能统计正确信息。如图2-10所示，用数据透视表统计各部门参加培训的人次，结果显示生产部、技术部和品质部分别为1人，与实际情况不相符。

图2-10　数据透视表结果

危害五：应用超级表出错。如图2-11所示，应用超级表后，合并单元格会被取消，原来做的合并单元格的工作被超级表打回原形。

序号	培训时间	培训内容	培训学员	部门	考核成绩	培训讲师	培训课时	培训费用
1	2023-5-17	3C知识及要求	肖桂宏	品质部	68.5	吴亮	1	800
			郑姣姣		48.8			
			王晓晓		33.5			
			王晶晶		90.4			
			王华平		18.3			
			王鲁幸		69.9			
			杨帆		90.1			
2	2023-5-25	质量控制问题的解决方法	王世博		57.3	吴亮	3	1800
			张晓阳		75.7			
			郑姣姣		24.5			
			王晓晓		89.6			
			焦健晗		78.6			
			王鲁幸		66.4			
			杨帆	生产部	66.9			
			肖杏梅		48.5			
3	2023-5-22	ProE制图规范	米彦杰	技术部	63.7	王海涛	4	1200
			肖桂宏		39.3			
			梁静依		38.3			
			梁浩然		56.4			
			温素珍		44.8			
			王书青		42.8			
			康娟		87.1			

图2-11　合并单元格表格应用

其他危害：除了上述的几种危害外，还有：在有合并单元格的情况下，不能随意地移动某一行的数据。因为合并单元格后数据在第一行或第一列，所以用公式查找引用数据时，会经常出错；在合并的项目较多且有分页情况出现时，打印出来的内容前一页会有项目，而后一页是空白，没有项目。

综上所述，在数据源表格中一定不能出现合并单元格的情况，以免影响后续的各种操作。

2.1.4　人为产生隔断的不规范应用

除了用多行表头、合并单元格将相同或相似的区域分开，用空行或空列产生隔断的方式也是经常出现的一种应用。不得不承认，有时候用空行或空列隔断并填充底色或底纹的方式让表格看起来很漂亮，但是漂亮的表格并不能为后期处理数据带来便利，反而造成很大的影响。

图2-12所示为人事信息表，通过此表讲解一下人为产生隔断的危害。

序号	姓名	部门	性别	身份证号	生日	学历	毕业时间	毕业院校	专业
1	郝雪瑾	生产部	女	130...20	1978-11-28	专科	2000-7-10	北京航空航天大学	计算机信息管理
2	秦红亮	生产部	男	130...10	1988-5-6	专科	2007-7-1	北京建筑工业大学	市场营销
3	谢丽连	生产部	女	130...20	1965-9-28	本科	2006-7-1	电子科技大学	电子信息工程
4	张娜	生产部	女	130...20	1974-9-7	专科	2014-7-1	合肥财经职业学院	会计与审计
5	郎晓晓	生产部	男	130...10	1977-1-14	专科	2005-6-30	河北大学	质量工程
6	刘万霖	生产部	男	130...10	1978-8-5	专科	2005-6-30	河北大学	产品质量检验
7	张恩会	生产部	男	130...10	1983-1-19	本科	2006-6-30	河北大学	劳动与社会保障专业
8	杜晓霞	生产部	女	130...20	1983-1-29	本科	2013-6-1	河北大学工商学院	通信工程
9	张晓娜	品质部	女	130...20	1984-9-27	专科	2010-6-1	河北工程技术高等专科学校	应用电子
10	武博	品质部	男	130...10	1986-6-3	专科	2013-6-10	河北工程技术学院	建筑工程
11	李晓腾	品质部	男	130...10	1987-5-10	专科	2005-7-1	河北工业职业技术学院	应用电子技术
12	张家俊	品质部	男	130...10	1988-10-15	专科	2007-7-1	河北工业职业技术学院	应用电子技术
13	郝新房	品质部	男	130...10	1988-12-9	专科	2011-7-1	河北建材职业技术学院	机电一体化
14	李亚茹	品质部	女	130...20	1989-3-1	专科	2001-6-27	河北科技大学	服装工程
15	郭静	技术部	女	130...20	1989-3-24	本科	2008-6-30	河北科技大学理工学院	通信工程
16	常晓然	技术部	女	130...20	1989-4-12	专科	2006-6-28	河北理工大学	电子信息科学与技术
17	张桂玲	技术部	男	130...10	1989-10-15	专科	2007-6-20	河北能源职业技术学院	机电一体化
18	剧倩影	技术部	女	130...20	1990-3-14	硕士	2013-6-30	河北师范大学	植物学
19	高强	技术部	男	130...10	1991-8-25	专科	2009-7-1	河北石油职业技术学院	计算机信息管理

图2-12 有隔断的人事信息表

危害一：不能全选数据。快捷键【Ctrl+A】是全选，如果将鼠标定位在数据表中的任意单元格，按快捷键【Ctrl+A】，只能选定没有隔断分开的数据，如图2-13所示。

图2-13 全选效果

危害二：影响排序。按某一列进行排序，排序的数据只针对没有隔断分开的数据，如图2-14所示，将序号降序排列，H2:K20区域的数据根本没有变化。

序号	姓名	部门	性别	身份证号	生日	学历	毕业时间	毕业院校	专业
19	高强	技术部	男	130████10	1991-8-25	专科	2000-7-10	北京航空航天大学	计算机信息管理
18	剧倩影	技术部	女	130████20	1990-3-14	专科	2007-7-1	北京建筑工业大学	市场营销
17	张桂玲	技术部	男	130████10	1989-10-15	本科	2006-7-1	电子科技大学	电子信息工程
16	常晓然	技术部	女	130████20	1989-4-12	专科	2014-7-1	合肥财经职业学院	会计与审计
15	郭静	技术部	女	130████20	1989-3-24	专科	2005-6-30	河北大学	质量工程
14	李亚茹	品质部	女	130████20	1989-3-1	专科	2005-6-30	河北大学	产品质量检验
13	郝新房	品质部	男	130████10	1988-12-9	本科	2006-6-30	河北大学	劳动与社会保障专业
12	张家俊	品质部	男	130████10	1988-10-15	本科	2013-6-1	河北大学工商学院	通信工程
11	李晓腾	品质部	男	130████10	1987-5-10	专科	2010-6-1	河北工程技术高等专科学校	应用电子
10	武博	品质部	男	130████10	1986-6-3	专科	2013-6-10	河北工程技术学院	建筑工程
9	张晓娜	品质部	女	130████20	1984-9-27	专科	2005-7-1	河北工业职业技术学院	应用电子技术
8	杜晓霞	生产部	女	130████20	1983-1-29	专科	2007-7-1	河北工业职业技术学院	应用电子技术
7	张恩会	生产部	男	130████10	1983-1-19	专科	2011-7-1	河北建材职业技术学院	机电一体化
6	刘万霖	生产部	男	130████10	1978-8-5	专科	2001-6-27	河北科技大学	服装工程
5	郎晓晓	生产部	男	130████10	1977-1-14	本科	2008-6-30	河北科技大学理工学院	通信工程
4	张娜	生产部	女	130████20	1974-9-7	专科	2006-6-28	河北理工大学	电子信息科学与技术
3	谢丽连	生产部	女	130████20	1965-9-28	专科	2007-6-20	河北能源职业技术学院	机电一体化
2	秦红亮	生产部	男	130████10	1988-5-6	硕士	2013-6-30	河北师范大学	植物学
1	郝雪瑾	生产部	女	130████20	1978-11-28	专科	2009-7-1	河北石油职业技术学院	计算机信息管理

图2-14 降序效果

危害三：影响数据透视表操作。在操作数据透视表时，只需将鼠标定位在有数据的任意单元格中，插入数据透视表，会默认全选有数据的区域，但是有隔断的情况下，只能选取没有隔断分开的数据，如图2-15所示。

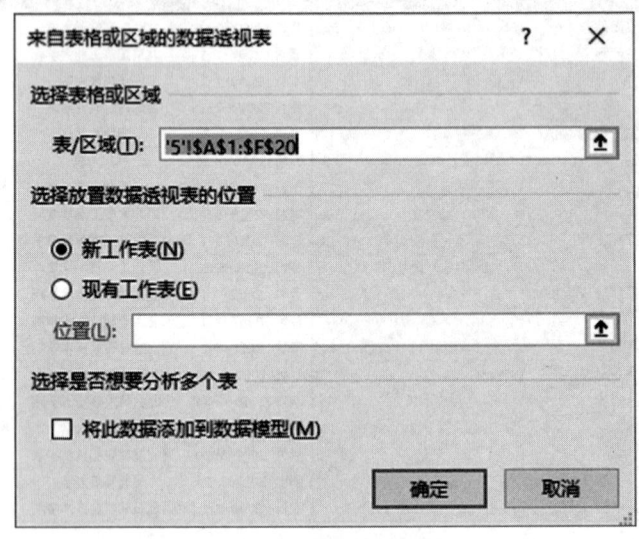

图2-15 数据透视表效果

假定将数据全选以后，插入数据透视表，会提示如图2-16所示的错误信息（横向的隔断不提示）。

图2-16　插入数据透视表错误提示

其他危害。有横向隔断并且进行筛选时，只能筛选隔断以上的数据，不能筛选隔断以下的数据；用函数引用表中部分内容时，有可能也会将隔断那一列引用过来，还需手动空列；如果隔断再合并单元格的话，还会出现2.1.3节所列的危害情况。

2.1.5　隐藏行或列的不规范应用

隐藏行或列危害不大，但让人抓狂，对自己的危害远没有对别人的危害大。表格设计后，不仅是自己操作，其他人也要操作，为了方便操作隐藏了行或列，自己可能会记得，或者为了贪图省事将一些行或列隐藏起来让其表面上看起来格式还不错。

但是对于其他人来说，一般很少有人会仔细看有没有隐藏行或列。隐藏行或列，最主要的危害是公式引用时可能会出现错误，如经常用VLOOKUP( )函数，第三个参数可能会因为隐藏列出现错误，也可能因为隐藏行导致引用的数据不对。如果将部分数据复制到其他表格时，还需要花费时间将隐藏的内容删除。

隐藏行或列，在数据源表格中不能应用，同时建议在报表表格中也尽量少应用，有用的数据就保留，没必要隐藏，没用的数据就删除。如果只选取部分数据，另建一张新表处理格式，不要隐藏行或列，因为表面看起来挺不错，但背后那些隐藏的内容在操作表格时就会原形毕露。

2.1.6　数据前后排序不重视

在实际工作中，HR应用的VLOOKUP( )函数比较多，经常会碰到有人问有没有办法将某一列前面所对应的数据引用过来，因为VLOOKUP( )函数是从查找列向后查找，它不能向前查找，很多人对此一筹莫展，会先将数据列前后对调后再用函数进行查找。

当然还有其他函数可以解决这个问题，例如XLOOKUP( )、INDEX( )、OFFSET( )等函数，但是很多人根本没有学习到这一步，为什么不将关键数据排在前面呢？

将关键数据排在后面明显不符合常人的思路和习惯。例如在人事信息表中，应该是先输入员工姓名后，再统计他的详细信息，而不是先输入很多其他信息，之后才将员工姓名输入。

关键数据应该是干脆利落地出现在前面，而不是遮遮掩掩在后面出现。

图2-17所示为一个简单的工资表，在此表中，姓名排在部门和工资等级后面，正确的应该是姓名、部门、工资等级、工资明细等。

序号	部门	工资等级	姓名	应出勤	实出勤	基本工资	岗位工资	绩效工资	应发合计	保险代缴	实发合计
\multicolumn{12}{c}{2023年5月工资表}

序号	部门	工资等级	姓名	应出勤	实出勤	基本工资	岗位工资	绩效工资	应发合计	保险代缴	实发合计
1	生产部	E5	郝雪瑾	21.75	21.75	1480	1000	620	3100	372	2728
2	生产部	E6	杜晓霞	21.75	21.75	1480	1100	650	3230	387.6	2842.4
3	品质部	E5	张晓娜	21.75	21.75	1480	1000	620	3100	372	2728
4	品质部	E5	武博	21.75	21.75	1480	1000	620	3100	372	2728
5	品质部	E7	李晓腾	21.75	21.75	1480	1200	670	3350	402	2948
6	技术部	D5	郭静	21.75	21.75	1480	2200	920	4600	552	4048
7	技术部	C1	常晓然	21.75	21.75	1480	3000	1120	5600	672	4928
8	技术部	D7	张桂玲	21.75	21.75	1480	2500	1000	4980	597.6	4382.4

图2-17 关键数据在后面的工资表

还有一个问题：关键数据排得太靠后，在冻结窗口时被冻结的列数太多，会占用屏幕空间。

2.1.7　工作表中出现多个不同表格

据笔者观察，不少刚接触Excel的人员，总是想办法将各种数据堆积到一张工作表里，很多时候喜欢将一张工作表中设置多个表格，甚至慢慢养成了习惯，这可能是为了看着方便、引用方便或计算方便，但这些小的便利却带来更大的危害，典型的"捡了芝麻，丢了西瓜"。

多个表格放在一张工作表中，如果其中一个表格需要插入、删减行或列，势必会影响其他的表格增加、删减行或列；而同样如果一个表格需要排序、筛选等操作，也会给其他表格的操作带来不便；在一些函数引用中，可以整行或整列地引用，但是多个表格放在一张工作表时，整行或整列引用就会受到影响，需要指定范围，为编辑函数公式带来不便。

2.1.8　表名的不正确命名

不少人在使用Excel的过程中，喜欢给表格重新命名。笔者则认为，数据源表格完全没有必要增加表名。数据源表格是给自己看的，一般不需要打印出来，如图2-18所示。工作簿、工作表都可以命名，为什么还要多此一举呢？

第2章 减少不规范操作，提高工作效率

图2-18 工作簿和工作表命名

2.2 工作表内容的不规范操作

大家有没有碰到以下这些情况：

好不容易请教别人学会了一个公式，但是用在自己的表中却发现返回的结果是错误的；

明显两个表中都有同一个人，但是这个人的信息却引用不过来；

明明表格中是数字，却不能进行运算；

在应用筛选、排序、条件格式等功能时，总是无法顺利地得到想要的结果；

请教别人编辑公式时，他给你编辑的公式很长，末了还说一句如果格式改成什么样，还可以用更简短的某公式……

有没有想过为什么会出现这些情况？答案是表格内容的不规范，是影响数据处理的又一大因素。

2.2.1 空格的滥用

在两个字的姓名中间加入空格与三个字的姓名对齐、连续敲入空格代替居中、加入空格进行右对齐……这些是经常见到的操作，尤其是加入空格对齐姓名，甚至在输入内容过程中也会一不小心输入空格。

在Excel的操作中，非必要情况下空格是不能出现的，尤其是在数据源表格中，非必要的空格是绝对不能出现的。

如果靠人眼来识别，"张三"和"张 三"是一个名字，但在Excel中，空格也是一个字符，所以Excel判断"张三"和"张 三"不是同一个人。

图2-19所示为要查找"武博"的实发工资，在M2单元格中输入公式"=VLOOKUP(L2,$B$2:$J$9,9,0)"，返回的结果为错误值#N/A。

序号	姓名	应出勤	实出勤	基本工资	岗位工资	绩效工资	应发合计	保险代缴	实发工资	姓名	实发工资
1	郝雪瑾	21.75	21.75	1480	1000	620	3100	372	2728	武博	#N/A
2	杜晓霞	21.75	21.75	1480	1100	650	3230	387.6	2842.4		
3	张晓鄄	21.75	21.75	1480	1000	620	3100	372	2728		
4	武 博	21.75	21.75	1480	1000	620	3100	372	2728		
5	李晓腾	21.75	21.75	1480	1200	670	3350	402	2948		
6	郭 静	21.75	21.75	1480	2200	920	4600	552	4048		
7	常晓然	21.75	21.75	1480	3000	1120	5600	672	4928		
8	张桂玲	21.75	21.75	1480	2500	1000	4980	597.6	4382.4		

图2-19　空格不规范应用示例

Excel是根据设定程序来判断信息的，它不会自动过滤一些错误信息。因此，要想让Excel按我们的要求来"做事"，就必须符合它的一些"规则"。如果碰到数据源表格中有空格或其他人给你的数据中有空格，可以试试用查找替换将空格全部去除。

2.2.2　日期格式不规范

日期格式不规范，是职场人士常犯的错误之一，在前面提到了，Excel是按设定程序来判断信息的，它不能自动过滤一些错误信息。在Excel中表示年、月、日的日期格式，一般用"-"或者"/"做连接符时是规范的，其他的用"."、"、"或者八位日期表达（如20240622）等都是不规范的用法，虽然日期格式中还有其他用法，但建议还是用这两种格式。而用"-"或者"/"做连接符的日期，可能还会有文本型日期格式，也是需要多加注意的。

在Excel表格中出现不规范的日期格式，无论是筛选、排序、数据透视表还是公式计算等，都会出现错误的信息，必须将这些不规范的格式规范后才能参与统计运算。图2-20所示

序号	日期格式	是否正确
1	1978-11-28	是
2	1988/5/6	是
3	1978/05/06	否
4	1965-09-28	否
5	1978.11.28	否
6	1978.01.28	否
7	19780128	否
8	1978、1、28	否
9	1978、01、28	否

图2-20　常用日期格式判断

为常见的正确和错误的日期格式。

要让所有人都按一个格式输入日期，可以培养所有人的操作意识，在表格中进行提醒、设置数据验证对输入内容进行限定，无论表格内容是一个人输入还是多人输入，都将按同一格式进行操作。

2.2.3 数字格式不规范

在Excel中，数字分为文本型数字和数值型数字，文本型数字不能参与运算，因为它其实就是文本，只不过表现出来的是数字；数值型数字能参与各种运算。

在输入过程中，很少出现文本型数字的情况，但凡事都有例外，从各种软件导出的数据中容易出现文本型数字。比如，有时会将设置文本格式的范围扩大、复制文本型数字到新的表格中，将文本型数字输入本应该输入数值型数字的单元格中，导致计算出现错误。图2-21所示为文本型数字和数值型数字参与计算的结果。

	A	B	C	D
1	内容	判断	公式	结果
2	12	文本型数字	=A2+20	=A2+20
3	12	数值型数字	=A3+20	32

图2-21 文本型数字和数值型数字计算的区别

2.2.4 名称表达不统一

在输入内容时不仅自己懂，还要让Excel明白，例如“北京大学”和“北大”、“大专”和“专科”等，我们认为是一样的内容，因为本身一个事物会有多种称呼，但这在Excel里是行不通的，Excel中内容必须完全一致，甚至是部分数据格式一致才能被它认为是同一内容。

名称表达的不统一，对排序、筛选、公式引用、数据透视表等都造成不便，如在人事信息表中，有“大专”和“专科”两个名称，对学历排序时，发现输入“大专”的会排在一起，输入“专科”的会排在一起，还需要将“大专”和“专科”的汇总到一起才能显示专科学历人员的所有信息，如图2-22所示，同样筛选、公式引用、数据透视表等也会出现这样的问题。

避免名称表达不统一的情况出现，可以用数据验证限定输入或制作下拉菜单限定输入，也可以做一个输入说明，让其他人输入时按照规范输入。

	A	B	C	D	E	F	G	H	I
1	序号	姓名	性别	身份证号	生日	学历	毕业时间	毕业院校	专业
2	1	郝雪瑾	女	130▓▓20	1978-11-28	专科	2000-7-10	北京航空航天大学	计算机信息管理
3	2	秦红亮	男	130▓▓10	1988-5-6	专科	2007-7-1	北京建筑工业大学	市场营销
4	5	郎晓晓	男	130▓▓10	1977-1-14	专科	2005-6-30	河北大学	质量工程
5	6	刘万霖	男	130▓▓10	1978-8-5	专科	2005-6-30	河北大学	产品质量检验
6	9	张晓娜	女	130▓▓20	1984-9-27	专科	2010-6-1	河北工程技术高等专科学校	应用电子
7	10	武博	男	130▓▓10	1986-6-3	专科	2013-6-10	河北工程技术学院	建筑工程
8	12	张家俊	男	130▓▓10	1988-10-15	专科	2007-7-1	河北工业职业技术学院	应用电子技术
9	13	郝新房	男	130▓▓10	1988-12-9	专科	2011-7-1	河北建材职业技术学院	机电一体化
10	17	张桂玲	男	130▓▓10	1989-10-15	专科	2007-6-20	河北能源职业技术学院	机电一体化
11	18	尉倩影	女	130▓▓10	1990-3-14	硕士	2013-6-30	河北师范大学	植物学
12	4	张娜	女	130▓▓10	1974-9-7	大专	2014-7-1	合肥财经职业学院	会计与审计
13	11	李晓腾	男	130▓▓10	1987-5-10	大专	2005-7-1	河北工业职业技术学院	应用电子技术
14	14	李亚茹	女	130▓▓210	1989-3-1	大专	2001-6-27	河北科技大学	服装工程
15	16	常晓然	女	130▓▓20	1989-4-12	大专	2006-6-28	河北理工大学	电子信息科学与技术
16	19	高强	男	130▓▓10	1991-8-25	大专	2009-7-1	河北石油职业技术学院	计算机信息管理
17	3	谢丽连	女	130▓▓10	1965-9-28	本科	2006-7-1	电子科技大学	电子信息工程
18	7	张恩会	男	130▓▓10	1983-1-19	本科	2006-6-30	河北大学	劳动与社会保障专业
19	8	杜晓霞	女	130▓▓10	1983-1-29	本科	2013-6-1	河北大学工商学院	通信工程
20	15	郭静	女	130▓▓10	1989-3-24	本科	2008-6-30	河北科技大学理工学院	通信工程

图2-22　按学历排序筛选专科学历

2.2.5　多类数据混用

数据源表格输入的是基础数据，同一类的数据输入一行或一列中，不同类的数据要分行或分列存储，如统计劳动合同起止时间，用一列输入劳动合同开始时间，再用另一列输入劳动合同结束时间，而不是用一列直接输入劳动合同开始时间和结束时间。

Excel和Word不同，Word是文字处理，Excel是数据处理，如果劳动合同开始时间和结束时间放在一个单元格，统计员工签订劳动合同年限、续签劳动合同日期等都将很不方便，如图2-23所示。

序号	姓名	第一次劳动合同起止日期
1	赵红花	2008-1-4至2011-1-3
2	朱娜	2008-1-6至2011-1-5
3	张龙	2008-3-24至2011-3-23
4	孙建军	2008-7-4至2011-7-3
5	陈武	2008-8-7至2011-8-6
6	张秀权	2008-8-7至2011-8-6
7	张丽	2008-8-24至2011-8-23
8	吴军杰	2008-10-1至2011-9-30

图2-23　劳动合同起止时间统计错误应用

越是基础的数据，越能统计更多的信息，统计数据时每个人都有自己的想法和思路，或者不同时间有不同的数据需求，但是统计最基础的数据，无论怎样的想法、思路或需求，都可以依据数据源表格得到自己想要的数据。所以不同类别的数据不能保存在一个单元格中，分解成最基础的数据存储才是硬道理。

2.2.6 批注的不正确应用

批注是对单元格进行注释，给单元格提供更多有用的信息，但往往会用批注输入一些特定的内容或者工作表中没有的项目。批注是不能参加数据计算的，批注应用范围的扩大化，让有些人将批注当作单元格来用，随着批注越来越多，我们会没有那么多精力去看那些批注，而且要统计批注里的内容时才发现工作量很大。

如图2-24所示，在设计人事信息表时，没有考虑统计员工技术职称这一项，统计时为了不破坏原来的表格结构，在姓名单元格中对技术职称进行了批注。当要统计所有工程师职称证书时，才发现这是一个很大的工作量，而且也没有证书取得时间和专业，如果员工想申报更高一级的技术职称时，需要他自己注意时间。人力资源部门在此项工作中并没有起到引导员工技能提升、考取各类证书的作用。

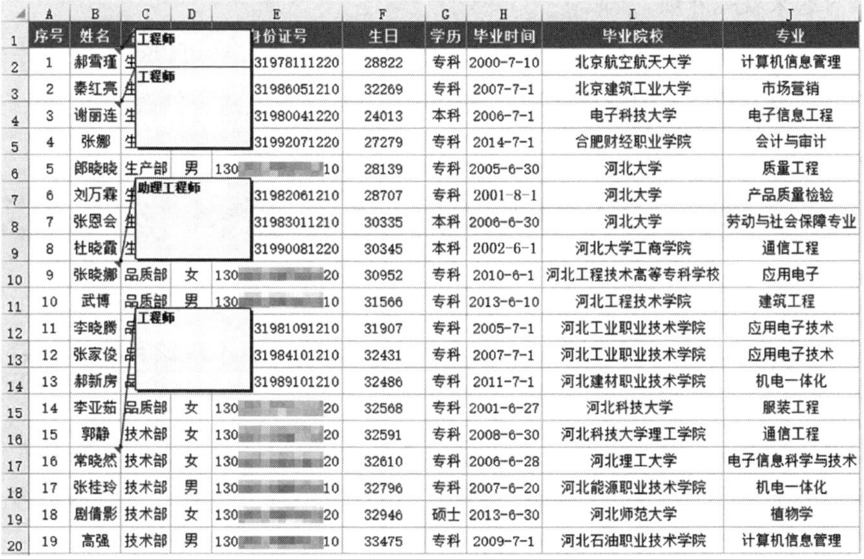

图2-24 插入批注的人事信息表

批注应用很广泛，在此，不再一一举例说明，在数据源表格中尽量少用或者不用批注。即使要用，也要注意是用它来进行注释，而不是存储一些信息。

2.3 表格存储的不规范操作

作为HR，你有没有碰到过以下这些情况：

自己设计好了表格分发给多人填写，返回来的表格却被其他人修改得面目全非；

设计好的数据源表格让其他人录入信息时将表格内容或结构更改；

各种文件名看得眼花缭乱，实际内容都是一样的；

每个工作簿都保存在一个文件夹里，汇总数据时需要不断地点开各个文件夹……

表格存储的不规范操作，虽然对数据处理影响不大，但影响着HR的工作效率。

2.3.1 不注意保护工作表

自己设计的表格，别人也有可能操作，但一不小心就可能误操作；涉及分发的表格，一不注意就会有人把设定的格式、结构等改变，不允许他们修改的单元格也给修改了，当汇总数据时发现错误，还要一项一项地去核对，尤其是分发的表格越多，核对起来就越麻烦。

对于这种情况，除了用数据验证限定输入的内容外，还可以用保护工作表或工作簿的方式将不能更改的部分保护起来，限制其他人对其进行修改。

2.3.2 工作表、工作簿名称不一致

在给工作表或工作簿命名时，要注意命名的一致性，如图2-25所示，在工作簿中1月份工资表，工作表命名为"01月"，依此类推，而不应该有其他命名方式，如"2" "3月工资"等。

工作簿命名是同样的道理，如工作簿命名为"2021年1月工资表"，其他工作簿应该命名为"2021年2月工资表"……"2021年12月工资表"，而不应该命名为"2月工资表" "14年3月工资表"等。

统一的命名方式，给文件管理带来了便利，同时在众多的文件中，能快速找到需要的工作簿，而且在一些跨表引用数据的过程中，还可以快速地编辑引用表格的名称。

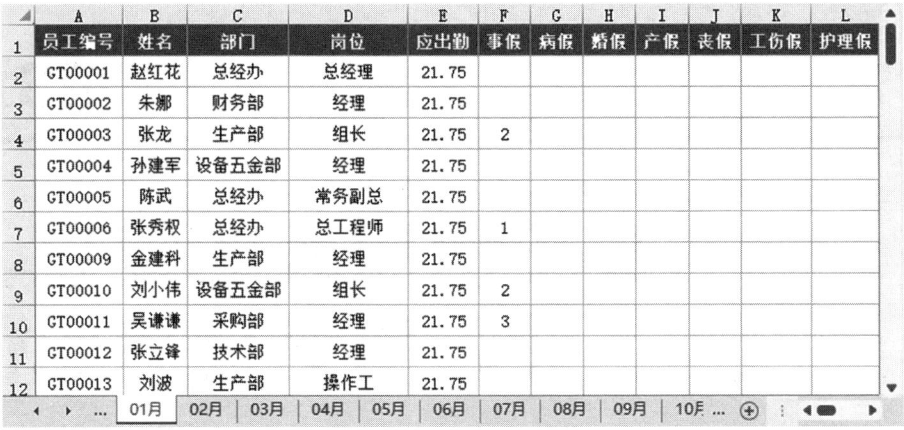

	A	B	C	D	E	F	G	H	I	J	K	L
1	员工编号	姓名	部门	岗位	应出勤	事假	病假	婚假	产假	丧假	工伤假	护理假
2	GT00001	赵红花	总经办	总经理	21.75							
3	GT00002	朱娜	财务部	经理	21.75							
4	GT00003	张龙	生产部	组长	21.75	2						
5	GT00004	孙建军	设备五金部	经理	21.75							
6	GT00005	陈武	总经办	常务副总	21.75							
7	GT00006	张秀权	总经办	总工程师	21.75	1						
8	GT00009	金建科	生产部	经理	21.75							
9	GT00010	刘小伟	设备五金部	组长	21.75	2						
10	GT00011	吴谦谦	采购部	经理	21.75	3						
11	GT00012	张立锋	技术部	经理	21.75							
12	GT00013	刘波	生产部	操作工	21.75							

图2-25　工作表统一命名

2.3.3　文件保管不规范

Excel文件保管规范是指同一类型的数据放在一个工作簿中，同一类型的工作簿放在同一个文件夹中。例如每月的工资表都放在同一个工作簿中，工资数据较多的话，可以将每月的工资数据放在一个工作簿里，每年的工资表放在一个文件夹里。文件保管规范，对数据汇总、统一编辑、分析数据等都会带来便利，同时也防止出现数据表丢失的情况。

第3章

员工信息表的建立，让人事管理简单化

在人事专员的工作中，涉及数据统计分析的工作一般有员工信息表的建立并维护、员工岗位异动情况表的建立并维护，员工转正信息、生日信息、合同签订日期、在职离职人员信息维护管理，以及一些临时数据的统计等。本章将主要讲解各个表格的设计及应用、数据统计方法等。

3.1 员工信息表设计维护

员工信息表是每个公司都需要建立的一项基础信息表，每位HR的工作都与此表息息相关。完善且科学的员工信息表，对HR快速准确地筛选、汇总、分析各项人事数据有很大的帮助；同时还可以为公司建立提供统一的员工姓名和标识，以便于数据快速连接与数据分析。

3.1.1 员工信息表结构设计

设计表格时要先进行分析，盲目操作不仅浪费时间，还得不到理想的结果。一般员工信息表的工作会由人事专员负责，人事专员要全面地考虑各岗位、各项工作对员工信息表的数据需求，在设计前要将自己的思路、想法和上级领导沟通，以保证设计的表格符合需求。

设计员工信息表，需要考虑以下情况：

（1）需要提供哪些数据？如员工基本信息、员工学历信息、员工合同信息、员工部门岗位信息、员工离职信息，将需要的信息项全部列出来，例如需要的项目有：姓名、性别、出生日期、年龄、身份证号、部门、岗位、学历、入职时间、转正时间、签订劳动合同时间（含多次）、劳动合同到期时间（含多次）、工龄、离职时间、离职原因等。

（2）各信息项明细列出之后，要考虑这些能否满足工作需求？如每月有庆生会需提供生日信息、员工转正面谈需提供拟转正日期、员工劳动合同到期需提供到期日期、员工离职有离职日期和离职原因、快速统计指定日期内的离职率，能从部门、岗位、性别、学历、工龄、年龄等方面对在职和离职员工进行多维分析等。

（3）能否实现多人对此表进行数据维护并保证格式和录入信息的统一，如用【数据验证】限定输入。

（4）员工有重名的情况如何能快速区分；和其他岗位的数据如何实现衔接，如在一张表中统计员工基本信息和薪酬专员工作中的员工年收入。可以考虑用员工编号（工号）作为唯一的检索号，实现各岗位对员工各项数据（基本信息、工资数据、培训信息等）的快速统计。

为了保证设计出来的员工信息表能满足工作需求，人事专员不能闭门造车，可以请部门其他人员甚至其他部门人员对此表提出工作或数据需求，来检验员工信息表能否满足。

工作做到这一步，还不能进行表格设计，而是需要进行更深入的分析：

（1）在HR日常操作中，员工入职日期即为公司和员工建立劳动关系的日期，也就是劳动合同生效时间。多次签订劳动合同的，劳动合同到期后下一份合同随即生效，而且自2008年1月1日《中华人民共和国劳动合同法》正式实施以后，其中明确规定"……劳动者提出或者同意续订、订立劳动合同的，除劳动者提出订立固定期限劳动合同外，应当订立无固定期限劳动合同……"，所以2008年以后，一般情况下除非劳动者提出，否则公司与员工的劳动合同签订三次即可。基于此情况，用"入职时间""第一次劳动合同到期时间""第二次劳动合同到期时间"三个项目就可以将员工的入职时间、第一次劳动合同起止时间、第二次劳动合同起止时间和第三次劳动合同生效时间表示出来。

（2）"出生日期"和"性别"可以从员工身份证中提取，这两列可设计公式自动提取。

（3）为实现部门、岗位、学历、离职原因等项目的统一输入，可用【数据验证】设置下拉菜单。

（4）需要输入时间的项目，可以用【数据验证】功能保证时间格式的统一。

根据上述情况，建立员工信息表如下：

STEP①新建Excel工作簿并命名为"员工信息管理"；

STEP ② 双击工作表Sheet1，重命名为"员工信息表"并单击【Enter】键确定；

STEP ③ 将各项目输入工作表A1:N1区域，最终如图3-1所示。

图3-1 员工信息数据表结构

3.1.2 快速输入员工编号

员工编号的作用很多，例如作为员工工号、员工档案号等，它还可以在全公司中作为唯一检索号，实现员工所有信息的顺利衔接。在员工信息表中，它是唯一的，主要功能可以区分重名的情况。

我们可以采用"公司标识+顺序号"编码规则来设定员工编号，如公司简称"GT"，顺序号以"00001"开始，那么员工编号为"GT00001"。

员工编号根据员工入职的时间顺序依次递增，工作表第二行增加1名员工信息时，可以在A2单元格输入"GT00001"，第三行增加员工信息时，选中A2单元格，用鼠标向下填充序列即可。

在实际工作中，员工信息表数据的输入维护可能不是一个人，为了防止员工编号的错误输入、重复输入，可以用【数据验证】来避免一些错误、重复的输入。

在设定【数据验证】前，首先要分析，限制哪些输入防止员工编号输错、重复：

（1）员工编号必须为7位。

（2）员工编号是唯一的。

（3）员工编号前两位是"GT"，后五位可以转换为数值格式。

下面进行【数据验证】的设定：

STEP ① 假定员工人数不超过1 000人，选中A2:A1000单元格，在【数据】选项卡【数据工具】功能区单击【数据验证】，弹出【数据验证】窗口，如图3-2所示。

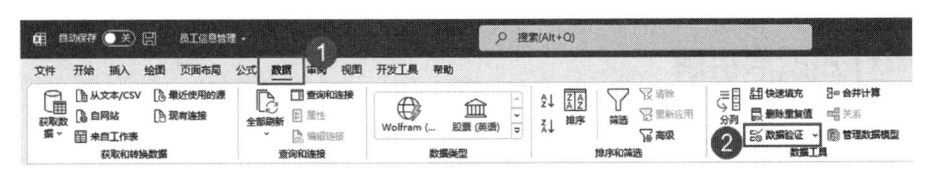

第3章　员工信息表的建立，让人事管理简单化

图3-2　【数据验证】操作步骤

STEP②在【允许】下拉列表中选择【自定义】选项，在【公式】文本框中输入公式，如图3-3所示。

=AND(LEN(A2)=7,LEFT(A2,2)="GT",ISNUMBER(-RIGHT(A2,5)),COUNTIF($A$2:$A$1000,A2)=1)

STEP③单击【出错警告】选项卡，在【错误信息】文本框中输入"请检查员工编号是否为7位，是否是唯一的，编码规则是不是按'GT+00001'进行编码"，单击【确定】按钮，如图3-4所示。

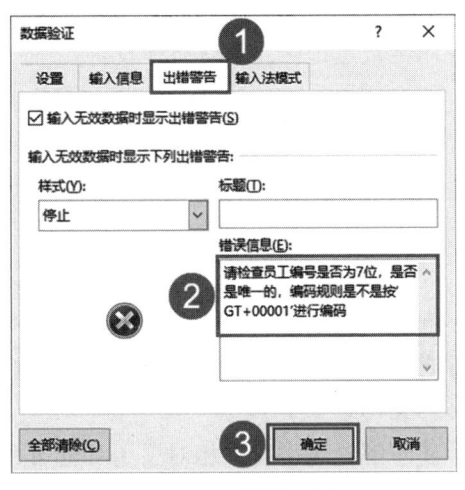

图3-3　自定义有效性设置　　　图3-4　出错警告设置

【出错警告】的设置是有错误或重复的员工编号输入时，弹出对话框进行提示，如图3-5所示。

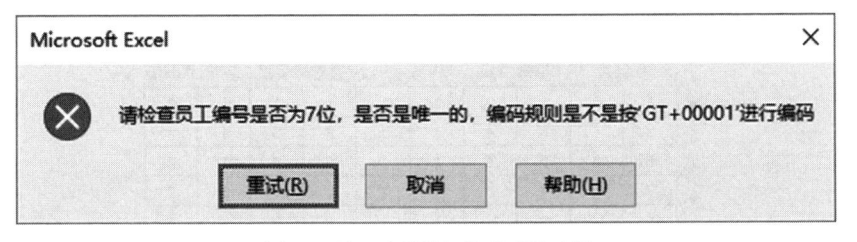

图3-5　员工编号输入错误时提示框

知识点讲解

1. "&"连字符

连字符是将"&"前后的数据连接起来,如图3-6所示。

	A	B	C	D	E
1	数据1	数据2	公式	结果	公式说明
2	Excel	讲解	=A2&B2	Excel讲解	将A2单元格的数据"Excel"和B2单元格的数据"讲解"连接起来
3	Excel		=A3&"讲解"	Excel讲解	将A3单元格的数据"Excel"和文本"讲解"连接起来
4		讲解	="Excel"&B4	Excel讲解	将文本"Excel"和B4单元格的数据"讲解"连接起来
5			="Excel"&"讲解"	Excel讲解	将文本"Excel"和文本"讲解"连接起来

图3-6 连字符"&"示例

2. 相对引用、绝对引用和混合引用

在学习函数过程中,必须先把绝对引用、相对引用和混合引用理解透彻,因为在应用函数过程中,会有所涉及。

(1)相对引用。如A1,指行号和列标前面都没有符号"$"。如果用相对引用,无论是向上、向下、向左、向右拉公式,所引用的单元格都是相对应变化的。

(2)绝对引用。如$A$1,指行号和列标前面都有符号"$"。绝对引用是无论向上、向下、向左、向右拉公式,所引用的单元格都是无变化的。

(3)混合引用。如$A1和A$1。$A1表示的是绝对列引用,是指无论向上、向下、向左、向右拉公式,所引用的单元格列不变化,只有行变化。A$1表示的是绝对行引用,是指无论向上、向下、向左、向右拉公式,所引用的单元格行不变化,只有列变化。

在了解绝对引用、相对引用和混合引用后,也要了解【F4】键在函数引用中的作用,引用单元格或单元区域,是相对引用,按一下【F4】键是绝对引用,按两下【F4】键是绝对行引用,按三下【F4】键是绝对列引用……依此类推。

如图3-7所示,A列和B列是原数据,在C2、E2、G2、I2四个单元格分别输入=A2、=$A$2、=$A2、=A$2,然后向右、向下拉公式。

	A	B	C	D	E	F	G	H	I	J
1	原数据		相对引用		绝对引用		绝对列引用		绝对行引用	
2	1	2	1	2	1	1	1	1	1	2
3	3	4	3	4	1	1	3	3	1	2
4	5	6	5	6	1	1	5	5	1	2
5	7	8	7	8	1	1	7	7	1	2
6	9	10	9	10	1	1	9	9	1	2

图3-7 相对引用、绝对引用和混合引用示例

3. TEXT()函数

函数含义及说明

TEXT()函数可将数值转换为文本,并可使用户通过使用特殊格式字符串来指定显示格式。需要以可读性更高的格式显示数字或需要合并数字、文本或符号时,此函数很有用。

语法及说明

TEXT(value,format_text)

value,数值、计算结果为数值的公式,或对包含数值的单元格的引用。

format_text,使用双引号括起来作为文本字符串的数字格式,例如,"m/d/yyyy"或"#,##0.00"。

语法解释

TEXT(数据,想要数据显示的格式)

示例

TEXT()函数的功能很多,在本小节中函数所表达的意思如图3-8所示。

	A	B	C	D
1	数据	公式	结果	说明
2		=TEXT(A2,"00000")	00000	用TEXT函数可以将数值转换为文本格式。当转换的数值小于5位数时,不足的位数在前面用0补足;当数据大于5位数时,显示文本型数值。当数值带有小数时,不显示小数部分,同时遵循前面所述原则。
3	1.1	=TEXT(A3,"00000")	00001	
4	1	=TEXT(A3,"00000")	00001	
5	111	=TEXT(A4,"00000")	00111	
6	1111	=TEXT(A5,"00000")	01111	
7	11111	=TEXT(A6,"00000")	11111	
8	111111	=TEXT(A7,"00000")	111111	
9	1111111	=TEXT(A8,"00000")	1111111	

图3-8 TEXT()函数示例

4. ROW()函数

函数含义及说明

返回引用的行号。

语法及说明

ROW([reference])

需要得到其行号的单元格或单元格区域。

示例

如图3-9所示。

	A	B	C
1	公式	结果	说明
2	=ROW(A1)	1	返回A1所在的行号
3	=ROW(A2)	2	返回A2所在的行号
4	=ROW(B1)	1	返回B1所在的行号
5	=ROW(B2)	2	返回B2所在的行号
6	=ROW()	6	返回当前所在的行号
7	=ROW(E7:E10)	7	返回E7:E10数据区域所在的第一行行号

图3-9　ROW()函数示例

5. AND()函数

函数含义及说明

是指检测所有的条件是否为真。

语法及说明

AND(logical1,[logical2],……)

这个函数用来判断所有条件是否都正确。如果都正确，AND()函数的结果为真（TRUE）；如果所有的条件有一个或者几个不是正确的，AND()函数的结果就为假（FALSE）。

语法解释

AND（条件1,条件2,……）

示例

如图3-10所示。

	A	B	C	D	E
1	数据1	数据2	公式	结果	说明
2	1	2	=AND(A2=1,B2=2)	TRUE	当条件都满足时,结果为TRUE
3	1	2	=AND(A3=1,B3=3)	FALSE	当条件有一个不满足时,结果为FALSE
4	1	2	=AND(A4=2,B4=3)	FALSE	当条件都不满足时,结果为FALSE

图3-10　AND()函数示例

6. LEN()函数

函数含义及说明

返回文本字符串中的字符数。

语法及说明

LEN(text)

计算单元格里有多少个字符，1个数字、1个汉字、1个字母、1个标点符号、1个空格等都看作1个字符。

示例

如图3-11所示。

	A	B	C
1	数据	公式	长度
2	Excel	=LEN(A2)	5
3	Excel讲解	=LEN(A3)	7
4	123学习	=LEN(A4)	5
5	Excel 讲 解	=LEN(A5)	9
6	123，学习	=LEN(A6)	6

图3-11 LEN( )函数表例

7. LEFT( )函数

函数含义及说明

根据所指定的字符数，LEFT( )返回文本字符串中第一个字符或前几个字符。用LEFT( )函数返回的字符为文本格式。

语法及说明

LEFT(text, [num_chars])

text包含要提取的字符的文本字符串。

num_chars指定要由LEFT( )函数提取的字符的数量。

示例

如图3-12所示。

	A	B	C	D
1	数据	公式	长度	说明
2	Excel讲解	=LEFT(A2)	E	当Num_char省略时，返回第1个字符
3	Excel讲解	=LEFT(A3,0)		当Num_char为0时，返回值为空值
4	Excel讲解	=LEFT(A4,1)	E	当Num_char为1时，返回第1个字符
5	Excel讲解	=LEFT(A5,2)	Ex	当Num_char为2时，返回前2个字符
6	Excel讲解	=LEFT(A6,3)	Exc	当Num_char为3时，返回前3个字符
7	Excel讲解	=LEFT(A7,4)	Exce	当Num_char为4时，返回前4个字符
8	Excel讲解	=LEFT(A8,5)	Excel	当Num_char为5时，返回前5个字符
9	Excel讲解	=LEFT(A9,6)	Excel讲	当Num_char为6时，返回前6个字符
10	Excel讲解	=LEFT(A10,7)	Excel讲解	当Num_char为7时，返回前7个字符
11	Excel讲解	=LEFT(A11,8)	Excel讲解	当Num_char大于文本字符串时，返回全部文本
12	Excel讲解	=LEFT(A12,-1)	#VALUE!	当Num_char为负数时，返回错误值
13	1234567	=LEFT(A13,8)	1234567	当文本字符串为数值格式时，返回为文本格式

图3-12 LEFT( )函数示例

8. RIGHT( )函数

函数含义及说明

RIGHT( )函数根据所指定的字符数返回文本字符串中最后一个或多个字符。RIGHT( )函数与LEFT( )函数正好相反，LEFT( )函数是正序返回字符，RIGHT( )函数是倒序返回字符。用RIGHT( )函数返回的字符为文本格式。

函数含义及说明

RIGHT(text, [num_chars])

text包含要提取的字符的文本字符串。

num_chars指定由RIGHT( )提取的字符的数量。

示例

如图3-13所示。

	A	B	C	D
1	数据	公式	长度	说明
2	Excel讲解	=RIGHT(A2)	解	当Num_char省略时，返回第1个字符
3	Excel讲解	=RIGHT(A3,0)		当Num_char为0时，返回值为空值
4	Excel讲解	=RIGHT(A4,1)	解	当Num_char为1时，返回第1个字符
5	Excel讲解	=RIGHT(A5,2)	讲解	当Num_char为2时，返回前2个字符
6	Excel讲解	=RIGHT(A6,3)	l讲解	当Num_char为3时，返回前3个字符
7	Excel讲解	=RIGHT(A7,4)	el讲解	当Num_char为4时，返回前4个字符
8	Excel讲解	=RIGHT(A8,5)	cel讲解	当Num_char为5时，返回前5个字符
9	Excel讲解	=RIGHT(A9,6)	xcel讲解	当Num_char为6时，返回前6个字符
10	Excel讲解	=RIGHT(A10,7)	Excel讲解	当Num_char为7时，返回前7个字符
11	Excel讲解	=RIGHT(A11,8)	Excel讲解	当Num_char大于文本字符串时，返回全部文本
12	Excel讲解	=RIGHT(A12,-1)	#VALUE!	当Num_char为负数时，返回错误值
13	1234567	=RIGHT(A13,4)	4567	当文本字符串为数值格式时，返回为文本格式

图3-13　RIGHT( )函数示例

9. ISNUMBER( )函数

函数含义及说明

判断引用的参数或指定单元格中的值是否为数值，正确返回TRUE，否则返回FALSE。

语法

ISNUMBER(value)

示例

如图3-14所示。

	A	B	C	D
1	数据	公式	结果	说明
2	100	=ISNUMBER(A2)	TRUE	当判断的值为数值格式时，返回TRUE。
3	100	=ISNUMBER(A3)	FALSE	A3中为文本格式，当判断的值为非数值格式时，返回FALSE。
4	100	=ISNUMBER(A4)	FALSE	A4中100后面带空格，当判断的值为非数值格式时，返回FALSE。
5	Excel	=ISNUMBER(A5)	FALSE	当判断的值为非数值格式时，返回FALSE。

图3-14　ISNUMBER( )函数示例

10. COUNTIF( )函数

函数含义及说明

计算区域中满足给定条件的单元格的个数。

语法及说明

COUNTIF(range, criteria)

range，要对其进行计数的一个或多个单元格，其中包括数字或名称、数组或包含数字的引用。空值和文本值将被忽略。

criteria，用于定义将对哪些单元格进行计数的数字、表达式、单元格引用或文本字符串。

语法解释

COUNTIF（查找要找的数据区域，要找的内容）

示例

如图3-15所示。

	A	B	C	D	E
1	数据1	数据2	公式	结果	说明
2	讲解	12	=COUNTIF($A$2:$B$7,"讲解")	2	计算数据区域中包含"讲解"的个数
3	Excel	22	=COUNTIF($A$2:$B$7,A2)	2	计算数据区域中包含A2单元格数据（讲解）的个数
4	Excel讲解	32	=COUNTIF($A$2:$B$7,"讲*")	2	计算数据区域中以"讲"字开头的个数
5	讲解	42	=COUNTIF($A$2:$B$7,"*讲*")	5	计算数据区域中包含"讲"的个数
6	Excel 讲 解	52	=COUNTIF($A$2:$B$7,">12")	3	计算数据区域中大于12的个数
7	Excel 讲 解	12	=COUNTIF($A$2:$B$7,">"&B2)	4	计算数据区域中大于B2单元格（12）的个数
8			=COUNTIF($A$2:$B$7,"=12")	2	计算数据区域中等于12的个数
9			=COUNTIF($A$2:$B$7,"12")	2	计算数据区域中等于12的个数

图3-15 COUNTIF( )函数示例

11. 函数嵌套

函数嵌套是指一个函数作为另外一个函数的参数出现。如ISNUMBER(--RIGHT(A2,5))，在这个函数里面，--RIGHT(A2,5)既是一个公式，同时它也是ISNUMBER函数的一个参数。在应用函数的过程中，函数嵌套是很常见的，复杂的公式都是由各个简单的函数嵌套而来。

小技巧

公式中将文本型数字转换为数值型数字的技巧

用文本函数如LEFT( )函数、RIGHT( )函数、MID( )函数等提取出来的数字为文本格式，如果要这些文本格式的数字参与运算，必须将它们转换为数值格式，转换的方法是用"--"、"*1"、"-0"、"+0"、value函数等。

"--"是两个减号，先用一个减号将文本型数字转换为负数，再用一个减号将负数转换为正数。value函数是将表示文本型数字转换为数值格式，这里不再做介绍。

在本节讲解的公式中，将"ISNUMBER(--RIGHT(A2,5))"换为ISNUMBER（RIGHT(A2,5)*1）、ISNUMBER(RIGHT(A2,5)+0)、ISNUMBER(RIGHT(A2,5)-0)、ISNUMBER(VALUE(RIGHT(A2,5)))都是可以的。

本小节中公式说明

=AND(LEN(A2)=7,LEFT(A2,2)="GT",ISNUMBER(--RIGHT(A2,5)),COUNTIF($A$2:$A$1000,A2)=1)

这个公式的意思是用AND()函数判断所有条件：A2单元格的数据长度等于7位，前2个字符为"GT"，后5个字符可以转换为数值格式，并且A2单元格的数据在A2:A1000数据区域中是唯一的。如果全部条件都符合，则代表输入的数据是正确的，如果有不低于1项的不符合，那么【数据验证】的【出错警告】会弹出窗口提示。因设定【数据验证】时选中的是A2:A1000数据区域，所以可以判断这个区域的所有单元格数据。

3.1.3 限制空格输入

在第2章中，讲解了不规范操作中有空格的应用，为了防止在输入姓名时有意或无意输入空格的情况，可以设定【数据验证】限制空格的输入。

STEP① 假定员工人数不超过1 000人，选中B2:B1000单元格，在【数据】选项卡【数据工具】功能区单击【数据验证】按钮，弹出【数据验证】对话框。

STEP② 在【允许】下拉列表中选择【自定义】选项，在【公式】文本框中输入公式"=SUBSTITUTE(B2," ","")=B2"，如图3-16所示。

STEP③ 单击【出错警告】选项卡，在【错误信息】文本框中输入"请检查输入姓名过程中是否输入了空格。"，如图3-17所示。

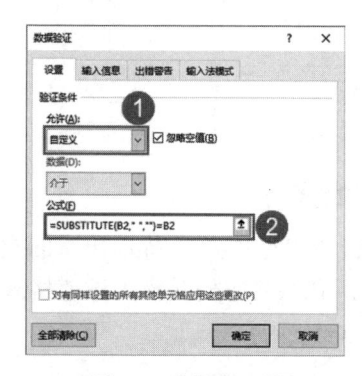

图3-16　数据验证设置　　　　　　图3-17　出错警告设置

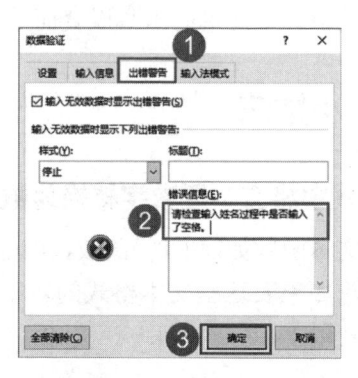

知识点讲解

SUBSTITUTE( )函数

函数含义及说明

对指定的字符串进行替换。

语法及说明

SUBSTITUTE(text,old_text,new_text,[instance_num])

text，需要替换其中字符的文本，或者对含有文本（需要替换其中字符）的单元格的引用。

old_text，需要替换的旧文本。

new_text，用于替换old_text的文本。

instance_num是可选的。用来指定要以new_text替换第几次出现的old_text。如果指定了instance_num，则只有满足要求的old_text被替换；否则会将text中出现的每一处old_text都更改为new_text。

语法解释

SUBSTITUTE（需要进行替换的数据，被替换的文本，需要替换成的文本，第几次出现的被替换的字符）

示例

如图3-18所示。

	A	B	C	D
1	数据	公式	结果	说明
2	ABCD ABA CE	=SUBSTITUTE(A3," ","空格")	ABCD空格ABA空格CE	将A3单元格中的所有空格（用一个空格代替," "）替换为汉字"空格"
3	ABCD ABA CE	=SUBSTITUTE(A2," ","空格",2)	ABCD ABA空格CE	将A2单元格中的第二个空格（用一个空格代替," "）替换为汉字"空格"
4	ABCD ABA CE	=SUBSTITUTE(A3,"A","a")	aBCD aBa CE	将A3单元格中的所有的字母"A"替换为字母"a"

图3-18　SUBSTITUTE( )函数示例

> **TIP 本小节中公式说明**
>
> =SUBSTITUTE(B2," ","")=B2
>
> 这个公式是用SUBSTITUTE( )函数将B2单元格数据中的空格替换为空值，并判断是否与B2单元格的数据相等。如果不相等（代表输入的姓名中有空格），那么【数据验证】的【出错警告】会弹出对话框提示。因设定【数据验证】时选中的是B2:B1000数据区域，所以可以判断这个区域的所有单元格数据。

3.1.4 身份证号输入设定

身份证号输入需要一定的技巧，如果不进行设定直接输入，例如输入身份证号"130183198301012210"，就会显示"1.30183E+17"，在编辑栏中会发现显示"130183198301191000"，如图3-19所示。这是因为在Excel中输入数字超过了12位，会自动转换为科学记数格式，如果输入超出了15位，会自动将15位以后的数字转换为"0"。

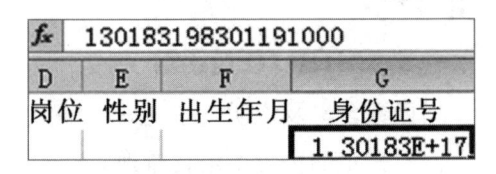

图3-19 身份证号的错误显示

要想输入正确的身份证号，则需要将身份证号转换为文本格式，有以下两种方法可以进行转换。

方法1：在输入身份证号前，先在单元格中输入一个英文格式的单引号"'"，然后输入身份证号，就可以显示正确的身份证号。

方法2：在【开始】选项卡【数字】功能区单击下拉按钮，选择【文本】选项，再输入身份证号同样可以显示正确的身份证号。

为了防止身份证号输入位数错误或者重复输入，可以设定【数据验证】防止错误或重复身份证号的输入。

和前面小节讲的操作步骤一样，弹出【数据验证】对话框后，在【允许】下拉列表中选择【自定义】选项，在【公式】文本框中输入公式：

=AND(LEN(G2)=18, COUNTIF($G$2:$G$1000,G2&"")=1)

在【错误信息】文本框中输入"请检查身份证号是否18位，是否前面已输入。"，操作步骤如图3-20、图3-21所示。

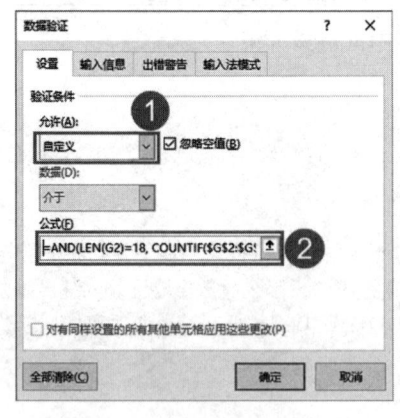

图3-20 数据验证设置

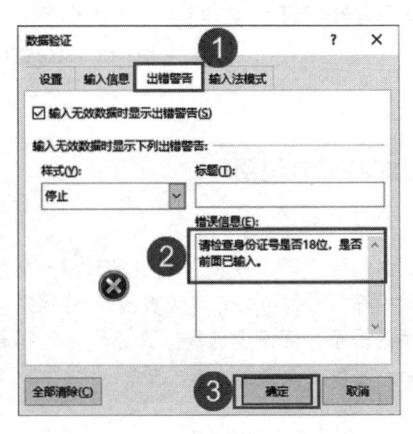

图3-21 出错警告设置

3.1.5 从身份证号中提取出生日期及性别

在设计表格前已经分析过,出生日期和性别从身份证号中提取,身份证号第7~14位表示出生年、月、日,第17位表示性别,单数为男性,双数为女性。设置步骤如下。

1 出生日期提取

在F2单元格中输入公式,公式可以根据输入的身份证号逐条信息下拉。
=IF(G2="","",--TEXT(MID(G2,7,8), "#-00-00"))

2 性别提取

在E2单元格中输入公式,公式可以根据输入的身份证号逐条信息下拉。
=IF(G2="","",IF(MOD(MID(G2,17,1),2),"男","女"))

知识点讲解

1. MID( )函数

函数含义及说明

返回文本字符串中从指定位置开始的特定数目的字符,该数目由用户指定。

语法及说明

MID(text,start_num,num_chars)

text,包含要提取字符的文本字符串。

start_num,文本中要提取的第一个字符的位置。文本中第一个字符的start_num为1,依此类推。

num_chars,指定希望MID( )函数从文本中返回字符的个数。

语法解释

MID(需要提取字符的数据,提取第一个字符的位置,提取几个字符)

示例

如图3-22所示。

2. MOD( )函数

函数含义及说明

返回两数相除的余数。结果的正负号与除数相同。

	A	B	C	D
1	数据	公式	结果	说明
2	Excel讲解	=MID(A2,1,5)	Excel	从"Excel讲解"中第1个字符开始提取，共提取5个字符
3	讲解Excel	=MID(A3,3,5)	Excel	从"讲解Excel"中第3个字符开始提取，共提取5个字符
4	讲解Excel	=MID(A4,10,5)		当第2个参数大于字符串的长度时，返回空值
5	Excel讲解	=MID(A5,,5)	#VALUE!	当第2个参数小于1时，返回错误值
6	Excel讲解	=MID(A6,1,0)		当第3个参数为0时，返回空值
7	Excel讲解	=MID(A7,1,-1)	#VALUE!	当第3个参数小于0时，返回错误值

图3-22　MID( )函数示例

语法及说明

MOD(number, divisor)

number为被除数，divisor为除数。

语法解释

MOD(被除数,除数)

示例

如图3-23所示。

	A	B	C	D	E
1	数据1	数据2	公式	结果	说明
2	5	2	=MOD(A2,B2)	1	5/2的余数，结果符号与除数"2"相同
3	-5	2	=MOD(A3,B3)	1	-5/2的余数，结果符号与除数"2"相同
4	5	-2	=MOD(A4,B4)	-1	5/-2的余数，结果符号与除数"-2"相同
5	-5	-2	=MOD(A5,B5)	-1	-5/-2的余数，结果符号与除数"-2"相同

图3-23　MOD( )函数示例

3. TRUE、FALSE

在Excel中，TRUE是对的、真的意思，代表条件为真；FALSE是假的、错的意思，代表条件为假。在运算中，TRUE=1，FALSE=0。

4. IF( )函数

函数含义及说明

根据对指定的条件计算结果为TRUE或FALSE，返回不同的结果。

语法及说明

IF(logical_test,[value_if_true],[value_if_false])

logical_test，计算结果可能为TRUE或FALSE的任意值或表达式。

value_if_true是可选的，logical_test参数的计算结果为TRUE时所要返回的值。

value_if_false是可选的。logical_test参数的计算结果为FALSE时所要返回的值。

语法解释

IF（条件,条件成立时返回的结果,条件不成立时返回的结果）

示例

如图3-24所示。

	A	B	C	D
1	数据	公式	结果	说明
2	10	=IF(A2=10,A2*10,"数据不等于10")	100	当A2单元格数据等于10时，A2单元格数据乘以10，否则返回"数据不等于10"
3	59	=IF(A3>89,"优秀",IF(A3>59,"合格","不合格"))	不合格	这是嵌套函数，当指定单元格数据大于89时，返回"优秀"；当大于59小于等于89时，返回"合格"；不在前述范围内的数值返回"不合格"
4	89	=IF(A4>89,"优秀",IF(A4>59,"合格","不合格"))	合格	
5	91	=IF(A5>89,"优秀",IF(A5>59,"合格","不合格"))	优秀	

图3-24　IF( )函数示例

小技巧

【F9】键的应用

在编辑公式后，如果想知道公式的某一部分运算结果，可以用鼠标左键抹黑相应的部分，再按【F9】键，就会看到运算结果。例如公式"=IF(G2="","",--TEXT(MID(G2,7,8),"#-00-00"))"，将"MID(G2,7,8)"部分用鼠标左键抹黑，按【F9】键，就会看到结果为"=IF(G2="","",--TEXT("19830101","#-00-00"))"，如果想返回，按【Esc】键即可。

> **TIP 本小节中公式说明**
>
> =IF(G2="","",--TEXT(MID(G2,7,8),"#-00-00"))
>
> 当G2单元格为空时，F2单元格返回空值，否则用MID函数提取G2单元格数据的第7位到第14位（19830101），并用TEXT( )函数转换为"0000-00-00"文本格式（1983-01-01），再用两个负号转换为数值格式（30317）。结合前面对F列进行日期格式设置，转换为日期格式"1983-1-1"。
>
> TEXT(数据,"#-00-00")，表示将指定数据转换为"#-00-00"格式，可以结合图3-25所示内容来理解。=IF(G2="","",IF(MOD(MID(G2,17,1),2),"男","女"))当G2单元格为空时，E2单元格返回空值，否则用MID( )函数提取出身份证号第17位数后，再用MOD( )函数与2相除，当结果等于1（TRUE）时，返回"男"，当结果等于0（FALSE）时，返回"女"。

	A	B	C
1	数据	公式	结果
2	19830101	=TEXT(A2,"#-00-00")	1983-01-01
3	198830101	=TEXT(A3,"#-00-00")	19883-01-01
4	190101	=TEXT(A4,"#-00-00")	19-01-01
5	101	=TEXT(A5,"#-00-00")	-01-01
6	1	=TEXT(A6,"#-00-00")	-00-01

图3-25　TEXT( )函数示例

前面学习了LEFT()函数和RIGHT()函数，也可以用LEFT()函数先将身份证号前17位提取出来，再用RIGHT()函数将最后一位数（身份证号第17位数）提取出来。公式为"=IF(G2="","",IF(MOD(RIGHT(LEFT(G2,17)),2),"男","女"))"。

3.1.6 日期输入规范

"入职时间""转正时间""第一次劳动合同到期时间""第二次劳动合同到期时间""离职时间"等几项都是需要手动输入日期的，为了确保日期格式等输入的准确性，在设计前也进行了分析，用【数据验证】来进行限定日期格式。

需要注意的是，虽然【数据验证】能限定输入数据的格式等，但是【数据验证】不是万能的，还要保证数据录入人员在录入数据过程中要细心，否则有些错误【数据验证】是控制不了的。

例如入职时间为"2015-1-10"，由于不小心输入"2015-11-10"，这一类的错误包括其他由于不小心造成的错误，用【数据验证】是发现不了的。所有对这几项日期的【数据验证】设置，只限定输入的日期格式和时间范围，其他的将不再做限定，步骤如下：

STEP❶选中I2:M1000数据区域，在【数据】选项卡【数据工具】功能区单击【数据验证】按钮，弹出【数据验证】对话框。

STEP❷在【允许】下拉列表中选择【日期】，数据为【介于】，在【开始日期】和【结束日期】两个文本框中分别输入"2008-1-1"和"2099-12-31"，如图3-26所示。因为在员工信息表中，员工最早入职日期都晚于"2008-1-1"，所以将开始日期设置为"2008-1-1"。

STEP❸单击【出错警告】选项卡，在【错误信息】文本框中输入"请检查输入日期是否符合'YYYY-M-D'格式，是否在2008-1-1至2099-12-31日期范围内。"，单击【确定】按钮，如图3-27所示。

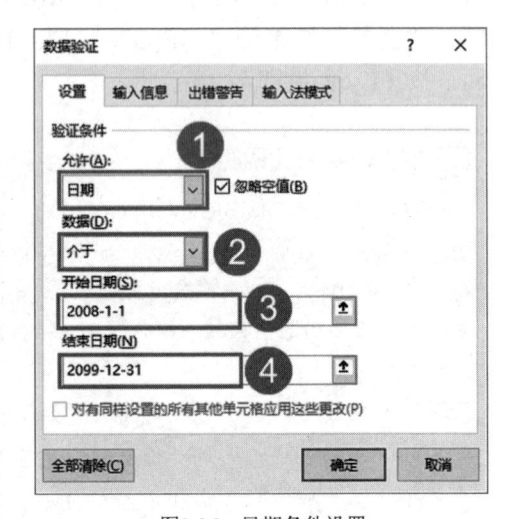

图3-26 日期条件设置

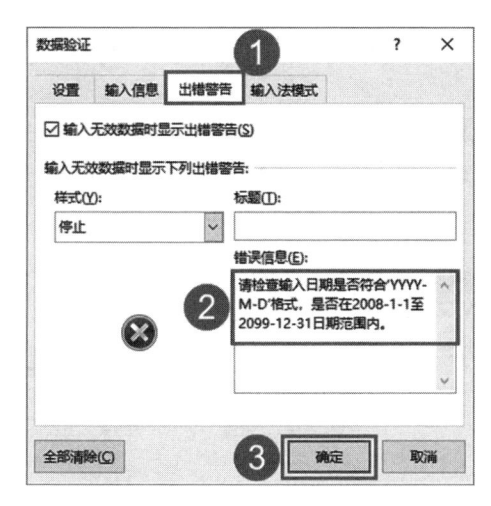

第3章 员工信息表的建立，让人事管理简单化

图3-27 出错警告设置

小技巧

当前日期快速输入

员工信息表中，如果及时输入信息，"入职日期""转正日期"等可以用快捷键【Ctrl+;】来输入。这个快捷键就是快速输入当前日期，可以节省一些输入的时间。

3.1.7　利用序列实现统一录入

为了实现"学历"和"离职原因"的统一输入，便于数据统计分析，可以用【数据验证】来实现。

1　"学历"【数据验证】设置

STEP① 在"员工信息管理"工作簿中新建名为"序列"的工作表。

STEP② 在"序列"工作表中A1单元格输入标题"学历"，A2～A8单元格分别输入"博士、硕士、本科、专科、中专、高中、初中"（这些数据可以在"序列"工作表中任意地方输入，不限A列），如图3-28所示。

STEP③ 选中A2:A8数据区域，在【公式】选项卡【定义的名称】功能区单击【定义名称】，弹出【新建名称】窗口。在【名称】文本框中输入"学历"，删除【引用位置】

图3-28 学历列表

文本框内的数据,将光标放在文本框中,选中A2:A8数据区域,如图3-29所示,单击【确定】按钮。

STEP④在"员工信息表"中选中H2:H1000数据区域,调出【数据验证】窗口。在【允许】下拉列表中选择【序列】,在【来源】文本框中输入"=学历",如图3-30所示。

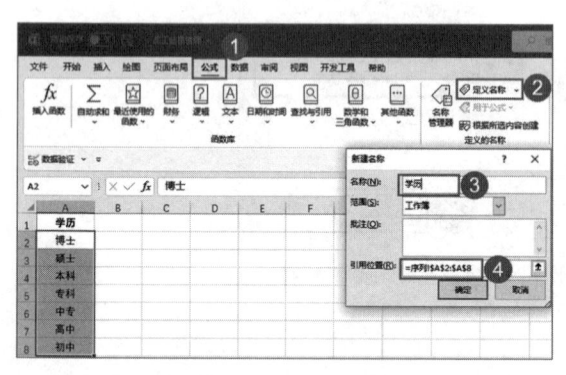

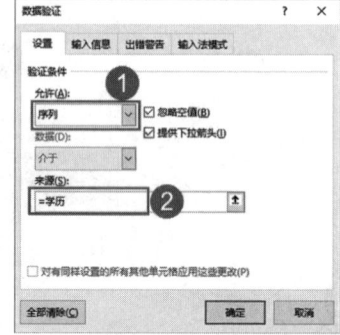

图3-29　定义名称设置步骤　　　　图3-30　【数据验证】操作步骤

STEP⑤单击【出错警告】选项卡,在【错误信息】文本框中输入"请在下拉菜单中选择学历,不要输入。",如图3-31所示,单击【确定】按钮。这样就可以将"学历"列设置成用下拉菜单选择输入的模式。

还有一个比较便捷的设置方法:选中H2:H1000数据区域,弹出【数据验证】对话框,在【允许】下拉列表中选择【序列】,在【来源】文本框中输入"博士,硕士,本科,专科,中专,高中,初中"(各学历之间的标点符号为英文格式下的逗号),如图3-32所示。【出错警告】设置同上,可以得到一样的结果。

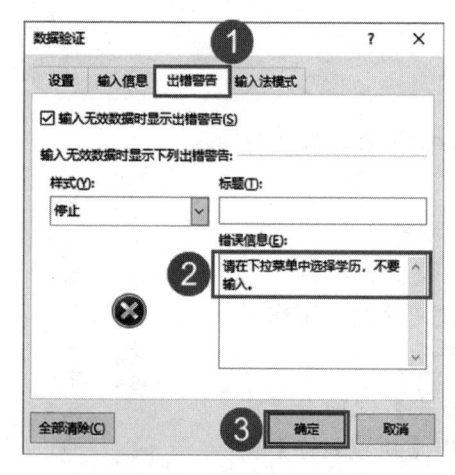

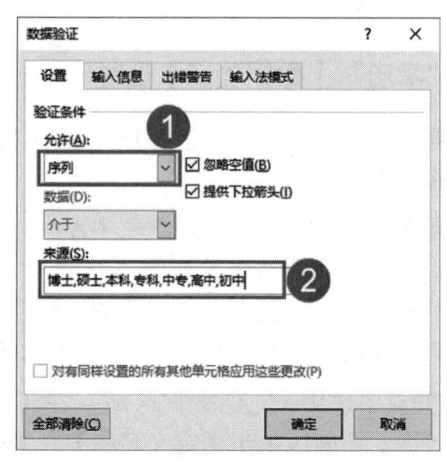

图3-31　出错警告设置　　　　图3-32　"学历"下拉菜单设置

2 "离职原因"【数据验证】设置

STEP ① 在"序列"工作表中,C1单元格输入标题"离职原因",C2~C9单元格分别输入不同的离职原因(这些数据可以在"序列"工作表中任意地方输入,不限C列),如图3-33所示。

STEP ② 选中C1:C9数据区域,在【公式】选项卡【定义的名称】功能区单击【根据所选内容创建】,在弹出的窗口中将【首行】勾选,单击【确定】按钮,如图3-34所示。

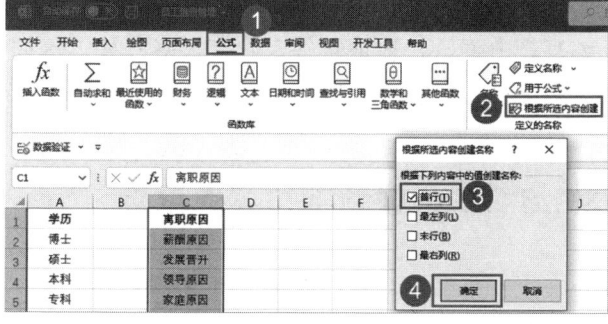

图3-33 离职原因列表图

图3-34 定义名称设置步骤

STEP ③ 在"员工信息表"中选中N2:N1000数据区域,调出【数据验证】窗口,在【允许】下拉列表中选择【序列】,在【来源】文本框中输入"=离职原因",如图3-35所示,单击【出错警告】选项卡,在【错误信息】文本框中输入"请在下拉菜单中选择离职原因,不要输入。",单击【确定】按钮,如图3-36所示。

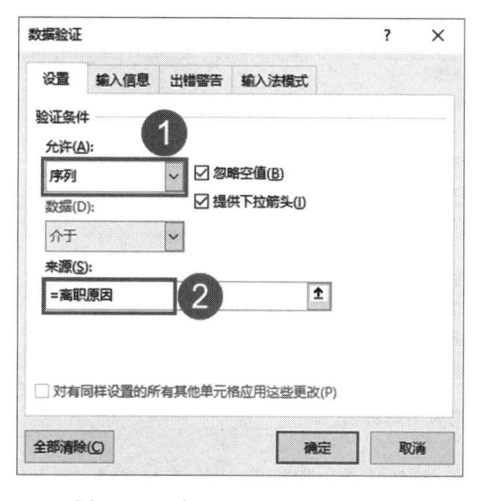

图3-35 "离职原因"下拉菜单设置

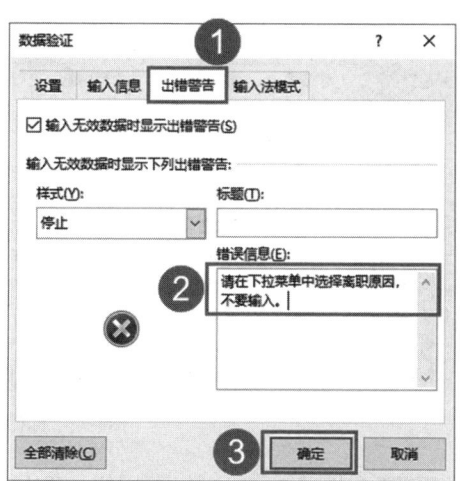

图3-36 出错警告设置

知识点讲解

定义名称

定义名称在Excel帮助里面的解释说明是：使用名称（名称：在 Excel 中代表单元格、单元格区域、公式或常量值的单词或字符串）可使公式更加容易理解和维护。读者可根据工作需要为单元格区域、函数、常量或表格定义名称。一旦采用了在工作簿中使用名称的做法，便可轻松地更新、审核和管理这些名称。

定义名称后，在之后编写公式或者引用时，可以很方便地用所定义的名称进行编写，方便、快捷地解答。它有很多好处，例如快速的多次引用、缩短公式的长度、突破公式嵌套层级限制、可用于图表的系列公式、减小文件的大小等。

3.1.8 二级联动下拉菜单设置

在上一小节中，我们讲解了下拉菜单的设置，在员工信息表中"部门"和"岗位"两列同样可以进行设置。但在一个公司中如果岗位很多的话，用【数据验证】设置下拉菜单后，在下拉菜单中选择岗位就需要花费很长时间。

有没有更方便的方法既可以减少输入的工作量又能保证输入的一致性呢？这就涉及二级联动下拉菜单的设置，选定相应部门后，在"岗位"一列对应的单元格中，只出现选中部门中的岗位。设置如下：

STEP① 在"序列"工作表中，输入部门和对应的各岗位名称，如图3-37所示。

E	F	G	H	I	J	K	L	M
总经办	总经理	常务副总	生产副总	总工程师				
生产部	经理	生产主管	计划主管	组长	物料计划员	产线物料员	文员	操作工
品质部	经理	QC主管	QE工程师	质检员	文员			
采购部	经理	主管	采购专员	采购助理				
工艺部	经理	工艺工程师	SOP技术员	工艺技术员	文员			
技术部	经理	设计工程师	电子工程师	电子技术员	文员			
设备五金部	经理	组长	操作工					
人力资源部	经理	招聘专员	薪酬专员	培训专员	人事助理			
行政外联部	经理	行政专员	司机	门卫	清洁工	行政前台		
财务部	经理	往来会计	总账会计	成本会计	出纳			
销售部	总监	销售高级经理	销售经理	销售高级专员	销售专员	文员		

图3-37 部门和岗位名称输入

STEP② 选中E1:E11数据区域，调出【新建名称】对话框，在【名称】文本框中输入"部门名称"，单击【确定】按钮，如图3-38所示。

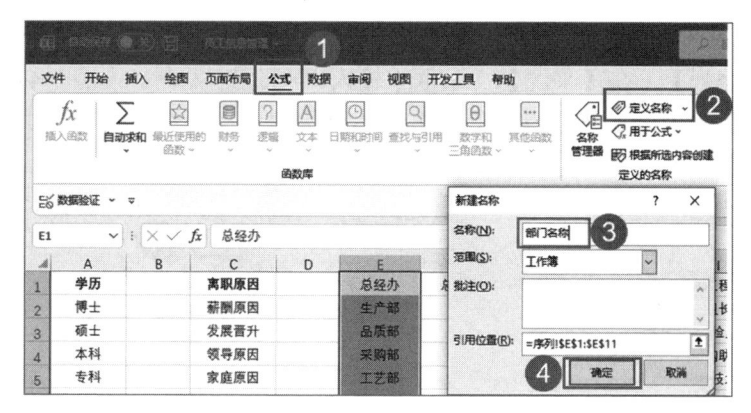

第3章 员工信息表的建立，让人事管理简单化

图3-38 自定义名称设置

STEP(3) 选中E1:M11数据区域，在【开始】选项卡【编辑】功能区【查找和选择】下拉菜单中单击【常量】按钮，如图3-39所示。

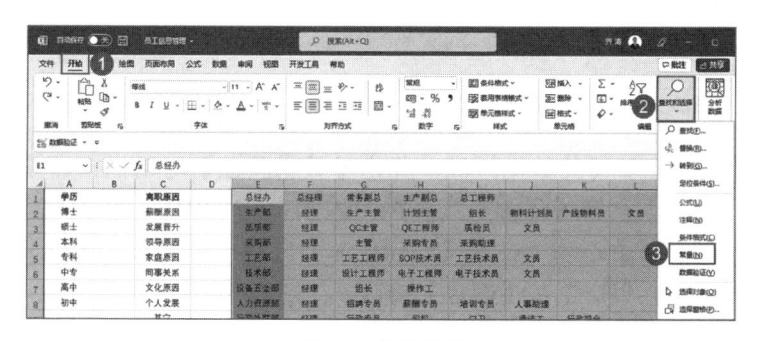

图3-39 选择常量

STEP(4) 上一步骤完成后不要在工作表单元格区域单击或击打键盘，在【公式】选项卡【定义的名称】功能区单击【根据所选内容创建】，在窗口中勾选【最左列】，单击【确定】按钮，如图3-40所示。

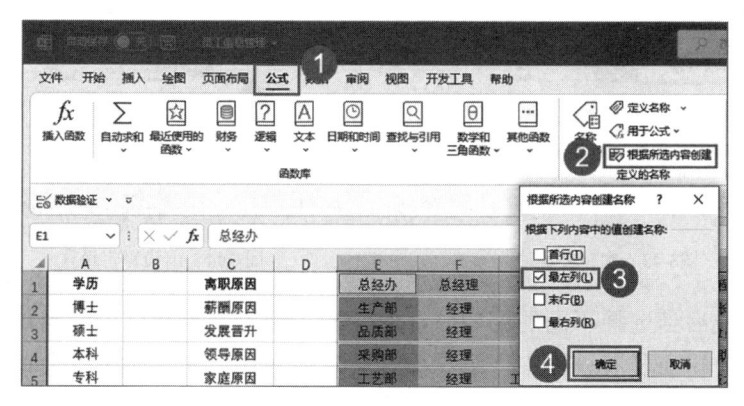

图3-40 定义名称设置

47

STEP ⑤ 选中C2:C1000数据区域，弹出【数据验证】窗口，在【允许】下拉列表中选择【序列】，在【来源】文本框中输入"=部门名称"，如图3-41所示。单击【出错警告】选项卡，在【错误信息】文本框中输入"请在下拉菜单中选择部门，不要输入。"，单击【确定】按钮，如图3-42所示。

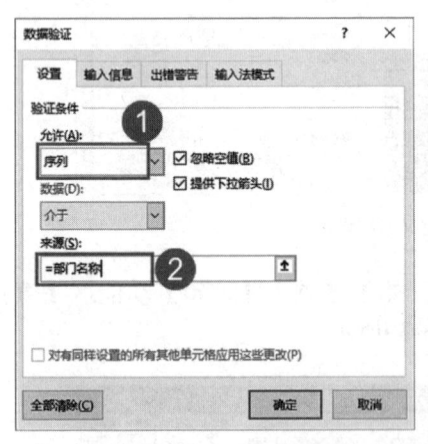

图3-41　部门名称序列设置　　　　图3-42　出错警告设置

STEP ⑥ 选中D2:D1000数据区域，弹出【数据验证】对话框，在【允许】下拉列表中选择【序列】，在【来源】文本框内输入"=INDIRECT(C2)"，如图3-43所示。单击【出错警告】选项卡，在【错误信息】文本框中输入"请在下拉菜单中选择岗位，不要输入。"，单击【确定】按钮，如图3-44所示。

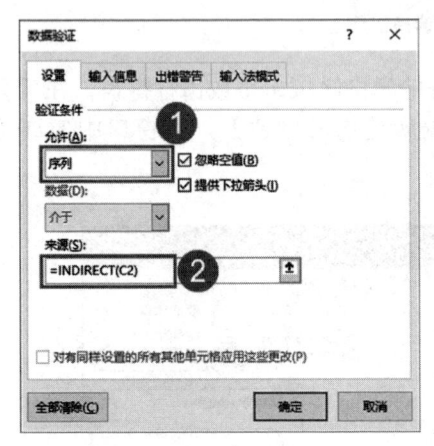

图3-43　岗位名称序列设置　　　　图3-44　出错警告设置

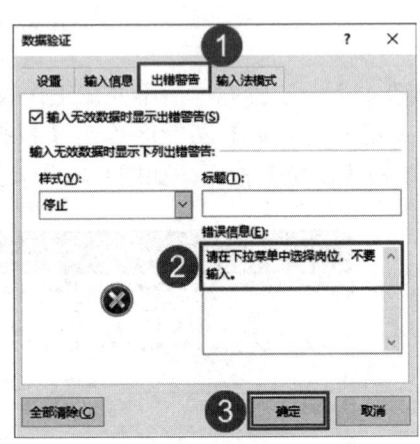

设置完成后当选择不同的部门时，对应的"岗位"单元格中会出现这个部门的岗位名称。公司在发展过程中，组织架构会发生变化，同样岗位也会增减，每次组织架构发生变化或岗位出现增减时，都需要重新设置一下【数据验证】。为了能实

现一劳永逸,可以在【数据验证】中设置一些公式,当组织架构发生变化或岗位出现增减情况时,Excel会自动调整数据区域范围。

STEP➊和上述步骤相同,不再赘述。

STEP➋打开【新建名称】对话框,在【名称】文本框中输入"部门",在【引用位置】文本框中输入下列公式,如图3-45所示,单击【确定】按钮。

=OFFSET(序列!$E$1,,,COUNTA(序列!$E:$E),)

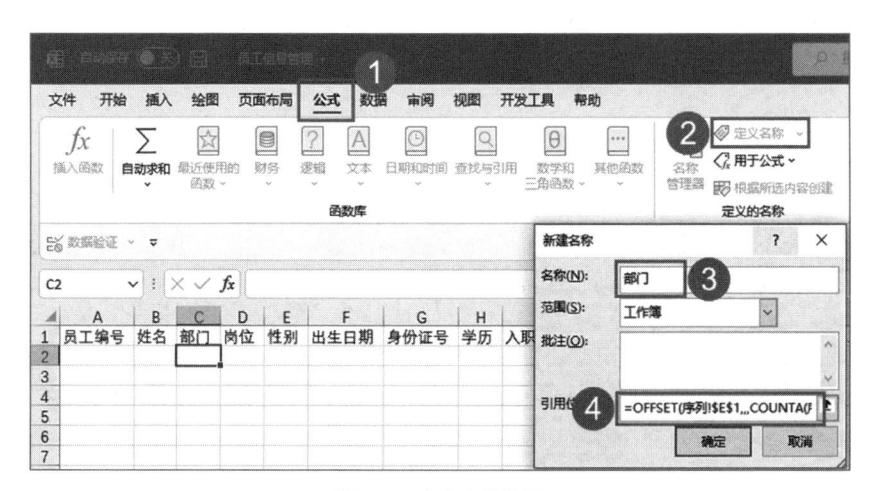

图3-45 定义名称设置

STEP➌选中C2:C1000数据区域,调出【数据验证】窗口,在【允许】下拉列表中选择【序列】,在【来源】文本框中输入"=部门",如图3-46所示。单击【出错警告】选项卡,在【错误信息】文本框中输入"请在下拉菜单中选择部门,不要输入。",单击【确定】按钮,如图3-47所示。

图3-46 部门序列设置　　图3-47 出错警告设置

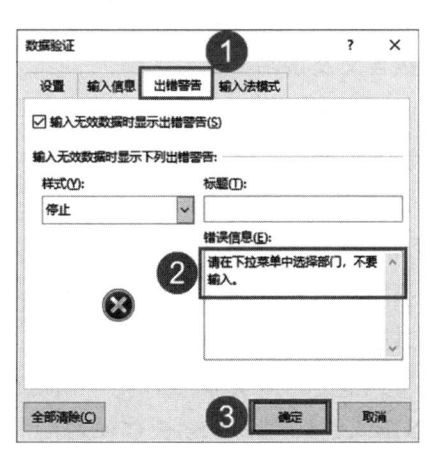

STEP ④ 选中D2:D1000数据区域，调出【数据验证】窗口，在【允许】下拉列表中选择【序列】，在【来源】文本框中输入：

=OFFSET(序列!$E$1,MATCH(C2,序列!$E:$E,0)-1, 1,,COUNTA(OFFSET(序列!$F$1:$AZ$1, MATCH(C2,序列!$E:$E,0)-1,)))

单击【出错警告】选项卡，在【错误信息】文本框中输入"请在下拉菜单中选择岗位，不要输入。"，单击【确定】按钮。

每次组织架构调整或岗位增减，只需调整部门名称或岗位名称，并且保持部门名称和岗位名称中间不要有空格，这样就可以实现二级联动下拉菜单中的内容实时调整。

最后输入数据并美化，效果如图3-48所示。

图3-48　员工信息表效果

知识点讲解

1. INDIRECT( )函数

函数含义及说明

返回由文本字符串指定的引用。

语法及说明

INDIRECT(ref_text, [a1])

ref_text，对单元格的引用，此单元格包含A1样式的引用、R1C1样式的引用、定义为引用的名称或对作为文本字符串的单元格的引用。如果ref_text不是合法的单元格的引用，INDIRECT( )函数返回错误值#REF!。

A1是可选。一个逻辑值，用于指定包含在单元格ref_text中的引用的类型。如果a1为TRUE或省略，ref_text被解释为A1样式的引用。如果a1为FALSE，则将ref_text解释为R1C1样式的引用。

示例

如图3-49所示。

	A	B	C	D	E
1	数据1	数据2	公式	结果	说明
2	50	A2	=INDIRECT(B2)	50	不加引号为地址引用，B2单元格的值为A2，A2单元格的值为50，返回值为50
3	B3	Excel	=INDIRECT("B2")	A2	加引号为文本引用，B2单元格的文本为A2，返回值为A2
4			=INDIRECT(B3)	#REF!	地址引用，B3单元格值为Excel，不存在这样的赋值项，返回错误值#REF!

图3-49　INDIRECT( )函数示例

2. COUNTA( )函数

函数含义及说明

计算数据区域中不为空的单元格的个数。数据区域可以是一个或多个，也可以是相邻的或者不相邻的。COUNTA( )函数可对包含任何类型信息的单元格进行计数，这些信息包括错误值和空值("")。如果区域包含一个返回空字符串的公式，则COUNTA( )函数会将该值计算在内。COUNTA( )函数不会对空单元格进行计数。

语法及说明

COUNTA(value1, [value2], ...)

value1是必需的，表示要计数的值的第一个参数。

value2, ... 是可选的，表示要计数的值的其他参数，最多可包含255个参数。

示例

如图3-50所示。

	A	B	C	D	E
1	数据	备注	公式	结果	说明
2	Excel		=COUNTA(A2:A7)	5	A2:A7数据区域中，只有A4没有统计在内，结果为5
3	讲解				
4		空单元格			
5		A5=""			
6	#DIV/0!	A6=1/0			
7	TRUE	A7=1=1			

图3-50　COUNTA( )函数示例

3. MATCH( )函数

函数含义及说明

在数据区域中搜索指定项，然后返回该项在数据区域中的相对位置。

语法及说明

MATCH(lookup_value,lookup_array,[match_type])

lookup_value是必需的,需要在lookup_array中查找的值。lookup_value参数可以为值(数字、文本或逻辑值)或对数字、文本或逻辑值的单元格引用。

lookup_array是必需的,是指要搜索的数据区域。

match_type是可选的,数字-1、0或1。1或者省略代表查找小于或等于指定内容的最大值,而且指定区域必须按升序排列。0代表查找指定内容的第1个数值。-1代表查找大于或等于指定内容的最小值,而且指定区域必须按降序排列。

语法解释

MATCH(要查找的内容,查找的数据区域,-1、0或1)

示例

如图3-51所示。

	A	B	C	D	E	F
1	数据1	数据2	数据3	公式	结果	说明
2	60	50	90	=MATCH(50,A2:A5,0)	2	查找50在数据区域A2:A5的位置,返回2
3	50	60	80	=MATCH(81,B2:B5,1)	3	查找数据区域B2:B5中小于等于81的最大数的位置,返回3
4	80	80	60	=MATCH(81,C2:C5,-1)	1	查找数据区域C2:C5中大于等于81的最小数的位置,返回1
5	90	90	50			

图3-51　MATCH()函数示例

4. OFFSET()函数

函数含义及说明

以指定的引用为参照系,通过给定偏移量得到新的引用。返回的引用可以为一个单元格或单元格区域,并可以指定返回的行数或列数。

语法及说明

OFFSET(reference, rows, cols, [height], [width])

reference是必需的,作为偏移量参照系的引用区域。reference必须为对单元格或相连单元格区域的引用;否则,OFFSET返回错误值#VALUE!。

rows是必需的。相对于偏移量参照系的左上角单元格,上(下)偏移的行数。行数可为正数(代表在起始引用的下方)或负数(代表在起始引用的上方)。

cols是必需的。相对于偏移量参照系的左上角单元格,左(右)偏移的列数。列数可为正数(代表在起始引用的右边)或负数(代表在起始引用的左边)。

height是可选的。高度,即所要返回的引用区域的行数。height必须为正数。

width是可选的。宽度,即所要返回的引用区域的列数。width必须为正数

语法解释

OFFSET（参照单元格或数据区域，向下或向上移动的行数，向左或向右移动的列数，返回几行，返回几列）

示例

如图3-52所示。

	A	B	C	D	E	F
1	数据1	数据2	数据3	公式	结果	说明
2	12	14	16	=OFFSET(A1,2,2)	19	A1单元格向下移动2行，向右移动2行，返回C3单元格的值19
3	11	18	19	=OFFSET(A1,2,2,1,1)	19	A1单元格向下移动2行，向右移动2行，返回1行1列，返回C3单元格的值19
4	10	22	21	=SUM(OFFSET(A1,2,1,2,2))	80	A1单元格向下移动2行，向右移动1行，返回2行2列即（B3:C4数据区域），并求和（18、19、22、21之和为80），返回80
5	9	26	25	=SUM(OFFSET(A1:C1,3,,2,))	113	A1:C1数据区域向下移动3行，返回2行（A4:C5数据区域），并对A4:C5数据区域求和（10、22、21、9、26、25之和为113，返回113
6	8	30	28			

图3-52 OFFSET( )函数示例

> **TIP 本小节中公式说明**
>
> =OFFSET(序列!$E$1,,,COUNTA(序列!$E:$E),)
>
> 先计算"序列"工作表E列非空单元格的个数（11），再以"序列"工作表E1单元格为基数，返回E1:E11数据区域的值。
>
> =OFFSET(序列!$E$1,MATCH(C2,序列!$E:$E,0)-1,1,,COUNTA(OFFSET(序列!$F$1:$AZ$1,MATCH(C2,序列!$E:$E,0)-1,)))
>
> 这个公式是根据C2单元格的部门名称，定位到对应部门的各个岗位。OFFSET(序列!$F$1:$AZ$1,MATCH(C2,序列!$E:$E,0)-1,)的意思是根据C2单元格的部门名称，定位到"序列"工作表中部门所对应的那一行数据区域，再用COUNTA( )函数计算定位到的数据区域中包含多少个非空字符（在这里代表有多少个岗位），然后再用一个OFFSET( )函数以"序列"工作表中E1单元格为基数，进行偏移并取得对应部门的所有岗位名称。

3.2 员工岗位异动表设计维护

记录员工岗位异动情况可以清楚记录人力资源配置情况，是人事信息统计中的一项重要工作，同时也是记录员工在公司发展轨迹的重要手段。尤其是成立时间比较长的公司中，员工岗位变动情况越积越多，如果将这些情况完全记录下来，对公司和员工本人来说都是一笔财富。有些公司用纸质的员工档案记录员工岗位异动情况，这并不利于对所有情况进行汇总，可以用纸质档案和电子信息记录同时进行的方式，保证每位员工的情况都能够方便查阅。

员工岗位异动情况很多，试用期转正、跨部门岗位变动、本部门内岗位变动、岗位晋升或降职、离职等情况都属于岗位异动，因为在员工信息表中对试用期转正和离职情况都进行了统计，在员工岗位异动表中，只需设计跨部门岗位变动、本部门内岗位变动、岗位晋升或降职的内容即可，在这里将员工岗位变动分为平级变动、降级变动、晋升变动、岗位晋升、岗位降职五种情况，见表3-1。

表3-1 岗位变化分类

序号	岗位异动情况	名称解释
1	平级变动	是指调到其他岗位并和原岗位级别一样的情况，如人事专员调入行政部任行政专员
2	降级变动	是指调到其他岗位并比原岗位职位低的情况，如行政主管岗位调整为人事专员岗位
3	晋升变动	是指调到其他岗位并比原岗位职位高的情况，如由会计岗位调入审计部任审计部经理
4	岗位晋升	是指在同一职位发展通道晋升，如由人事专员晋升为人事主管
5	岗位降职	是指在同一职位发展通道降职，如由人事主管降职为人事专员

员工岗位变动表中记录的信息项根据本公司的员工调动表记录即可，记录的信息项有：员工编号、姓名、原部门、原岗位、新部门、新岗位、生效时间、变动类型等。

根据上述情况，建立员工岗位变动表的步骤如下：

STEP①在"员工信息管理"工作簿中新建名为"员工岗位变动表"的工作表，表格结构如图3-53所示。

第3章 员工信息表的建立，让人事管理简单化

图3-53 员工岗位变动表结构

STEP② "员工编号"列设置。如果"员工信息表"中员工信息较少，可以用【数据验证】，将"员工信息表"中的"员工编号"一列作为数据来源。员工信息增多以后，用下拉菜单选择员工编号反而没有手动输入快。

为了保证输入的编号符合编码规则，同时还要保证"员工信息表"中有这一个编号，同样可以设置【数据验证】。选中A2:A500数据区域，在【数据验证】窗口【允许】下拉列表中选择【自定义】，在【公式】文本框中输入公式=COUNTIF(员工信息表!A:A,A2)=1，如图3-54所示。

单击【出错警告】选项卡，在【错误信息】文本框中输入"现有人员中无此编号，请检查输入是否正确。"，单击【确定】按钮，如图3-55所示。

图3-54 数据验证设置　　　　图3-55 出错警告设置

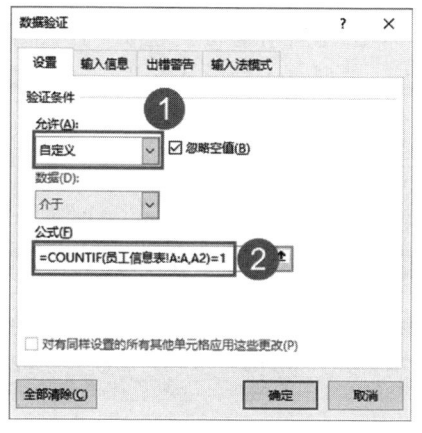

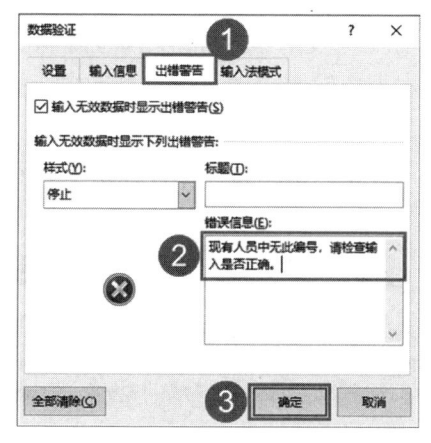

STEP③ "姓名"列设置。在B2单元格中输入公式，下拉至B500单元格。
=IFERROR(VLOOKUP (A2,员工信息表!A:B,2,0),"")

STEP④ "原部门""原岗位""新部门""新岗位"四列设置。"原部门""原岗位"和"新部门""新岗位"分别设置二级联动下拉菜单。以"原部门""原岗位"两列设置为例。

选中C2:C500数据区域，调出【数据验证】窗口，在【允许】下拉列表中选择【序列】，在【来源】文本框中输入"=部门名称"，单击【出错警告】选项卡，在【错误信息】文本框中输入"请在下拉菜单中选择部门，不要输入。"

选中D2:D500数据区域，调出【数据验证】窗口，在【允许】下拉列表中选择【序列】，在【来源】文本框中输入：

=OFFSET(序列!$E$1,MATCH (C2,序列!$E:$E,0)-1,1,,COUNTA (OFFSET (序列!$F$1:$AZ$1,MATCH (C2,序列!$E:$E,0)-1,)))

单击【出错警告】选项卡，在【错误信息】文本框中输入"请在下拉菜单中选择岗位，不要输入。"，单击【确定】按钮。

同样的操作步骤，可以设置"新部门""新岗位"两列。

STEP ⑤ "调动时间"列设置。

选中G2:G500数据区域，调出【数据验证】对话框，在【允许】下拉列表中选择【日期】，【数据】下拉列表中选择【介于】，在"开始日期"和"结束日期"两个文本框中分别输入"2008-1-1"和"2099-12-31"。单击【出错警告】选项卡，在【错误信息】文本框中输入"请检查输入日期是否符合'YYYY-M-D'格式，是否在2008-1-1至2099-12-31日期范围内。"，单击【确定】按钮。

STEP ⑥ "变动类型"列设置。选中H2:H500数据区域，调出【数据验证】对话框，在【允许】下拉列表中选择【序列】，在"来源"文本框中输入"平级变动,降级变动,晋升变动,岗位晋升,岗位降职"，单击【出错警告】选项卡，在【错误信息】文本框中输入"请在下拉菜单中选择变动类型，不要输入。"，单击【确定】按钮。

输入数据，美化表格，效果如图3-56所示。

	F	G	H	I	J	K	L	M
1	员工编号	姓名	原部门	原岗位	调动后部门	新岗位	调动时间	变动类型
2	GT00012	张立锋	生产部	操作工	技术部	电子技术员	2009-6-16	岗位晋升
3	GT00012	张立锋	技术部	电子技术员	技术部	电子助理工程师	2010-6-16	岗位晋升
4	GT00012	张立锋	技术部	电子助理工程师	技术部	工程师	2014-6-16	岗位晋升
5	GT00012	张立锋	技术部	电子助理工程师	技术部	经理	2020-6-16	岗位晋升

图3-56 员工岗位异动表效果图

知识点讲解

1. VLOOKUP( )函数

函数含义及说明

在表格数组的首列查找指定的值，并由此返回表格数组当前行中其他列的值。

语法及说明

VLOOKUP(lookup_value,table_array,col_index_num,[range_lookup])

lookup_value是必需的，是指在表格或区域的第一列中搜索的值。

table_array是必需的，包含数据的单元格区域。

col_index_num是必需的，是指table_array参数中必须返回的匹配值的列号。此参数必须大于等于1，小于等于所选区域的最大列数，否则会返回错误值。

range_lookup是可选的，一个逻辑值。当逻辑值是1、TRUE或省略，则返回近似匹配值。也就是说如果找不到精确匹配值，则返回小于lookup_value的最大数值；如果逻辑值是0或FALSE，则返回精确匹配值，如果找不到，则返回错误值#N/A。

语法解释

VLOOKUP(查找内容,指定查找的区域,从查找区域首列开始数要查找内容的列数,逻辑值)

示例

如图3-57所示。

	A	B	C	D	E	F
1	数据1	数据2	数据3	公式	结果	说明
2	8	30	28	=VLOOKUP(10,A2:C7,3,0)	21	使用精确匹配，在A2:A7区域中找到10，并返回同一行中数据区域A2:C7第3列即C列的值21
3	9	26	25	=VLOOKUP(9.5,A2:C7,2,0)	#N/A	使用精确匹配，因A2:A7区域中没有完全对应的值，返回错误值
4	10	22	21	=VLOOKUP(9.5,A2:C7,2,1)	26	使用近似匹配搜索，在A2:A7区域中找到小于等于9.5的最大值9，并返回同一行中数据区域A2:C7第2列即B列的值26
5	11	18	19	=VLOOKUP(9.5,A2:C7,2)	26	使用近似匹配搜索，在A2:A7区域中找到小于等于9.5的最大值9，并返回同一行中数据区域A2:C7第2列即B列的值26
6	12	14	16	=VLOOKUP(A4,A2:C7,4,0)	#REF!	第3个参数大于A2:C7数据区域的列数，返回错误值
7	13	32	15	=VLOOKUP(15,B2:C7,2,1)	#N/A	因B2:B7数据区域的数据没有进行升序排序，返回错误值

图3-57　VLOOKUP( )函数示例

2. IFERROR( )函数

函数含义及说明

如果公式的计算结果为错误，则返回指定的值；否则将返回公式的结果。使用IFERROR( )函数可以来捕获和处理公式中的错误。在日常应用中，它和VLOOKUP( )函数是经常组合在一起用的。

语法及说明

IFERROR(value,value_if_error)

value是必需的。检查是否存在错误的参数。

value_if_error是必需的。公式的计算结果为错误时要返回的值。计算得到的错误类型有：#N/A、#VALUE!、#REF!、#DIV/0!、#NUM!、#NAME?或#NULL!。

语法解释

IFERROR(需要判定的公式,如果判定的公式存在错误参数则显示此值)

示例

如图3-58所示，同样以VLOOKUP( )函数举例，每个公式都用IFERROR( )函数嵌套上。

	A	B	C	D	E	F
1	数据1	数据2	数据3	公式	结果	说明
2	8	30	28	=IFERROR(VLOOKUP(10,A2:C7,3,0),"")	21	
3	9	26	25	=IFERROR(VLOOKUP(9.5,A2:C7,2,0),"")		出现错误值后返回空值("")
4	10	22	21	=IFERROR(VLOOKUP(9.5,A2:C7,2,1),"")	26	
5	11	18	19	=IFERROR(VLOOKUP(9.5,A2:C7,2),"")	26	
6	12	14	16	=IFERROR(VLOOKUP(A4,A2:C7,4,0),"")		出现错误值后返回空值("")
7	13	32	15	=IFERROR(VLOOKUP(15,B2:C7,2,1),"")		出现错误值后返回空值("")

图3-58　IFERROR( )函数示例

3.3 员工生日信息维护

公司在员工生日当天给送上生日祝福和生日礼物，或者在员工生日的时候组织其他员工为其举办庆生会，是公司对员工的一项关怀手段，它不仅能增加员工的归属感和凝聚力，同时还能营造企业文化氛围，让员工切实感受到大家庭的温暖。庆生会的形式有多种，一般都是以周期举办，建议以月为周期举办，不至于太频繁，同时还能照顾到公司的承担能力和举办参加庆生会人员的精力。

准确快捷地统计出指定时期内过生日的员工信息，是很多HR要做的一项工作，快捷的方法能省去好多操作的时间。下面以统计4月份过生日的员工信息为例来介绍两种方法。

1 方法一（筛选法）

对于Excel新手，尤其是对函数还不熟悉的时候，可以选择用基本操作来实现，并不是熟悉函数就是水平高，不熟悉函数就是水平低，能较便捷地得到想要结果的操作方法就是好方法。

STEP ① 先将"员工信息表"处于筛选状态，单击标题"出生日期"（单元格F1）右下角的下拉按钮，出现一个对话框，将鼠标放在【日期筛选】上，弹出一个二级菜单，在选择【期间所有日期】后弹出一个三级菜单，选择【四月】选项，如图3-59所示。

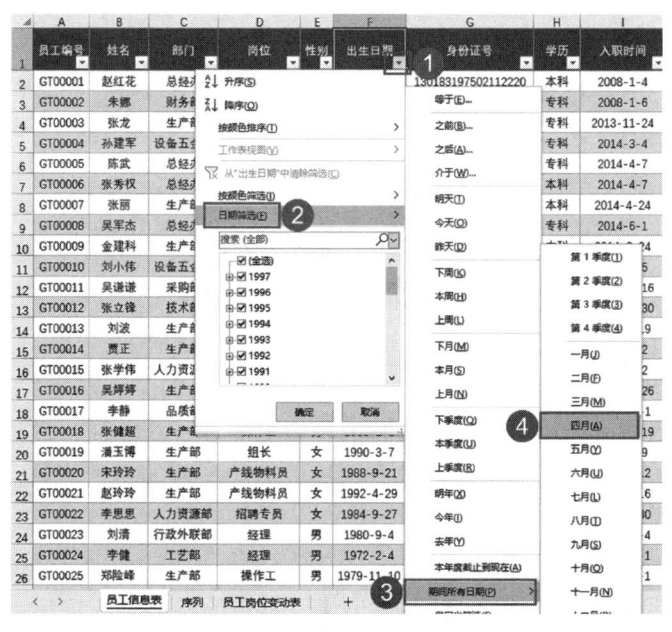

图3-59　筛选操作步骤

STEP ② 单击标题"离职原因"（单元格N1）右下角的下拉按钮，弹出对话框后取消勾选"全选"复选框，再勾选"(空白)"前面的复选框，单击【确定】按钮，如图3-60所示，即可筛选出在职人员4月份出生的员工信息。

通过上述步骤统计出符合条件的员工信息后，这项工作还不算完整，因为可能还需要向上级领导汇报4月份出生的员工信息，也可能会张贴通知告知大家哪些人要过生日，或者记入月工作计划中以便提醒。此时，需要再做一个"4月份生日人员信息"表，在这个表中，仅需要将必要信息罗列出来即可。将筛选的数据复制到新工作表中，删除多余列，美化表示，效果如图3-61所示。

图3-60　离职原因筛选

	A	B	C	D	E	F
1	4月份生日人员信息					
2	员工编号	姓名	部门	岗位	性别	出生日期
3	GT00016	吴婷婷	生产部	物料计划员	女	1989-4-12
4	GT00021	赵玲玲	生产部	产线物料员	女	1992-4-29
5	GT00078	张璐璐	生产部	操作工	女	1988-4-18
6	GT00091	孙盼盼	生产部	操作工	女	1988-4-19
7	GT00114	陈丽龙	生产部	操作工	男	1988-4-4

图3-61　4月份生日人员信息效果图

2 方法二（函数法）

筛选法是需要定期操作，同时格式的设置又需要一些时间，如果对函数了解，或者直接照搬函数的，可以用函数的方法提取符合条件的员工信息，这样员工生日信息直接查看即可。

STEP①新建工作表。新建名为"员工生日统计表"的工作表，合并"A1:F1"数据区域，然后按组合键【Ctrl+1】调出【设置单元格格式】窗口，在【数字】选项卡【自定义】类别文本框中输入"0月份生日人员信息"，单击【确定】按钮，如图3-62所示。

图3-62　设置单元格格式

在合并单元格中输入数字4，A2:F2单元格输入标题，调整行高列宽，如图3-63所示。

图3-63　生日人员信息表格结构

STEP② 输入公式。在A3单元格中输入公式，并同时按组合键【Ctrl+Shift+Enter】，下拉至A102单元格（假定每月过生日人员不超过100人），右拖至F102单元格。

=IFERROR(INDEX(员工信息表!A$2:A$1000,SMALL(IF(((MONTH(员工信息表!$F$2:$F$1000)=4)*(员工信息表!$M$2:$M$1000=0)),ROW($1:$996),4^10),ROW(1:1))),"")

STEP③ 设置条件格式。设置条件格式来判断A3:F102数据区域中，如果单元格中有数据（不为空），则有边框，否则没有边框。

选中A3:F102数据区域，在【开始】选项卡【样式】功能区【条件格式】下拉列表中选择【新建规则】选项，如图3-64所示。

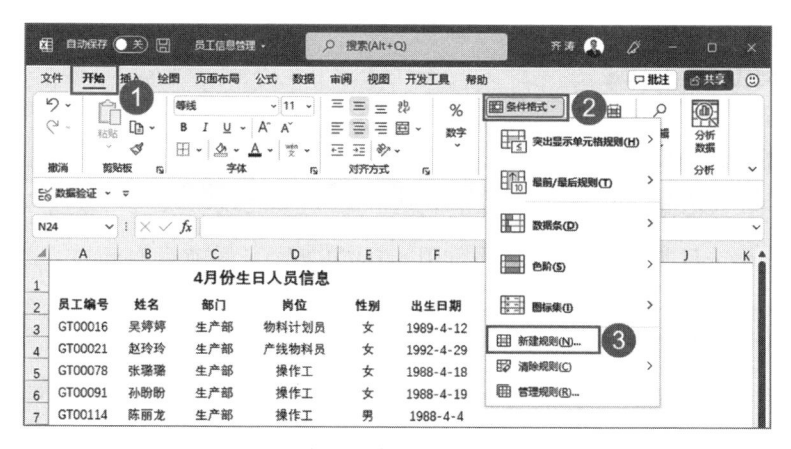

图3-64　条件格式设置

在弹出的【编辑格式规则】窗口中选择【使用公式确定要设置的单元格】选项，在文本框中输入公式"=$A3<>"""，单击【格式】按钮，在【设置单元格格式】窗口中单击【边框】选项卡，设置边框颜色和位置，如图3-65所示，在两个对话框中分别单击【确定】按钮。

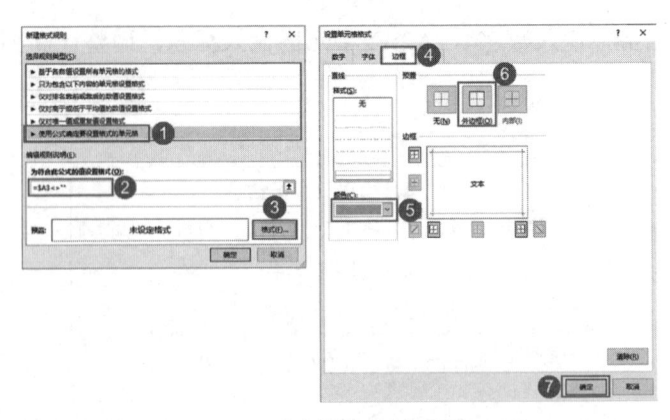

图3-65 条件格式边框设置

美化表格，最终效果如图3-66所示。

员工编号	姓名	部门	岗位	性别	出生日期
		4月份生日人员信息			
GT00016	吴婷婷	生产部	物料计划员	女	1989-4-12
GT00021	赵玲玲	生产部	产线物料员	女	1992-4-29
GT00078	张璐璐	生产部	操作工	女	1988-4-18
GT00091	孙盼盼	生产部	操作工	女	1988-4-19
GT00114	陈丽龙	生产部	操作工	男	1988-4-4

图3-66 4月份生日人员信息效果图

知识点讲解

1. INDEX( )函数

函数含义及说明

返回表格或区域中的值或值的引用。INDEX( )函数有两种形式：数组形式和引用形式。在HR的日常工作中，引用形式很少出现，在此不做介绍，仅介绍数组形式。

数组形式的含义是：返回表格或数组中的元素值，此元素由行号和列号的索引值给定。

语法及说明

INDEX(array,row_num,[column_num])

Array是必需的。单元格区域或数组常量。

如果数组只包含一行或一列，则相对应的参数row_num或column_num为可选参数。

如果数组有多行和多列，但只使用row_num或column_num，函数INDEX( )返回数组中的整行或整列，且返回值也为数组。

row_num是必需的。选择数组中的某行，函数从该行返回数值。如果省略row_num，则必须有column_num。

column_num是可选的。选择数组中的某列，函数从该列返回数值。如果省略column_num，则必须有row_num。

语法解释

INDEX(数据区域或数组常量,返回某行的值,返回某列的值)

示例

如图3-67所示。

	A	B	C	D	E	F
1	数据1	数据2	数据3	公式	结果	说明
2	员工1	A	2	=INDEX(A2:C5,2,3)	4	返回A2:C5数据区域，第2行第3列的数值4
3	员工2	B	4	=INDEX(A2:C5,3,1)	员工3	返回A2:C5数据区域，第3行第1列的数值"员工3"
4	员工3	C	6	=INDEX(A2:A5,4)	员工4	返回A2:A5数据区域，第4行的数值"员工4"
5	员工4	D	8			

图3-67　INDEX( )函数示例

2. SMALL( )函数

函数含义及说明

返回一个数组或指定数据区域中第k小的数值。

语法及说明

SMALL(array,k)

array是必需的。需要找到第k个最小值的数组或数字型数据区域。

k是必需的。要返回的数据在数组或数据区域里的位置（从小到大）。

示例

如图3-68所示。

	A	B	C	D
1	数据	公式	结果	说明
2	30	=SMALL($A$2:$A$7,1)	14	返回A2:A7数据区域中第1小的数值14
3	26	=SMALL($A$2:$A$7,3)	22	返回A2:A7数据区域中第3小的数值22
4	22			
5	18			
6	14			
7	32			

图3-68　SMALL( )函数示例

3. 数组及数组公式

数组在Excel中可以理解为数据区域，也就是多个单元格数值的组合，或者是一系列常量的组合。数组的表示是用"{}"括起来，用英文的逗号或分号隔开。逗号表示同一行的数据用逗号间隔列，分号表示同一列的数据用分号间隔行。例如{1;4;7}、{A1:C3}都表示数组。

数组公式是多重数值计算的公式，它可以返回一个结果或多个结果。数组公式用组合键【Ctrl+Shift+Enter】结束，我们看到的结果是用"{}"括起来的，但它不是输入的，是应用前述三个键后出现的，如图3-69所示。

	A	B	C	D	E	F	G	H	I
1	数据区			公式	结果	说明	三行三列数组求和		
2	1	2	3	{=SUM(A2:C2*A2:A4)}	72	这个公式是先输入=SUM(A2:C2*A2:A4)，然后按"CTRL+SHIFT+ENTER"结束，它表示求对1*1+1*2+1*3+4*1+4*2+4*3+7*1+7*2+7*3的和，为了更直观的看，可以看右侧，它的结果是求和三行三列的数组	1	2	3
3	4						4	8	12
4	7						7	14	21

图3-69　数组公式示例

4. 关系运算符"<>"

在Excel中，几个关系表达式分别为：大于">"、小于"<"、等于"="、大于等于">="，小于等于"<="和不等于"<>"。

> **TIP 本小节中公式说明**
>
> =IFERROR(INDEX(员工信息表!A$2:A$1000,SMALL(IF(((MONTH(员工信息表!$F$2:$F$1000)=4)*(员工信息表!$M$2:$M$1000=0)),ROW($1:$996),4^10),ROW(1:1))),"")
>
> 这个函数比较长，当看到长的函数时不要被它吓到，因为再长的函数也是由各个基本函数嵌套而成的，可以把它分解为一个个的基本函数。
>
> 结合函数的环境来看，这个函数是返回出生月份在4月且没有离职人员的员工编号。分解来看，它是用IF函数来判断是否满足出生月份为4月且没有离职两个情况，如果都满足，则返回满足条件的这条信息所在的行号，并用SMALL()函数从小到大进行排序，然后用INDEX()函数将符合条件的员工编号分别提取出来，如果INDEX()函数在计算过程中出错，用IFERROR()函数返回空值。

第3章 员工信息表的建立，让人事管理简单化

3.4 劳动合同续签信息维护

在《中华人民共和国劳动法》和《中华人民共和国劳动合同法》中，并没有规定劳动合同到期不续签需要提前通知，但在地方性的规定中，如《北京劳动合同管理办法》第四十条明确规定，"劳动合同期限届满前，用人单位应当提前30日将终止或者续订劳动合同意向以书面形式通知劳动者，经协商办理终止或者续订劳动合同手续"。劳动合同到期后无论公司还是员工，若不续签，两方都是需要提前准备的，对于公司来说需要提前招聘此岗位的人员，对于员工来说需要做好准备找下一份工作。所以无论地方法规中有没有规定提前通知劳动合同到期是否续签，HR提前通知还是完全有必要的。

假定提前30天通知员工劳动合同到期续签或不续签，则需要超过30天的时间来统计信息，到提前30天前将续签或不续签的意向书面形式通知员工。每天打开员工信息表来查询符合情况的员工信息既麻烦又浪费时间，可以以自然月提前统计，做一个月度计划表，到提前30天的日期后将书面意向送达员工。例如，4月25日～30日统计6月份劳动合同到期的员工信息，在5月份的时候按时间分别送达书面意向书。

STEP①新建工作表。在"员工信息管理"工作簿新建一个名为"劳动合同到期统计表"的工作表，合并"A1:L1"数据区域，然后按组合键【Ctrl+1】调出【设置单元格格式】窗口，在【数字】选项卡【自定义】类别文本框中输入"yyyy年m月劳动合同到期统计表"，单击【确定】按钮，如图3-70所示。

图3-70 设置单元格格式

在合并单元格中输入“2021-11-1”（不管统计哪个月的信息，日期最好是当月1日），在A2:L2输入标题，效果如图3-71所示。

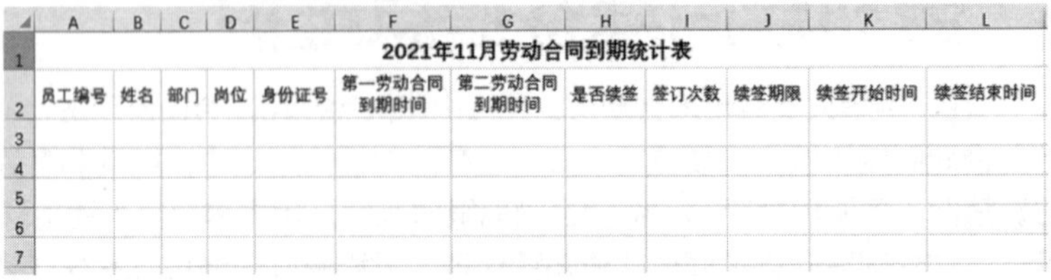

	A	B	C	D	E	F	G	H	I	J	K	L
1	2021年11月劳动合同到期统计表											
2	员工编号	姓名	部门	岗位	身份证号	第一劳动合同到期时间	第二劳动合同到期时间	是否续签	签订次数	续签期限	续签开始时间	续签结束时间
3												
4												
5												
6												
7												

图3-71　劳动合同到期统计表结构图

STEP②输入公式。在A3单元格中输入公式，并同时按组合键【Ctrl+Shift+Enter】，下拉至A102单元格（假定每月合同到期人员不超过100人）。

=IFERROR(INDEX(员工信息表!$A$2:$A$1000,SMALL(IF((员工信息表!$M$2:$M$1000=0) * ((TEXT(员工信息表!$K$2:$K$1000,"yyyy-m")*1=TEXT($A$1,"yyyy-m") *1)+(TEXT(员工信息表!$L$2:$L$1000,"yyyy-m")*1=TEXT($A$1,"yyyy-m")*1)),ROW($1:$999),4^10),ROW(1:1))),"")

在B2单元格中输入公式，下拉至B102单元格，向右拖动至F102单元格。

=IFERROR(VLOOKUP($A3,员工信息表!$A:$N,MATCH(B$2,员工信息表!$A$1:$N$1,0),0),"")

在G3、I3、J3、K3、L3单元格分别输入公式，下拉至102行。

G3=IFERROR(IF(VLOOKUP($A3,员工信息表!$A:$N,12,0)=0,"",VLOOKUP($A3,员工信息表!$A:$N,12,0)),"")

I3 =IF(AND(A3<>"",H3="是"),IF(G3<>"",3,2),"")

J3 =IF(AND(A3<>"",H3="是"),IF(G3<>"","无固定期限","5年"),"")

K3 =IF(AND(A3<>"",H3="是"),MAX(F3:G3)+1,"")

L3=IF(AND(A3<>"",H3="是"),IF(I3=3,"-", DATE(YEAR(K3)+5,MONTH(K3),DAY(K3)-1)),"")

STEP③设置条件格式。设置条件格式来判断A3:L102数据区域中，如果单元格中有数据（不为空），则有边框，否则没有边框。选中A3:L102数据区域，在【开始】选项卡【样式】功能区【条件格式】下拉列表中选择【新建规则】选项，如图3-72所示。

在弹出的【编辑格式规则】窗口中选择【使用公式确定要设置的单元格】选项，在文本框中输入公式“=$A3<>""”，单击【格式】按钮，在【设置单元格格式】窗口中单击【边框】选项卡，设置边框颜色和位置，如图3-73所示，在两个对话框中分别单击【确定】按钮。

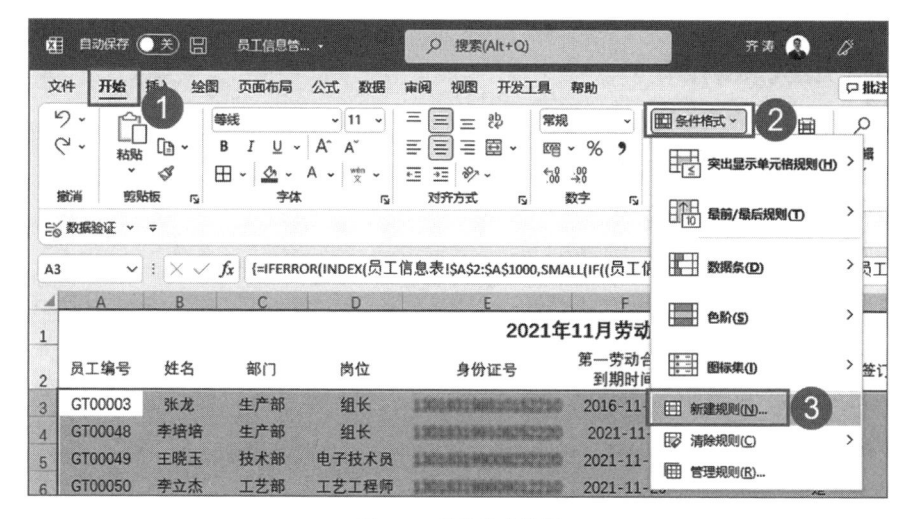

图3-72 条件格式设置

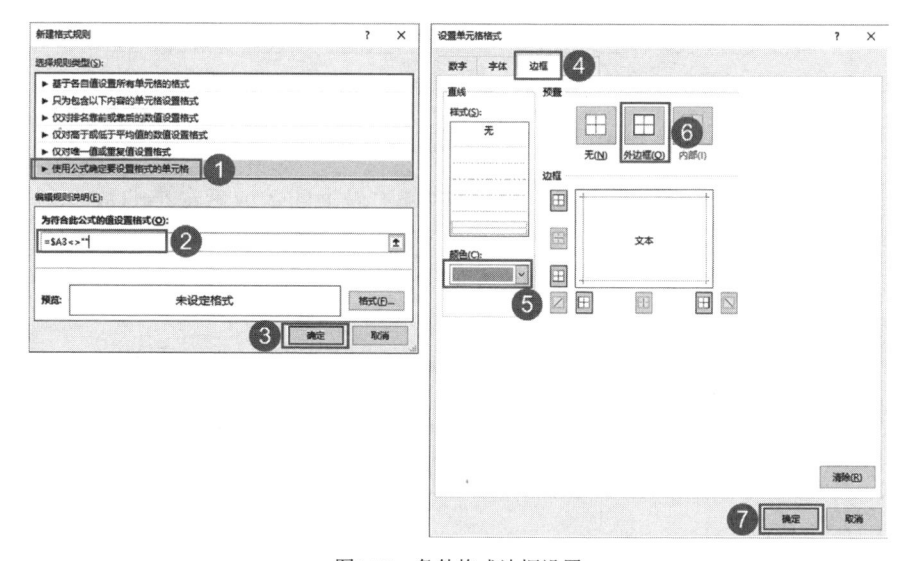

图3-73 条件格式边框设置

美化表格，最终效果如图3-74所示。

图3-74 劳动合同到期统计表效果图

知识点讲解

1. DATE( )函数

函数含义及说明

返回表示特定日期的连续序列号。

语法及说明

DATE(year, month, day)

示例

如图3-75所示。

	A	B	C	D	E	F
1	数据1	数据2	数据3	公式	结果	说明
2	2014	5	1	=DATE(A2,B2,C2)	2014-5-1	将2014、5、1组合成日期
3				=DATE(2014,5,1)	2014-5-1	将2014、5、1组合成日期
4	20140501			=DATE(LEFT(A4,4),MID(A4,5,2),RIGHT(A4,2))	2014-5-1	将20140511转换为日期

图3-75　DATE( )函数示例

2. MAX( )、MIN( )函数

MAX( )、MIN( )函数分别是返回数据区域中最大的数或者最小的数，它们的用法是MAX\MIN(number1,number2,…)。

如图3-76所示。

	A	B	C	D
1	数据	公式	结果	说明
2	13	=MAX(A2:A5)	165	返回A2:A5数据区域中即13、22、165、99的最大数165
3	22	=MIN(A2:A5)	13	返回A2:A5数据区域中即13、22、165、99的最小数13
4	165			
5	99			

图3-76　MAX( )\MIN( )函数示例

3. YEAR( )、MONTH( )、DAY( )函数

函数含义及说明

这三个函数的定义分别是返回指定日期中的年份、月份、天数。

语法及说明

YEAR(serial_number)、 MONTH(serial_number) 、DAY(serial_number)

serial_number是必需的，表示要提取年份、月份、天数。

示例

如图3-77所示。

	A	B	C	D
1	数据	公式	结果	说明
2	2015-5-1	=YEAR(A2)	2015	返回日期"2015-5-1"的年份2015
3	2015-5-2	=MONTH(A3)	5	返回日期"2015-5-1"的月份5
4	2015-5-3	=DAY(A4)	3	返回日期"2015-5-1"的天数1

图3-77　YEAR( )函数、MONTH( )函数、DAY( )函数示例

> **TIP 本小节中公式说明**
>
> （1）=IFERROR(INDEX(员工信息表!$A$2:$A$1000,SMALL(IF((员工信息表!$M$2:$M$1000=0)*((TEXT(员工信息表!$K$2:$K$1000,"yyyy-m")*1=TEXT($A$1,"yyyy-m")*1)+(TEXT(员工信息表!$L$2:$L$1000,"yyyy-m")*1=TEXT($A$1,"yyyy-m")*1)),ROW($1:$999),4^10),ROW(1:1))),"")
>
> 结合函数的环境来看，这个函数是返回2021年11月劳动合同到期且没有离职人员的员工编号。分解来看，它是用IF()函数来判断是否满足劳动合同到期年份为2021年，月份为11月且没有离职三个情况，如果都满足，则返回满足条件的这条信息所在的行号，并用SMALL()函数从小到大进行排序，然后用INDEX()函数将符合条件的员工编号分别提取出来，如果INDEX()函数在计算过程中出错，用IFERROR()函数返回空值。
>
> （2）=IFERROR(VLOOKUP($A3,员工信息表!$A:$N,MATCH(B$2,员工信息表!$A$1:$N$1,0),0),"")
>
> 根据员工编号，查找员工编号对应的姓名、岗位等信息。
>
> （3）=IFERROR(IF(VLOOKUP($A3,员工信息表!$A:$N,12,0)=0,"",VLOOKUP($A3,员工信息表!$A:$N,12,0)),"")
>
> 这个函数用IF()函数查找对应编号员工的第二次劳动合同到期时间返回值，如果为0，返回空值，否则返回到期日期，用IF判断主要是因为VLOOKUP返回的结果为标准日期和0，再将0转换为空值。
>
> （4）=IF(AND(A3<>"",H3="是"),IF(G3<>"",3,2),"")
>
> 这个函数是判断如果员工编号不为空，且公司要与员工续签劳动合同的情况下，来判断是第2次还是第3次签订劳动合同，因为员工入职即签订第一次劳动合同。
>
> （5）=IF(AND(A3<>"",H3="是"),IF(G3<>"","无固定期限","5年"),"")
>
> 这个函数是判断如果员工编号不为空，且公司要与员工续签劳动合同的情况下，来用第二次劳动合同到期日期来判断是签订5年还是签订无固定期限。因为如果第二次劳动合同到期为空值，那么说明员工本次应该签订第二次劳动合同。
>
> （6）=IF(AND(A3<>"",H3="是"),MAX(F3:G3)+1,"")
>
> 这个函数是判断如果员工编号不为空，且公司要与员工续签劳动合同的情况下，在第一次劳动合同到期时间和第二次劳动合同到期时间中返回一个最大日期，这个日期再加1天即为续签劳动合同开始时间。

（7）=IF(AND(A3<>"",H3="是"),IF(I3=3,"-",DATE(YEAR(K3)+5,MONTH (K3),DAY(K3)-1)),"")

这个函数是判断如果员工编号不为空，且公司要与员工续签劳动合同的情况下，如果第3次签订劳动合同，则返回值为“-”，因为是无固定期限劳动合同，没有劳动合同解除日期。如果是第2次签订劳动合同，则返回值为比签订时间大5年且晚1天。

3.5 利用邮件合并制作劳动合同续签意向书

统计出员工即将到期的劳动合同信息后，HR需要制作劳动合同续签意向书发给员工并收集员工的续签意向，用Word做一份劳动合同续签意向书，然后把信息填写进去后打印。可以用Excel和Word的邮件合并快速制作劳动合同续签意向书。

具体操作步骤如下：

STEP 1 新建Word文档。新建一个Word文档，保存名称为“GT公司劳动合同续签意向书”，并和“员工信息管理”工作簿保存在一个文件夹里，文档内容如图3-78所示。

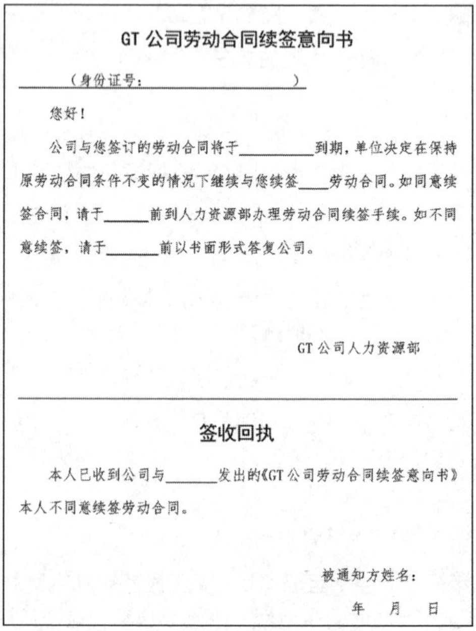

GT 公司劳动合同续签意向书

______（身份证号：______________）

您好！

公司与您签订的劳动合同将于________到期，单位决定在保持原劳动合同条件不变的情况下继续与您续签____劳动合同。如同意续签合同，请于______前到人力资源部办理劳动合同续签手续。如不同意续签，请于______前以书面形式答复公司。

GT 公司人力资源部

签收回执

本人已收到公司与______发出的《GT 公司劳动合同续签意向书》本人不同意续签劳动合同。

被通知方姓名：

年　月　日

图3-78　GT公司劳动合同续签意向书

STEP ②新建Excel工作表。在"员工信息管理"工作簿中新建名为"劳动合同续签统计表"的工作表。

STEP ③整理续签劳动合同名单。将"劳动合同到期统计表"中公司计划续签劳动合同的员工信息复制到"劳动合同续签统计表"中，并整理表格，如图3-79所示，其中C列、F列是根据"劳动合同到期统计表"整理而来，H列、I列、J列是公司自定时间（建议无论是续签时间还是让员工回复不续签时间，都是劳动合同届满前）。

图3-79　劳动合同续签员工信息

STEP ④进行邮件合并。回到Word文档，在【邮件】选项卡【开始邮件合并】功能区点击【选择收件人】下拉列表，如图3-80所示，在弹出的【选择数据源】窗口中选择"使用现有列表"。

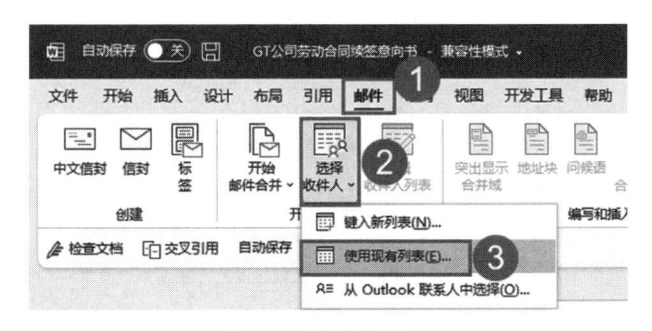

图3-80　使用现有列表

在弹出的【选择表格】窗口中，选择【劳动合同续签统计表】选项，单击【确定】按钮，如图3-81所示。

图3-81　选取表格

STEP ⑤ 插入域。将鼠标放在Word文档中需要填写的内容处，在【编写和插入域】功能区【插入合并域】下拉列表中选择相对应的选项，如图3-82所示。

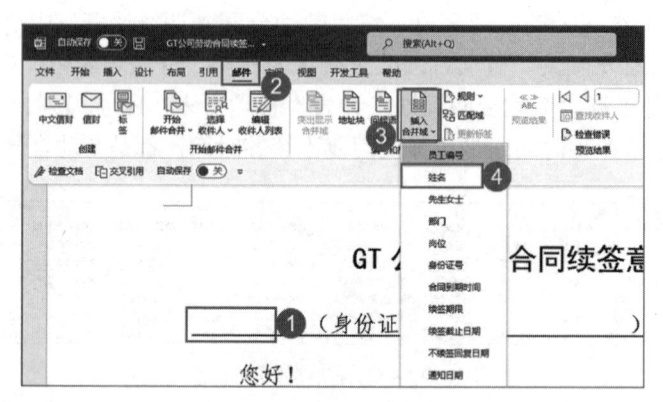

图3-82　插入合并域

依次将需要填充的内容区域插入相对应的内容，完成后效果如图3-83所示。

图3-83　插入域后效果

> STEP ⑥ 修改日期格式。单击【预览结果】功能区的【预览结果】按钮，会看到文档的预览结果，但是文档中日期格式为"D/M/YYYY"格式，而不是"YYYY年M月D日"格式，如图3-84所示。

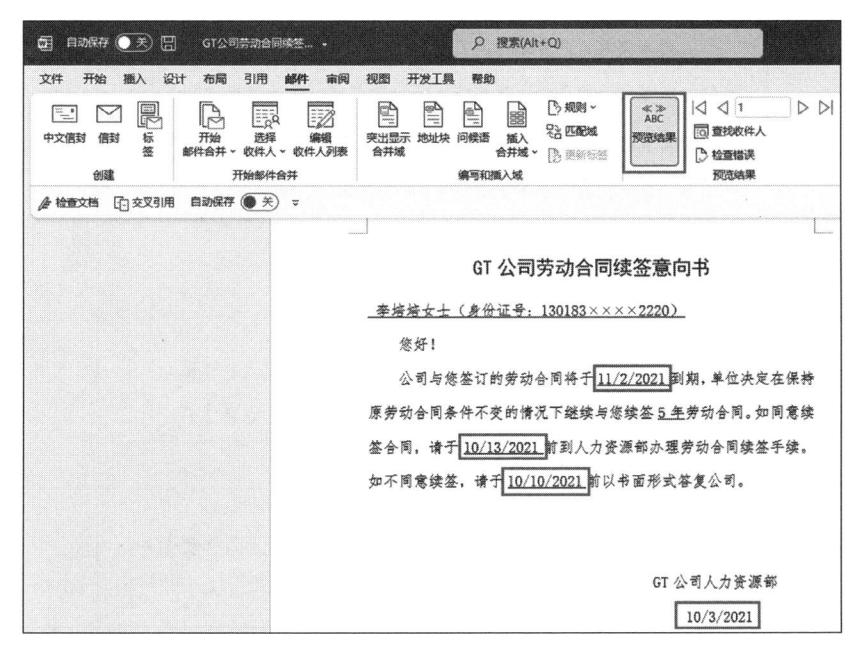

图3-84 日期格式更改前预览效果

右键单击任意日期，在弹出的快捷菜单中选择【切换域代码】命令，这样日期就会变成一组代码，在代码后面增加"\@YYYY年M月D日"内容，对所有日期都进行此操作，如图3-85所示。

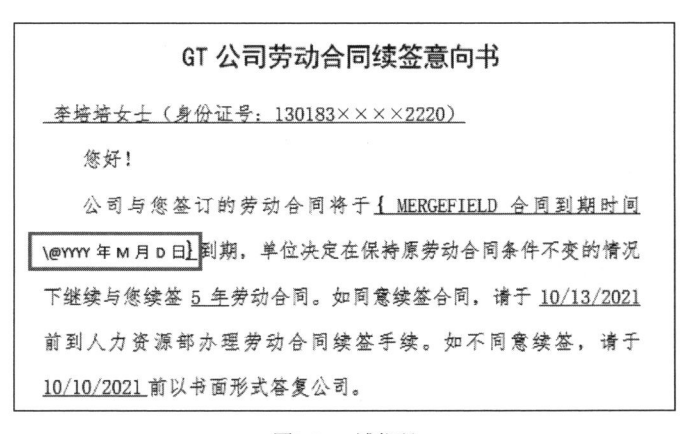

图3-85 域代码

域代码修改完毕后，单击两次"预览结果"按钮，最终效果如图3-86所示。

图3-86 劳动合同续签意向书最终效果

还可以单击图3-87红框所示位置，查看续签意向书的效果。这样每月底将下个月需要通知续签劳动合同的意向书打印出来，到期后发给员工。这个邮件合并是一次操作重复应用，再到下个月底时，只要将续签劳动合同的员工信息粘贴到"劳动合同续签统计表"中，就可以在劳动合同意向书中预览结果并进行打印。不续签劳动合同通知书也可以按此步骤进行操作。

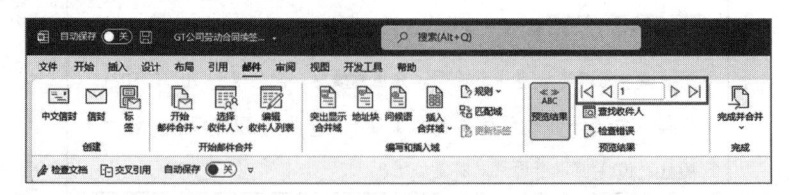

图3-87 预览其他记录

第4章

招聘数据系统的建立，让招聘环节数据化

招聘管理在人力资源管理系统中是一项基础工作。对负责招聘的HR来说，除了发布招聘信息、筛选简历、面试准备等工作外，数据管理也是一项必须做的工作。详细的招聘数据，可以为公司招聘工作的改进和提升提供重要的依据。在本章中，我们主要讲解招聘数据表格的设计与维护。

4.1 招聘数据表格设计分析

在招聘管理工作中，与招聘相关的各项数据会提供很多信息，如从数据中分析面试邀约是否合理、简历甄选是否标准，各招聘渠道招聘效果、各招聘渠道或各岗位的招聘成本、招聘周期是否合理、面试标准是否统一、录用吻合度是否达标等。这些数据可以让HR找到招聘工作的规律使工作更加得心应手，也可以从数据中反馈招聘工作的效果从而改进提高，并为后期招聘工作的更好开展提供了参考数据。

考察招聘工作成效有很多指标，在各个公司中可能会应用不同的招聘指标组合，一些常用的招聘指标，如图4-1所示。

分析上述各个指标，会发现在日常工作中要记录很多数据，如图4-2所示。分析这些指标时还需要分周期、部门、招聘岗位、招聘渠道等维度，所以靠手工记录数据是不现实的，必须要设计不同的表格，将各项数据记录下来，并且能进行多维分析。

结合HR的工作，再分析前述统计的各项数据，会发现这些数据包含从招聘申请到员工入职后转正的各项工作。既要统计每个部门的招聘申请，又要统计每位应聘

指标	计算方法
招聘计划完成率	实际报到人数/计划招聘人数
人均招聘成本	总招聘成本/实际报到人数
平均招聘周期	总招聘时间/总招聘人数
简历初选通过率	人力资源部初选合格简历数/收到的简历总数
有效简历率	部门选择合格通知面试的人数/HR初选合格简历数
初试通过率	初试通过人数/面试总人数
复试通过率	复试通过人数/初试通过人数
录用率	实际录用人数/面试总人数
报到率	实际报到人数/发出录用通知人数
招聘渠道分布	不同招聘渠道录用的人数占录用总人数的比率
录用人员分布	不同性别、学历、职级、区域的录用人数占录用总人数的比率
招聘转正率	转正人数/入职人数
招聘离职率	离职人数/入职人数

图4-1　招聘工作考核指标集

序号	统计数据	序号	统计数据
1	实际报到人数	11	计划招聘人数
2	总招聘成本	12	总招聘人数
3	总招聘时间	13	收到的简历总数
4	人力资源部初选合格简历数	14	HR初选合格简历数
5	用人部门选择合格通知面试的人数	15	初试通过人数
6	复试通过人数	16	面试总人数
7	实际录用人数	17	发出录用通知人数
8	各个招聘渠道录用人数	18	转正人数
9	离职人数	19	入职人数
10	录用人员的性别、学历、职类、区域等		

图4-2　招聘各项指标统计数据汇总表

人员的信息和面试录用情况，还要统计每个招聘渠道的费用等。可以将招聘管理的基础表格设计为四个，分别为：招聘需求汇总表、应聘人员信息表、招聘成本汇总表、招聘数据汇总表，同时各个表中以招聘需求编号作为主要检索值。

4.2 招聘需求汇总表设计维护

人力资源部门组织招聘，一方面要根据人力资源部组织制订的年度招聘计划进行，另一方面还要根据各部门的临时招聘申请来进行。招聘需求是首先要汇总的数据，这样是为了统计计划招聘人数、招聘时间、招聘部门、招聘岗位等数据，与实际的招聘效果进行对比来检验工作成效并有针对性地进行改进提高。

设计招聘需求汇总表，需要考虑以下因素：

（1）每个招聘需求要编号并保证唯一，因为可能会出现同一岗位连续招聘的情况。

（2）此表要反映出招聘需求中的各项信息，如招聘部门、招聘岗位、招聘人数、招聘申请时间，以便对工作成效进行对比并进行多维分析。

（3）此表中要体现出各岗位的招聘周期，因为无论是上级对招聘HR有招聘周期的要求，还是HR有自己的工作标准，各层级岗位应该有不同的招聘周期，例如一般岗位1个月，中层岗位2个月，高层岗位3～6个月等。不设定标准，就如没有目标的努力，工作是不会有改观、有提高的。

（4）表格中要体现出招聘实际结束时间和实际招聘周期，虽然表名为"招聘需求汇总表"，但统计出实际数据便于进一步分析。

根据上述分析，设计招聘需求汇总表包括的项目有：招聘编号、招聘部门、招聘岗位、招聘人数、招聘开始时间、招聘周期、招聘拟结束时间、实际结束时间、实际招聘周期等。

在表格的内容规范方面，为了保证表格的规范输入，还需要考虑以下因素：

（1）招聘需求编号保证唯一，且招聘需求编号按时间前后顺序进行编号，用"公司标识-部门标识-年份-表格标识+顺序号"的编码规则来设定招聘需求编号，如"GT-HR-2021-R0001"。

（2）为保证"招聘部门"和"招聘岗位"输入的一致性，可以用【数据验证】设置二级联动下拉菜单。

（3）招聘开始时间、招聘拟结束时间、实际结束时间等可以用【数据验证】对日期格式进行限定。

具体设计步骤如下（假定每年招聘申请不超过50次）：

STEP 1 新建工作表。新建Excel工作簿并命名为"招聘管理数据表"。将其中的工作表命名为"招聘需求汇总表",输入表格标题,如图4-3所示。

图4-3 招聘需求汇总表结构

STEP ② "招聘编号"【数据验证】设置。选中A2:A50单元格,在【数据】选项卡【数据工具】功能区单击【数据验证】。调出【数据验证】窗口。在【允许】下拉列表中选择【自定义】选项,在【公式】文本框中输入以下公式,如图4-4所示。

=AND(LEN(A2)=16, COUNTIF($A$2:$A$50,A2)=1)

单击【出错警告】选项卡,在【错误信息】文本框中输入"请检查招聘编号是否正确,是否唯一的,编码规则是不是按'GT-HR-年份-R0001'进行编码。",单击【确定】按钮,如图4-5所示。

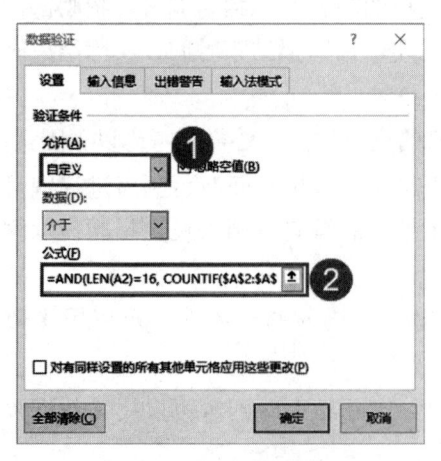

图4-4 数据验证设置　　　　图4-5 出错警告设置

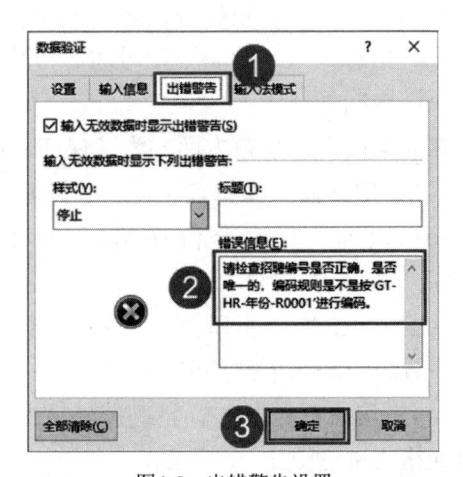

STEP ③ 设置二级联动下拉菜单。新建名为"序列"的工作表,将学历、部门和岗位信息输入到工作表中,如图4-6所示。

第4章 招聘数据系统的建立，让招聘环节数据化

图4-6 序列工作表效果图

选中D1:L11数据区域，在【开始】选项卡【编辑】功能区【查找和选择】下拉菜单中单击【常量】，如图4-7所示。

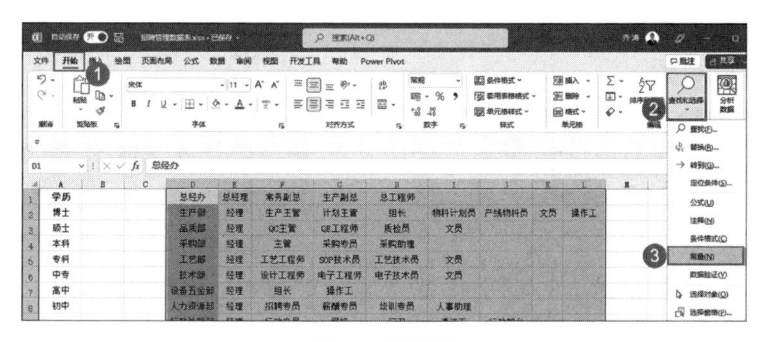

图4-7 选择常量

上一步骤完成后不要在工作表单元格区域单击或击敲键盘，在【公式】选项卡【定义的名称】功能区单击【根据所选内容创建】按钮，在窗口中勾选【最左列】，单击【确定】按钮，如图4-8所示。

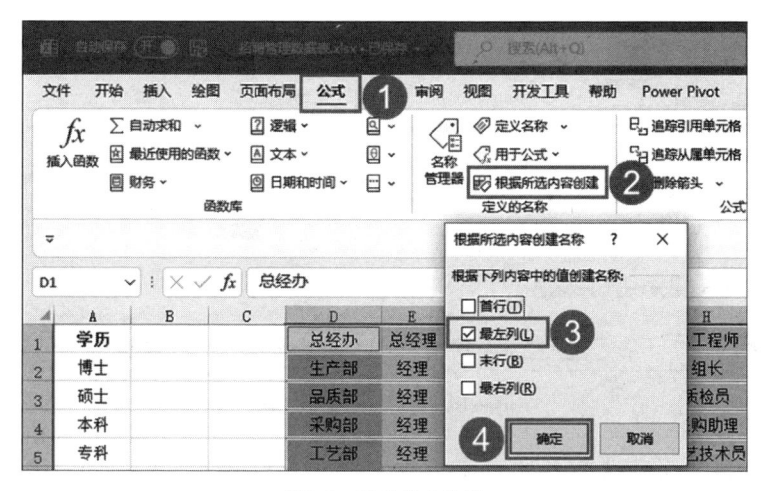

图4-8 定义名称设置

在"招聘需求汇总表"的工作表中选中B2:B50数据区域，调出【数据验证】窗口，在【允许】下拉列表中选择【序列】选项，鼠标定位在【来源】文本框中选择"序列"的工作表D1:D11数据区域，在【错误信息】文本框中输入"请在下拉菜单中选择部门，不要输入。"，单击【确定】按钮，如图4-9所示。

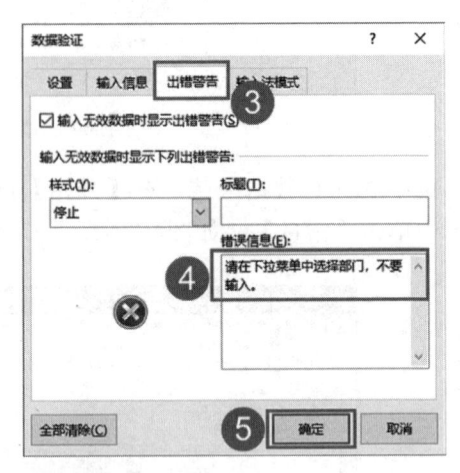

图4-9 部门下拉菜单设置

选中C2:C50数据区域，调出【数据验证】窗口，在【允许】下拉列表中选择【序列】选项，在【来源】文本框中输入"=INDIRECT(B2)"，单击【出错警告】选项卡，在【错误信息】文本框中输入"请在下拉菜单中选择岗位，不要输入。"，单击【确定】按钮，如图4-10所示。

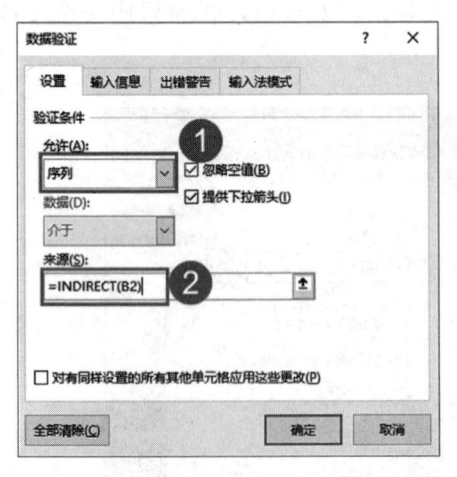

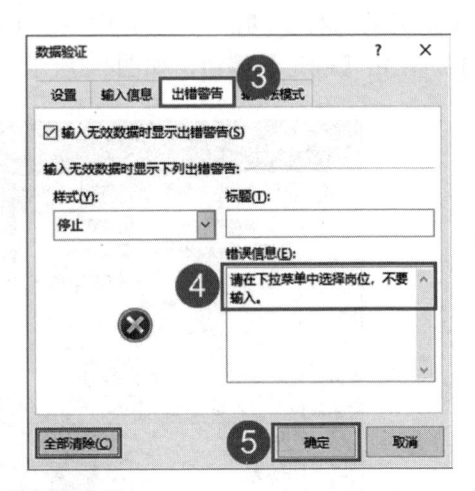

图4-10 岗位下拉菜单设置

STEP ④ 日期格式【数据验证】设置。在名称框输入"E2:E50,H2:H50"，如图4-11所示，按【Enter】键确定，这样会选中两个数据区域。

调出【数据验证】窗口,在【允许】下拉列表中选择【日期】选项,数据为【大于或等于】,在【开始日期】文本框中输入"2021-1-1",单击【出错警告】选项卡,在【错误信息】文本框中输入"请检查输入日期是否符合'YYYY-M-D'格式,且大于等于2021-1-1。",单击【确定】按钮,如图4-12所示。

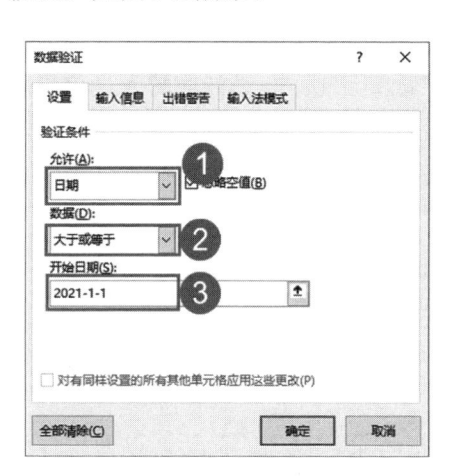

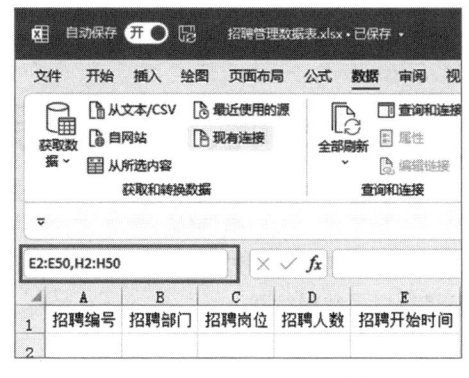

图4-11 快速选中不连续区域

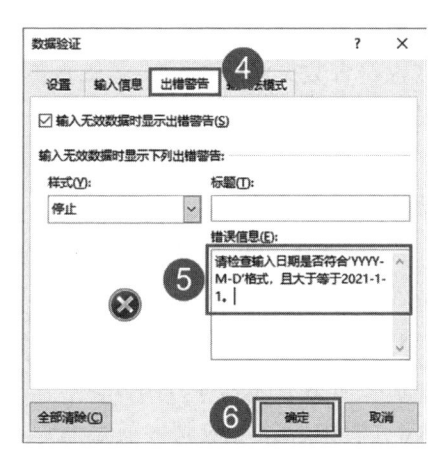

图4-12 日期格式【数据验证】设置

STEP 5 表格美化。在G2单元格输入公式"=E2+F2"下拉填充,在I2单元格输入公式"=IF(H2<>0,H2-E2,"")"下拉填充,输入数据后对表格进行美化,最终结果如图4-13所示。

	A	B	C	D	E	F	G	H	I
1	招聘编号	招聘部门	招聘岗位	招聘人数	招聘开始时间	招聘周期	招聘拟结束时间	招聘结束时间	实际周期
2	GT-HR-2021-R0001	生产部	操作工	1	2021-1-1	30	2021-1-31	2021-1-14	13
3	GT-HR-2021-R0002	销售部	高级销售专员	1	2021-1-3	30	2021-2-3	2021-3-1	56
4	GT-HR-2021-R0003	技术部	电子技术员	1	2021-1-15	30	2021-2-14	2021-3-24	68
5	GT-HR-2021-R0004	生产部	操作工	4	2021-1-25	30	2021-2-24	2021-3-26	60
6	GT-HR-2021-R0005	人力资源部	人事助理	1	2021-2-25	30	2021-3-27	2021-3-21	24
7	GT-HR-2021-R0006	设备五金部	操作工	1	2021-2-25	30	2021-3-27	2021-2-27	2
8	GT-HR-2021-R0007	生产部	操作工	4	2021-3-9	30	2021-4-8	2021-4-16	38
9	GT-HR-2021-R0008	行政外联部	司机	1	2021-3-10	30	2021-4-9	2021-3-25	15
10	GT-HR-2021-R0009	行政外联部	行政专员	1	2021-3-10	30	2021-4-9	2021-4-3	24
11	GT-HR-2021-R0010	销售部	销售专员	2	2021-3-19	30	2021-4-18	2021-4-20	32
12	GT-HR-2021-R0011	品质部	质检员	1	2021-4-1	30	2021-5-1	2021-4-4	3

图4-13 招聘需求汇总表效果图

4.3 应聘人员信息表设计维护

HR在收到招聘申请后，开始发布简历、筛选简历、通知面试、通知入职等一系列工作，信息数据统计是不可或缺的一项工作，招聘工作的成效需要数据指标来支撑，从招聘工作过程中的各项指标到招聘工作的结果指标，无一不对招聘工作的成效提供了数据参考。

从筛选完简历到员工入职，是HR做的一系列工作，但从应聘者角度来看，这个过程也正是应聘者经历简历被筛选、参加初试、参加复试、入职等部分或全部过程，这也符合数据源表格记录基础数据的要求。因此，在设计应聘人员信息表时要考虑以下因素：

（1）只有第一次被通知面试人员的信息方可记录，不被通知人员的信息没有必要统计而且工作量也大。

（2）应聘人员信息要包括应聘者基本信息、应聘岗位信息、初试信息、复试信息、入职信息等几方面，涵盖从简历被筛选到入职的部分或全部过程。

（3）表中要体现应聘人员是属于哪一个招聘需求的，可以将招聘编号作为检索值与招聘需求情况进行对比分析。

（4）表中应体现应聘人员是通过哪个招聘渠道投递的简历，以便统计招聘渠道的效果及费用。

结合公司的情况，设计应聘人员信息表包含的项目有姓名、性别、年龄、学历、招聘渠道、招聘编号、应聘岗位、初试时间、参加初试、初试通过、复试时间、参加复试、复试通过、通知入职时间、入职时间、未报到原因。同时为保证表格输入规范及数据统计方便，可以考虑以下因素：

（1）性别、学历、招聘渠道、招聘编号、参加初试、初试通过、参加复试、复试通过、未报到原因等几项利用【数据验证】设置下拉菜单，保证输入的方便和统一。

（2）应聘岗位可以通过招聘需求汇总表中引用过来。

（3）初试时间、复试时间、通知入职时间、入职时间等可以设置【数据验证】，保证日期格式输入统一。

具体设计步骤如下：

STEP①新建工作表。新建名为"应聘人员信息表"的工作表，输入表格标题，最终效果如图4-14所示。

第4章 招聘数据系统的建立，让招聘环节数据化

图4-14 应聘人员信息表结构

STEP ② 用【数据验证】设置下拉菜单。在"序列"的工作表输入招聘渠道和未报到原因，如图4-15所示。

假定公司一年中通知面试不超过500人，操作步骤如下，具体内容如图4-16所示。

（1）选中数据区域。

（2）在【数据】选项卡【数据工具】功能区，选择【数据验证】选项，调出【数据验证】窗口，在【允许】下拉列表中选择【序列】选项。

图4-15 序列内容

（3）在【来源】文本框内输入"数据来源"列的内容。

（4）单击【出错警告】选项卡，在【错误信息】文本框中输入【出错警告】列的内容，单击【确定】按钮。

序号	数据区域	数据来源	出错警告
1	B2:B500	男,女	请在下拉菜单中选择性别，不要输入。
2	D2:D500	=序列!$A$2:$A$8	请在下拉菜单中选择学历，不要输入。
3	E2:E500	=序列!$O$2:$O$10	请在下拉菜单中选择招聘渠道，不要输入。
4	F2:F500	=OFFSET(招聘需求汇总表!$A$1,1,,COUNTA(招聘需求汇总表!$A:$A)-1,)	请在下拉菜单中选择招聘编号，不要输入。
5	I2:I500	是	请在下拉菜单中选择选项，不要输入。
6	J2:J500	是	请在下拉菜单中选择选项，不要输入。
7	L2:L500	是	请在下拉菜单中选择选项，不要输入。
8	M2:M500	是	请在下拉菜单中选择选项，不要输入。
9	P2:P500	=序列!$Q$2:$Q$7	请在下拉菜单中选择未报到原因，不要输入。

图4-16 【数据验证】设置内容

STEP ③ 设置"应聘岗位"列公式。在G2单元格输入以下公式，下拉至G500单元格。

=IFERROR (VLOOKUP(F2,招聘需求汇总表!$A:$C,3,0),"")

STEP ④ 设置"初试时间、复试时间、通知入职时间、入职时间"四列【数据验证】。在名称框中输入"H2:H500,K2:K500,N2:N500,O2:O500",按<Enter>键选中四个数据区域。

调出【数据验证】窗口,在【允许】下拉列表中选择【日期】选项,数据为【大于或等于】,在【开始日期】文本框中输入"2021-1-1",单击【出错警告】选项卡,在【错误信息】文本框中输入"请检查输入日期是否符合'YYYY-M-D'格式,且大于等于2021-1-1。",单击【确定】按钮。

STEP ⑤ 表格美化。输入数据后对表格进行美化,如图4-17所示。

图4-17 应聘人员信息表最终效果图

应聘人员信息表完成后,还可以根据此表编辑"招聘需求汇总表"中的"招聘结束时间",在"招聘需求汇总表"H2单元格输入公式,用组合键【Ctrl+Shift+Enter】结束输入,下拉至最后一行有数据的行。

=MAX((应聘人员信息表!$F$2:$F$999=A2)*应聘人员信息表!$O$2:$O$999)*(COUNTIFS (应聘人员信息表!$F$2:$F$999,A2,应聘人员信息表!$O$2:$O$999,">0")>= D2)

知识点讲解

COUNTIFS( )函数

函数含义及说明

计算某个区域中满足多重条件的单元格数目。

语法及说明

COUNTIFS(range1,criteria1,range2,criteria2…)

criteria_range1是必需的。在其中计算关联条件的第一个区域。

criteria1是必需的。条件的形式为数字、表达式、单元格引用或文本,可用来定义将对哪些单元格进行计数。

criteria_range2,criteria2,…可选。附加的区域及其关联条件。

语法解释

COUNTIFS（条件区域1,条件1,条件区域2,条件2…）

示例

如图4-18所示。

	A	B	C	D	E	F
1	数据1	数据2	数据3	公式	结果	说明
2	11	是	否	=COUNTIFS(A2:A5,">4",A2:A5,"<11")	3	在A2:A5数据区域中，查找大于4且小于11的个数，返回值3
3	9	否	否	=COUNTIFS(B2:B5,"=是",C2:C5,"=是")	1	返回同时满足B2:B5和C2:C5数据区域同时为是的个数，返回值1
4	7	是	是			
5	5	否	是			

图4-18　COUNTIFS( )函数示例

> **TIP 本小节中公式说明**
>
> =MAX((应聘人员信息表!$F$2:$F$999=A2)＊应聘人员信息表!$O$2:$O $999)＊(COUNTIFS(应聘人员信息表!$F$2:$F$999,A2,应聘人员信息表!$O$2: $O$999,">0")>=D2)
>
> "应聘人员信息表!$F$2:$F$999=A2"生成一个由TRUE和FALSE组成的数组，通过它判断"应聘人员信息表!$O$2:$O$999"判断招聘编号为GT-HR- 2021-R0001时的入职时间，并由MAX（）函数确定最晚的入职时间。
>
> "COUNTIFS(应聘人员信息表!$F$2:$F$999,A2,应聘人员信息表!$O$2:$O$999,">0")>=D2"结果会生成TRUE或者FALSE，它是判断招聘编号为GT-HR-2021-R0001的招聘人数是否满足，用">="表示可能会出现实际招聘人数比招聘需求人数多的情况。

4.4 招聘成本相关表格设计维护

招聘是需要付出成本的，成本包括直接成本和间接成本。

直接成本是指可以直接计算和记账的、以金钱的形式花费的成本。主要包括招聘网站费用、招聘会费用、猎头招聘费用、委托代理招聘费用、校园招聘费用、内部推荐奖励费用、内部招聘费用、刊登广告费用、招聘人员差旅费用、应聘人员招待费用、应聘人员家庭工作安置费用和为招聘所花费的其他费用。

间接成本是指不能直接计入财务账目、通常以时间等形式表现的成本，主要包括为招聘所设岗位的工资福利费用、其他参与招聘相关人员的时间花费及其他费用。

对招聘成本进行汇总分析，主要是节省招聘开支，通过分析找出有哪些支出项目可以减少或省略，有哪些支出项目是必需的，用最少开支达到最大的招聘效果。

在表格设计的时候需要考虑分别计算计入直接成本和间接成本，所以招聘成本汇总表只是一个汇总表，它还需要有招聘直接成本统计表和招聘间接成本统计表支持。因此应该建立三张工作表，分别为招聘直接成本统计表、招聘间接成本统计表和招聘成本汇总表。

4.4.1 直接成本统计表设计

前面列举了招聘直接成本包含哪些项目，结合表格设计应考虑以下因素：

（1）直接成本一般都是伴随着各个招聘渠道发生的，所以表格中按日期、招聘渠道对各项费用进行汇总。

（2）综合各个招聘渠道，一般直接花费包括：渠道服务费用、宣传资料费用、招聘资料费用、交通费用、食宿费用、招待费用、推荐奖励、其他费用等。

（3）日期用【数据验证】限定格式，招聘渠道用【数据验证】设置下拉菜单，防止输入不统一的情况。

（4）招聘渠道服务费用为周期费用的，如招聘网站服务费，每月固定日期将月平均费用输入表格中。

具体设计步骤如下：

STEP 1 新建工作表。新建名为"招聘直接成本统计表"的工作表，输入表格标题，最终效果如图4-19所示。

	A	B	C	D	E	F	G
1	日期	招聘渠道	渠道费用	宣传资料费用	差旅费用	推荐奖励	合计
2							
3							
4							
5							
6							
7							
8							
9							
10							
11							
12							
13							

图4-19 招聘直接成本统计表

第4章　招聘数据系统的建立，让招聘环节数据化

STEP 2 设定"日期"列【数据验证】。选中A2:A100数据区域（假定一年中统计项目不超过100次），调出【数据验证】窗口，在【允许】下拉列表中选择【日期】选项，数据为【大于或等于】，在【开始日期】文本框中输入"2021-1-1"，单击【出错警告】选项卡，在【错误信息】文本框中输入"请检查输入日期是否符合'YYYY-M-D'格式，且大于等于2021-1-1。"，单击【确定】按钮。

STEP 3 在"招聘渠道"列设置下拉菜单。选中B2:B100数据区域，调出【数据验证】窗口，在【允许】下拉列表中选择【序列】选项，光标定位在【来源】文本框选择"序列"的工作表O2:O10数据区域。在【错误信息】文本框中输入"请在下拉菜单中选择招聘渠道，不要输入。"，单击【确定】按钮。

STEP 4 美化表格。输入数据后对表格进行美化，并对合计列汇总，最终效果如图4-20所示。

	A	B	C	D	E	F	G
1	日期	招聘渠道	渠道费用	宣传资料费用	差旅费用	推荐奖励	合计
2	2021-1-1	招聘网站1	600				600
3	2021-1-1	招聘网站2	1000				1000
4	2021-1-7	现场招聘	500	200	100		800
5	2021-2-1	招聘网站1	600				600
6	2021-2-1	招聘网站2	1000				1000
7	2021-2-4	现场招聘	450		50		500
8	2021-3-1	招聘网站1	600				600
9	2021-3-1	招聘网站2	1000				1000
10	2021-3-7	现场招聘	500	200	50		750
11	2021-3-8	现场招聘	500		50		550
12	2021-3-9	校园招聘		1000	200		1200
13	2021-3-9	内部推荐				200	200
14	2021-4-1	招聘网站1	600				600
15	2021-4-1	招聘网站2	1000				1000
16	2021-4-1	校园招聘		400	200		600
17	2021-4-25	现场招聘	500	50	50		600
18	2021-4-30	内部推荐				400	400

图4-20　招聘直接成本统计表最终效果图

4.4.2　间接成本统计表设计

招聘间接成本通常是以时间形式表现，它贯穿于从简历筛选到员工入职的招聘活动中，只要存在招聘就会产生间接成本，一个岗位面试应聘人员和面试官越多间接成本就越高。间接成本不能直接核算，但是可以通过招聘相关人员

的时间和小时工资将其换算成标准费用，因此在设计间接成本统计表时需考虑以下因素：

（1）按照招聘流程进行分类统计，分为筛选简历、面试邀请、面试准备、面试、通知入职等项目。

（2）表格中的各项目分为日期、招聘流程、招聘涉及岗位、花费时间、小时工资、成本等。

（3）日期用【数据验证】限定格式，招聘流程用【数据验证】设置下拉菜单，防止输入不统一的情况。

具体设计步骤如下：

STEP①新建工作表。新建名为"招聘间接成本统计表"的工作表，输入表格标题，最终效果如图4-21所示。

	A	B	C	D	E	F
1	日期	招聘流程	招聘涉及岗位	花费时间（分钟）	小时工资（元）	成本（元）
2						
3						
4						
5						
6						
7						

图4-21　招聘间接成本表结构

STEP②设定"日期"列【数据验证】。选中A2:A1000数据区域（假定一年中统计项目不超过1000次），调出【数据验证】窗口，在【允许】下拉列表中选择【日期】选项，数据为【大于或等于】，在【开始日期】文本框中输入"2021-1-1"，单击【出错警告】选项卡，在【错误信息】文本框中输入"请检查输入日期是否符合'YYYY-M-D'格式，且大于等于2021-1-1。"，单击【确定】按钮。

STEP③在"招聘流程"列设置下拉菜单。选中B2:B1000数据区域，调出【数据验证】窗口，在【允许】下拉列表中选择【序列】选项，在【来源】文本框中输入"筛选简历,面试邀请,面试准备,面试,通知入职,其他"。单击【出错警告】选项卡，在【错误信息】文本框中输入"请在下拉菜单中选择招聘流程，不要输入。"，单击【确定】按钮。

STEP④美化表格。输入数据后对表格进行美化，并在F2单元格输入公式"=ROUND(D2*E2/60,2)"，向下填充公式，最终效果如图4-22所示。

	A	B	C	D	E	F
1	日期	招聘流程	招聘涉及岗位	花费时间（分钟）	小时工资（元）	成本（元）
2	2021-1-6	通知面试	招聘专员	5	16	1.33
3	2021-1-6	通知面试	招聘专员	5	16	1.33
4	2021-1-6	通知面试	招聘专员	5	16	1.33
5	2021-1-6	通知面试	招聘专员	5	16	1.33
6	2021-1-6	通知面试	招聘专员	5	16	1.33
7	2021-1-6	通知面试	招聘专员	5	16	1.33
8	2021-1-6	通知面试	招聘专员	5	16	1.33
9	2021-1-6	通知面试	招聘专员	5	16	1.33
10	2021-1-6	通知面试	招聘专员	5	16	1.33

图4-22 招聘间接成本统计表最终效果图

4.4.3 成本汇总表设计

成本汇总表中既可以按招聘渠道和间接成本、按月来汇总数据，也可以按期限对各渠道的招聘成本进行分析。因此在设计成本汇总表时需考虑以下因素：

（1）表格中统计每年1～12月份的汇总费用即可，即每年的费用不包括标题用12行数据。

（2）标题项目包括：年月、招聘网站1、招聘网站2、现场招聘、校园招聘、内部推荐、猎头招聘、中介费用、刊登广告费用、其他、间接成本、合计等。

（3）所有的费用都从"招聘直接成本统计表"和"招聘间接成本统计表"中引用计算，不再重新输入。

具体设计步骤如下：

STEP① 新建工作表。新建名为"招聘成本汇总表"的工作表，输入表格标题，最终效果如图4-23所示。

图4-23 招聘成本汇总表结构

STEP② 设置"年月"列格式。选中A2:A13数据区域，按组合键【Ctrl+1】，设置单元格格式为"YYYY-M"格式，如图4-24所示。

STEP③ 输入公式。在B2单元格中输入以下公式，下拉至A13单元格，右拉至J列。
=SUMPRODUCT(招聘直接成本统计表!$K$2:$K$1000*(招聘

直接成本统计表!$B$2:$B$1000=B$1)*(MONTH(招聘直接成本统计表!$A$2:$A$1000)=MONTH($A2)))

在K2单元格中输入以下公式,下拉至K13单元格。

=SUMPRODUCT(招聘间接成本统计表!$F$2:$F$1000*(MONTH(招聘间接成本统计表!$A$2:$A$1000)=MONTH($A2)))

在L2单元格中输入公式"=SUM(B2:K2)"下拉至L13单元格。

STEP ④ 美化表格。在A2:A3数据区域顺次输入每月1日,如"2021-1-1",对表格进行美化,最终效果如图4-25所示。

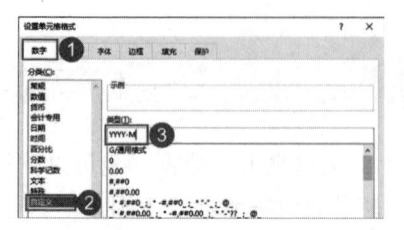

图4-24　设置单元格格式　　　　图4-25　招聘成本汇总表最终效果图

知识点讲解

SUMPRODUCT( )函数

函数含义及说明

在给定的几组数组中,把数组间对应的元素相乘,最后返回乘积之和。

语法及说明

SUMPRODUCT(array1,[array2],[array3],...)

array1其相应元素需要进行相乘并求和的第一个数组参数。

array2,array3,...其相应元素需要进行相乘并求和。

示例

如图4-26所示。

图4-26　SUMPRODUCT( )函数示例

> **TIP 本小节中公式说明**
>
> =SUMPRODUCT(招聘直接成本统计表!$K$2:$K$1000*(招聘直接成本统计表!$B$2:$B$1000=B$1)*(MONTH(招聘直接成本统计表!$A$2:$A$1000)=MONTH($A2)))
>
> 整个公式是汇总满足招聘渠道等于B1单元格（招聘网站1）的内容，并且费用日期等于A2单元格的招聘直接成本。
>
> 招聘直接成本统计表!$B$2:$B$1000=B$1，判断"招聘直接成本统计表"中B列内容是否为"招聘网站1"，形成由TRUE和FALSE组成的数组。
>
> MONTH(招聘直接成本统计表!$A$2:$A$1000)=MONTH($A2))，判断"招聘直接成本统计表"中A列的月份是否等于A2单元格的月份，形成由TRUE和FALSE组成的数组。

4.5 招聘数据汇总表设计维护

HR除了统计上述的一些数据外，还有一些数据是需要平时记录汇总的。如各岗位收到的简历数量、人力资源部门初选简历数量、招聘申请完成的时间等，再结合其他几个招聘数据记录表，为招聘数据的分析提供足够的数据基础。

招聘数据汇总表的设计是为了体现还没有计算或汇总的数据，如投递简历数量、HR初步筛选简历数量、用人部门筛选简历数量、初试人数、初试通过人数、复试人数、复试通过人数、通知入职人数、报到人数等，而转正人数和离职人数在员工信息表中可以查询，没有必要再统计一次，需要时直接在员工信息表中取数即可。

具体操作步骤如下：

STEP 1 新建工作表。新建名为"招聘数据汇总表"的工作表，输入表格标题，最终效果如图4-27所示。

图4-27 招聘数据汇总表结构

STEP 2 设置"年月"列格式。选中A2:A200数据区域，设置单元格格式为

“YYYY-M”格式。

STEP 3 设置“招聘编号”列下拉菜单。选中B2:B200数据区域，调出【数据验证】窗口，在【允许】下拉列表中选择【序列】选项，在【来源】文本框内输入公式：

=OFFSET(招聘需求汇总表!$A$1,1,,COUNTA(招聘需求汇总表!$A:$A)-1,)

单击【出错警告】选项卡，在【错误信息】文本框中输入“请在下拉菜单中选择招聘编号，不要输入。”，单击【确定】按钮。

STEP 4 设置公式。

C列、G列、H列、I列、J列、K列、L列分别设置公式如图4-28所示。

序号	单元格	公式
1	C2	=VLOOKUP($B2,招聘需求汇总表!$A$2:$G$12,3,)
2	G2	=SUMPRODUCT((应聘人员信息表!$F$2:$F$9999=$B2)*(YEAR(应聘人员信息表!$H$2:$H$9999)=YEAR($A2))*(MONTH(应聘人员信息表!$H$2:$H$9999)=MONTH($A2))*(应聘人员信息表!$I$2:$I$9999="是"))
3	H2	=SUMPRODUCT((应聘人员信息表!$F$2:$F$9999=$B2)*(YEAR(应聘人员信息表!$H$2:$H$9999)=YEAR($A2))*(MONTH(应聘人员信息表!$H$2:$H$9999)=MONTH($A2))*(应聘人员信息表!$J$2:$J$9999="是"))
4	I2	=SUMPRODUCT((应聘人员信息表!$F$2:$F$9999=$B2)*(YEAR(应聘人员信息表!$K$2:$K$9999)=YEAR($A2))*(MONTH(应聘人员信息表!$K$2:$K$9999)=MONTH($A2))*(应聘人员信息表!$L$2:$L$9999="是"))
5	J2	=SUMPRODUCT((应聘人员信息表!$F$2:$F$9999=$B2)*(YEAR(应聘人员信息表!$K$2:$K$9999)=YEAR($A2))*(MONTH(应聘人员信息表!$K$2:$K$9999)=MONTH($A2))*(应聘人员信息表!$M$2:$M$9999="是"))
6	K2	=SUMPRODUCT((应聘人员信息表!$F$2:$F$9999=$B2)*(YEAR(应聘人员信息表!$N$2:$N$9999)=YEAR($A2))*(MONTH(应聘人员信息表!$N$2:$N$9999)=MONTH($A2)))
7	L2	=SUMPRODUCT((应聘人员信息表!$F$2:$F$9999=$B2)*(YEAR(应聘人员信息表!$O$2:$O$9999)=YEAR($A2))*(MONTH(应聘人员信息表!$O$2:$O$9999)=MONTH($A2)))

图4-28　各列公式设置

STEP 5 美化表格。输入数据后对表格进行美化，最终效果如图4-29所示。

	A	B	C	D	E	F	G	H	I	J	K	L
1	年月	招聘编号	招聘岗位	投递简历数量	HR初步筛选	用人部门筛选	初试人数	初试通过人数	复试人数	复试通过人数	通知入职人数	报到人数
2	2021-1	GT-HR-2021-R0001	操作工	25	12	10	9	6	3	1	1	1
3	2021-1	GT-HR-2021-R0002	高级销售专员	19	7	6	4	3	1	1		
4	2021-1	GT-HR-2021-R0003	电子技术员	26	5	5	5	3				
5	2021-1	GT-HR-2021-R0004	操作工	14	4	4	3	3				
6	2021-2	GT-HR-2021-R0002	高级销售专员	32	14	12	7	6	3	1	1	
7	2021-2	GT-HR-2021-R0003	电子技术员	38	13	12	12	10	9	1	1	
8	2021-2	GT-HR-2021-R0004	操作工	54	20	20	11	9	4	3	2	
9	2021-2	GT-HR-2021-R0005	人事助理	18	3	3	3	2	2			
10	2021-2	GT-HR-2021-R0006	操作工	5	4	4	4	3	1	1	1	1
11	2021-3	GT-HR-2021-R0002	高级销售专员								1	1
12	2021-3	GT-HR-2021-R0003	电子技术员	11	8	8	5	4	4	1	1	1
13	2021-3	GT-HR-2021-R0005	人事助理	64	21	21	17	8	5	1	1	1
14	2021-3	GT-HR-2021-R0004	操作工	47	25	22	18	18	9	7	8	4
15	2021-3	GT-HR-2021-R0008	司机	34	10	9	5	4	2	1	1	1
16	2021-3	GT-HR-2021-R0009	行政专员	65	23	12	11	6	3	1		

招聘间接成本统计表　招聘成本汇总表　招聘数据汇总表

图4-29　招聘数据汇总表最终效果图

4.6 利用邮件合并发送录用通知书

录用通知书（offer）是公司通过面试后，对合格的候选者发出的一种合作意向。在录用通知书中一般会表明公司对候选者的录用意向、公司能提供给候选者的薪资福利待遇、公司提供给候选者的工作岗位、通知候选者报到时需携带的证件资料以及其他需要说明的问题等。规范的录用通知书，会加深候选者对公司的印象、提高公司招聘效率、降低劳动用工风险等。

HR需要和公司有意向录用的候选者联系并发送录用通知书，可以用邮件合并功能，一次操作重复使用。

具体操作步骤如下：

STEP 1 新建Word文档。新建名为“GT公司录用通知书”的Word文档，和“招聘管理数据表”保存在一个文件夹里面，文档内容如图4-30所示。

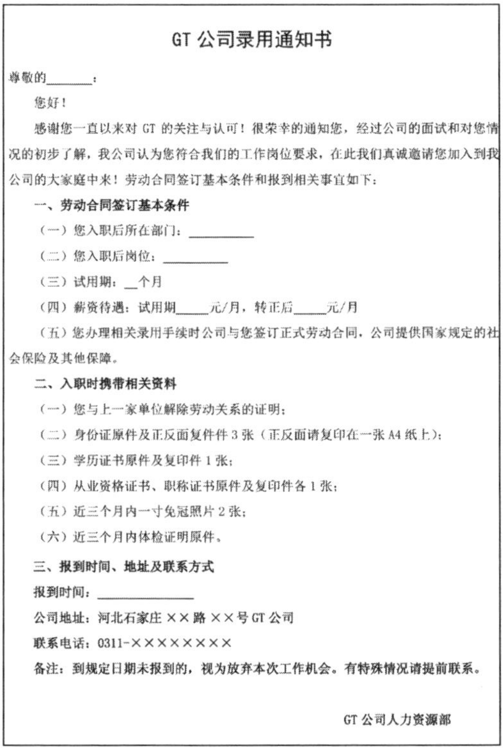

GT 公司录用通知书

尊敬的______：

您好！

感谢您一直以来对 GT 的关注与认可！很荣幸的通知您，经过公司的面试和对您情况的初步了解，我公司认为您符合我们的工作岗位要求，在此我们真诚邀请您加入到我公司的大家庭中来！劳动合同签订基本条件和报到相关事宜如下：

一、劳动合同签订基本条件

（一）您入职后所在部门：________

（二）您入职后岗位：________

（三）试用期：__个月

（四）薪资待遇：试用期____元/月，转正后____元/月

（五）您办理相关录用手续时公司与您签订正式劳动合同，公司提供国家规定的社会保险及其他保障。

二、入职时携带相关资料

（一）您与上一家单位解除劳动关系的证明；

（二）身份证原件及正反面复件件 3 张（正反面请复印在一张 A4 纸上）；

（三）学历证书原件及复印件 1 张；

（四）从业资格证书、职称证书原件及复印件各 1 张；

（五）近三个月内一寸免冠照片 2 张；

（六）近三个月内体检证明原件。

三、报到时间、地址及联系方式

报到时间：____________

公司地址：河北石家庄 ×× 路 ×× 号 GT 公司

联系电话：0311-××××××××

备注：到规定日期未报到的，视为放弃本次工作机会。有特殊情况请提前联系。

GT 公司人力资源部

图4-30　GT公司录用通知书

STEP② 新建Excel工作表。在"招聘管理数据表"工作簿中新建名为"录用通知书信息表"的工作表。

STEP③ 整理续签劳动合同名单。将拟通知录用的候选人信息复制到"录用通知书信息表"中,并美化表格,如图4-31所示。

	A	B	C	D	E	F	G	H	I	J
1	姓名	先生/女士	所在部门	岗位	试用期	试用期工资	转正后工资	报到时间	通知时间	邮箱
2	高亚博	先生	销售部	销售专员	3	4800	6000	2021-4-1	2021-3-25	gaoyabo@163.com
3	吴小兰	女士	品质部	质检员	3	4000	5000	2021-4-4	2021-3-25	wuxiaolan@163.com

图4-31 录用通知书信息表

STEP④ 进行邮件合并。在Word文档中【邮件】选项卡【开始邮件合并】功能区,【选择收件人】下拉列表中选择【使用现有列表】选项,调出【选择数据源】对话框,如图4-32所示。

图4-32 使用现有列表

STEP⑤ 选择数据源。在弹出的【选择表格】对话框中,双击【录用通知书信息表$】选项,如图4-33所示。

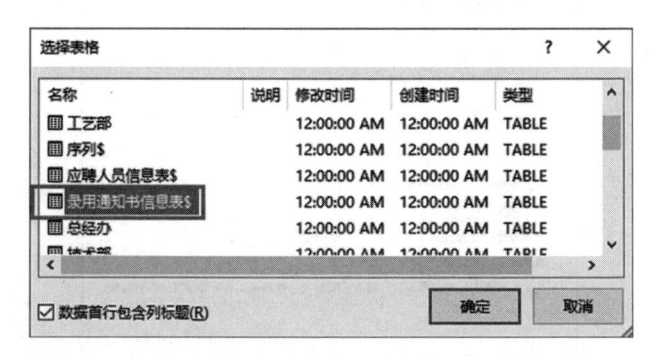

图4-33 选择数据源表格

第4章 招聘数据系统的建立,让招聘环节数据化

STEP⑥ 插入域。将鼠标放在Word文档中需要填写的内容处,在【编写和插入域】功能区【插入合并域】下拉列表中选择相对应的选项,如图4-34所示,最终效果如图4-35所示。

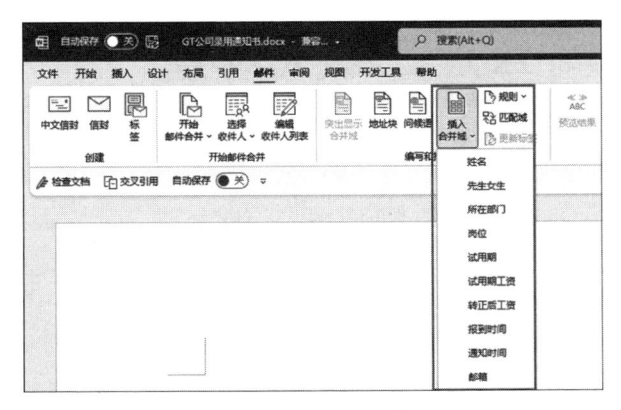

图4-34 插入合并域

图4-35 插入域后效果

| 95

STEP 7 修改日期格式。在Word文档中右键单击任意一个日期，在弹出的快捷菜单中选择【切换域代码】命令。这样日期就会变成一组代码，在代码后面增加“\@YYYY年M月D日”内容，如图4-36所示，对所有日期都进行此操作。

三、报到时间、地址及联系方式

报到时间：{ MERGEFIELD 报到时间 \@YYYY 年 M 月 D 日}

公司地址：河北石家庄 XX 路 XX 号 GT 公司

联系电话：0311-XXXXXXXX

备注：到规定日期未报到的，视为放弃本次工作机会。有特殊情况请提前联系

图4-36　修改域代码

STEP 8 最终效果。域代码修改完毕后，单击“预览结果”按钮，最终效果如图4-37所示。

GT 公司录用通知书

尊敬的 高亚博先生 ：

您好！

感谢您一直以来对 GT 的关注与认可！很荣幸的通知您，经过公司的面试和对您情况的初步了解，我公司认为您符合我们的工作岗位要求，在此我们真诚邀请您加入到我公司的大家庭中来！劳动合同签订基本条件和报到相关事宜如下：

一、劳动合同签订基本条件

（一）您入职后所在部门： 销售部

（二）您入职后岗位： 销售专员

（三）试用期： 3 个月

（四）薪资待遇：试用期 4800 元/月，转正后 6000 元/月

（五）您办理相关录用手续时公司与您签订正式劳动合同，公司提供国家规定的社会保险及其他保障。

二、入职时携带相关资料

（一）您与上一家单位解除劳动关系的证明；

（二）身份证原件及正反面复件件 3 张（正反面请复印在一张 A4 纸上）；

（三）学历证书原件及复印件 1 张；

（四）从业资格证书、职称证书原件及复印件各 1 张；

（五）近三个月内一寸免冠照片 2 张；

（六）近三个月内体检证明原件。

三、报到时间、地址及联系方式

报到时间： 2021 年 4 月 1 日

公司地址：河北石家庄 XX 路 XX 号 GT 公司

联系电话：0311-XXXXXXXX

备注：到规定日期未报到的，视为放弃本次工作机会。有特殊情况请提前联系。

GT 公司人力资源部
2021 年 3 月 25 日

图4-37　录用通知书最终效果

第4章 招聘数据系统的建立，让招聘环节数据化

还可以单击图4-38所示位置，查看其他候选人的录用通知书效果。

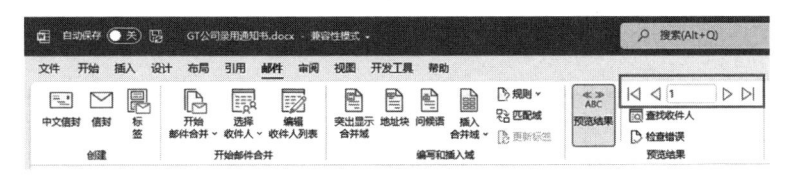

图4-38 预览其他记录

STEP⑨ 发送邮件。选择【完成并合并】列表中的【发送电子邮件】选项，在【合并到电子邮件】窗口中，收件人选择【邮箱】，【主题行】输入"GT公司录用通知书"，邮件格式选择【附件】选项，如图4-39所示，单击【确定】按钮。

每次给候选人发送录用通知书时，只需将候选人信息粘贴到"录用通知书信息表"中，直接单击"发送电子邮件"超链接并按上述步骤操作即可。

图4-39 发送邮件

第5章

培训数据程序的建立，让培训开发可比化

加强培训管理，可以提高员工综合能力从而增强企业竞争力，培训HR协助组织培训需求调查、编制培训计划、培训前准备、协助培训实施、培训后总结等所有工作都是基于从培训计划到实施反馈进行的。除此之外，培训HR还要统计培训数据，如年度计划实施情况、培训班情况、培训人员情况、培训费用统计等，以便于提供培训各项指标的支持数据。本章主要讲解培训数据表格的设计及维护。

5.1 培训数据表格设计分析

人力资源部是公司培训工作的主责部门，对于培训工作的改进提高有着不可推卸的责任，而工作的改进提高是在发现和解决问题基础上进行的。培训管理工作中，要统计年计划实施情况，对各部门的培训计划进行督促落实；对培训班情况和培训人员情况进行统计，以便记录全年培训情况并建立培训档案；对培训进行评估，评估培训效果；对培训费用进行统计分析，以便于将每笔费用都能发挥最大的作用。

对培训管理工作进行考核或分析，通常会有一些培训指标或数据统计。常用的培训指标如图5-1所示。

分析上述指标集，其中薪酬总额、营业额需要财务提供数据，平均人数可以由人事专员来提供，培训直接成本、培训总成本、培训总时间、受训员工人次、接受培训总人次等数据需要培训HR日常统计，另外还需要统计培训间接成本，它与培训直接成本共同组成培训总成本；培训讲师分数尤其是内部培训讲师分数也是需要日常统计的一项数据。

序号	指标	计算方法
1	培训占薪酬比例	培训直接成本÷薪酬总额
2	培训占营业额比例	培训直接成本÷营业额
3	员工平均培训时间	培训总时间÷平均人数
4	人均培训费用	培训直接成本÷平均人数
5	人均培训成本	培训总成本÷平均人数
6	每小时员工培训成本	培训总成本÷培训总时间
7	人均培训次数	接受培训总人次÷平均人数

图5-1 培训指标集

综上所述，培训HR需要建立的表格，如图5-2所示。

序号	表格	作用
1	年度培训计划完成统计表	用于统计完成/未完成年度培训计划的情况
2	培训班汇总表	统计各个培训班的情况
3	员工培训情况统计表	统计员工参加各个培训班及培训考核情况
4	培训评估汇总表	主要统计培训反应评估分数
5	培训成本统计表	统计培训直接成本和间接成本

图5-2 培训数据统计表明细

5.2 年度培训计划完成统计表设计

年度培训计划是基于年度公司经营目标基础上而提出的，无论是自上而下还是自下而上的制订年度培训计划，都要紧紧围绕公司年度经营目标。统计年度培训计划完成情况，是为了统计各部门培训计划的完成情况，完成率越高，说明培训组织效果越好；如果完成率低或者更改培训次数较多，就应该从培训计划的制订源头查找原因。

年度培训计划完成统计表是基于年度培训计划表的基础上修改而来，所以它不需要多少表格设计，只需将年度培训计划表修改一个格式即可。图5-3所示为一份年度培训计划表，转变一下格式，将每月每项培训独立出来，并保存工作簿为“培训管理数据表”，结果如图5-4所示。

2021年度GT公司员工培训计划表

序号	培训内容	培训类型	培训形式	牵头部门	协助部门	培训对象	培训讲师	考核方式	1	2	3	4	5	6	7	8	9	10	11	12
1	重要工序控制方法	内部讲师内部培训	现场示范	品质部	人力资源部	品质部全体	品质部经理	实操	●	●	●	●	●	●	●	●	●	●	●	●
2	产品检验标准	内部讲师内部培训	现场示范	品质部	人力资源部	品质部全体	品质部经理	实操	●	●	●	●	●	●	●	●	●	●	●	●
3	会计知识培训	内部讲师内部培训	课堂讲授	财务部	人力资源部	会计人员	ERP主管	笔试	●	●	●	●								
4	ERP往来账目处理	内部讲师内部培训	课堂讲授	财务部	人力资源部	会计人员	ERP主管	面试	●	●	●									
5	加工件原材料不良控制方法	内部讲师内部培训	现场示范	采购部	人力资源部	采购员	采购经理	实操	●					●						
6	SMT编程知识	内部讲师内部培训	课堂讲授	生产部	人力资源部	SMT车间全体员工	生产部主管	实操+笔试	●											
7	电子元器件知识	内部讲师内部培训	课堂讲授	生产部	人力资源部	生产部全体员工	工艺工程师	实操+笔试	●											
8	ERP成本模块结算及成本模块帐表	内部讲师内部培训	课堂讲授	财务部	人力资源部	会计人员	ERP主管	面试		●	●									
9	MRP运算	外部讲师内部培训	课堂讲授	财务部	人力资源部	生产计划人员	用友讲师	实操+面试		●										
10	基础单据常见问题培训	内部讲师内部培训	课堂讲授	财务部	人力资源部	生产部、采购部全体人员	ERP主管	实操+面试		●										
11	产成品及不良品单据流程及操作	内部讲师内部培训	课堂讲授	财务部	人力资源部	生产部、品质部、采购部全	ERP主管	实操+面试		●										

年度培训计划表

图5-3　年度培训计划表

序号	培训内容	培训类型	培训形式	牵头部门	协助部门	培训对象	培训讲师	考核方式	计划实施月份
1	重要工序控制方法	内部讲师内部培训	现场示范	品质部	人力资源部	品质部全体	品质部经理	实操	1月
2	产品检验标准	内部讲师内部培训	现场示范	品质部	人力资源部	品质部全体	品质部经理	实操	1月
3	会计知识培训	内部讲师内部培训	课堂讲授	财务部	人力资源部	会计人员	ERP主管	笔试	1月
4	ERP往来账目处理	内部讲师内部培训	课堂讲授	财务部	人力资源部	会计人员	ERP主管	面试	1月
5	加工件原材料不良控制方法	内部讲师内部培训	现场示范	采购部	人力资源部	采购员	采购经理	实操	1月
6	SMT编程知识	内部讲师内部培训	课堂讲授	生产部	人力资源部	SMT车间全体员工	生产部主管	实操+笔试	1月
7	电子元器件知识	内部讲师内部培训	课堂讲授	生产部	人力资源部	生产部全体员工	工艺工程师	实操+笔试	1月
8	重要工序控制方法	内部讲师内部培训	现场示范	品质部	人力资源部	品质部全体	品质部经理	实操	2月
9	产品检验标准	内部讲师内部培训	现场示范	品质部	人力资源部	品质部全体	品质部经理	实操	2月
10	会计知识培训	内部讲师内部培训	课堂讲授	财务部	人力资源部	会计人员	ERP主管	笔试	2月
11	ERP往来账目处理	内部讲师内部培训	课堂讲授	财务部	人力资源部	会计人员	ERP主管	面试	2月
[illegible]	ERP成本模块结算及成	[illegible]	[illegible]	[illegible]	[illegible]	[illegible]	[illegible]	[illegible]	[illegible]

年度培训计划表　年度培训计划完成统计表

图5-4　年度培训计划格式更改

实际工作中，并不是每项培训都能按照计划进行，例如月份会临时更改、因各种原因会取消培训，因此需要增加每项培训计划的实际完成月份统计，同时对取消的培训计划进行记录，另外还可以将组织过的培训或取消的培训用颜色进行标注，以便于区分，具体操作步骤如下：

STEP① 增加“实际实施月份”和“取消培训”两列。在K1和L1单元格分别输入“实际实施月份”和“取消培训”并美化。

STEP② 设置下拉菜单。选中K2:K65数据区域（依据培训计划情况），在【数据】选项卡【数据工具】功能区域调出【数据验证】窗口，在【允许】下拉列表中选择【序列】选项,在【来源】文本框中输入"1月,2月,3月,4月,5月,6月,7月,8月,9月,10月,11月,12月"。单击【出错警告】选项卡,在【错误信息】文本框中输入"请在下拉菜单中选择月份,不要输入。",单击【确定】按钮,如图5-5所示。

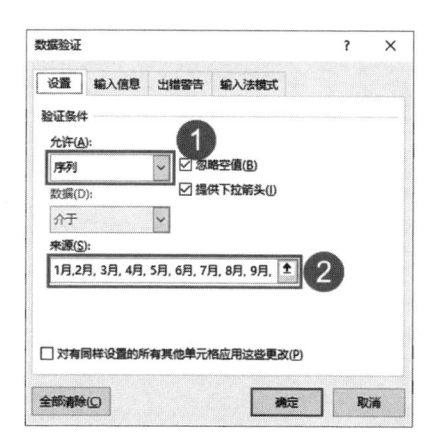

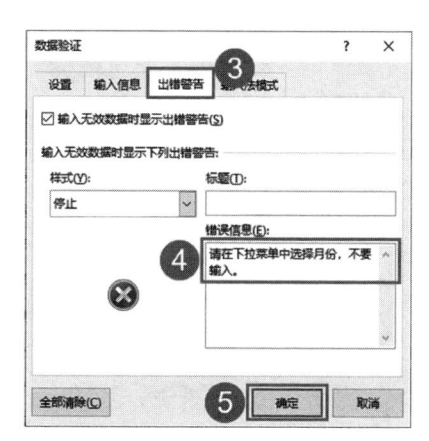

图5-5 设置下拉菜单

选中L2:L65数据区域,调出【数据验证】窗口,在【允许】下拉列表中选择【序列】选项,在【来源】文本框中输入"是",单击【确定】按钮。

STEP③设置条件格式进行颜色标注。选中A2:L65数据区域,在【开始】选项卡【样式】功能区,在【条件格式】下拉列表中选择【新建规则】选项。在弹出的【编辑格式规则】对话框中选择【使用公式确定要设置格式的单元格】,在文本框中输入公式"=OR($K2<>"",$L2<>"")",如图5-6所示。

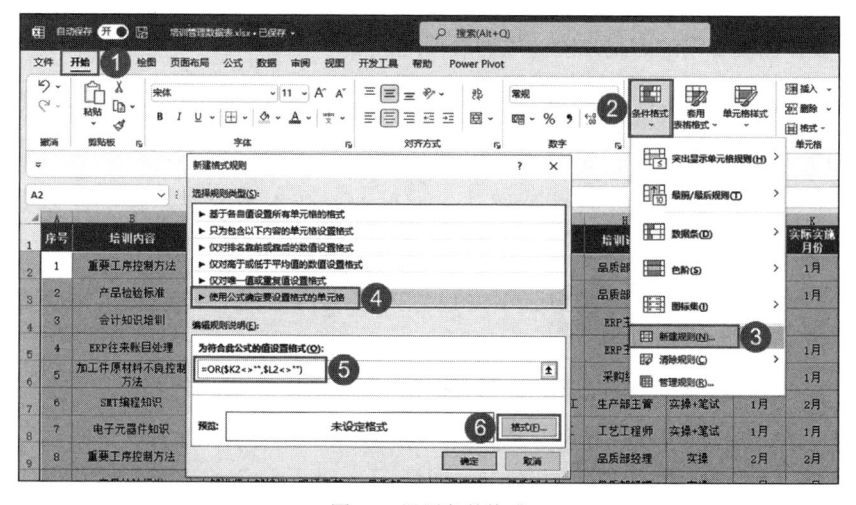

图5-6 设置条件格式

单击【格式】按钮,在弹出的【设置单元格格式】对话框中单击【填充】选项卡，选择填充的颜色，如图5-7所示，单击【确定】按钮。系统会将实施过的培训或者取消的培训自动填充设定的颜色。

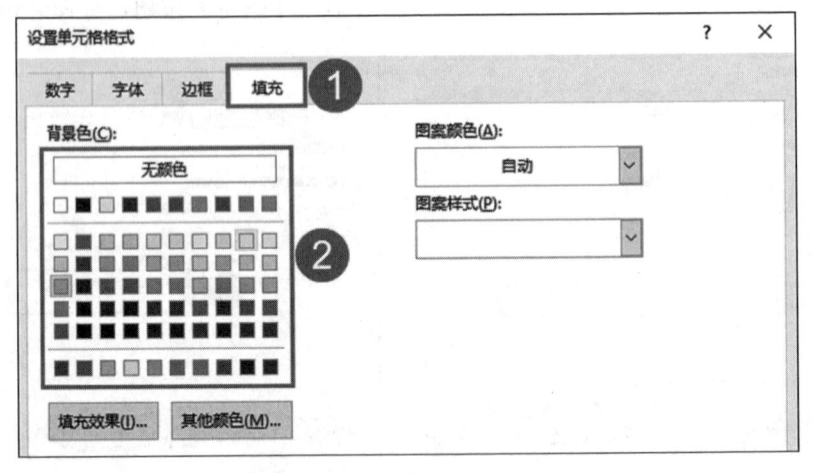

图5-7 设置条件格式填充颜色

5.3 培训班汇总表设计维护

年度培训工作不仅要按照年度培训计划进行，公司或部门也会临时组织一些必需的培训工作，"年度培训计划完成统计表"只是对年度的培训计划完成或未完成的统计，培训过程中培训讲师、培训人数、培训课时、临时增加的培训等情况无从体现，需要专门的表格来统计培训班情况。

设计培训班汇总表时，需要考虑以下因素：

（1）每个培训班编号要保证唯一，因为有可能会出现一个培训主题在年度中多次培训的情况。

（2）对年度计划的培训和非年度计划的培训区分统计，检验人力资源部门对年度培训计划的规划和管控。

（3）对培训人数和培训课时进行统计，它是统计一些培训指标必备的数据。

（4）对培训时间进行统计，组织培训应为一个时间段而非一个时间点，统计培训时间是为了便于按指定期限统计培训情况，对于一个培训班组织多日甚至是跨月进行的，仅按开班当天计培训时间。

（5）统计培训班成本，一般建议统计培训直接成本，而在做培训成本分析时，可以考虑做培训直接成本和培训间接成本，所以在培训班汇总表中"培训费用"统计培训直接成本即可。

根据上述内容，培训班汇总表包含的项目有：培训编号、培训班名称、是否年度计划、培训类型、培训形式、培训讲师、计划培训人数、实际培训人数、考核方式、培训费用、培训学时等。

在表格的内容规范方面，为了保证表格的规范输入，还需要考虑以下因素：

（1）培训编号按培训班时间顺序进行编号，并保证唯一，用"公司标识-部门标识-年份-表格标识+顺序号"的编码规则来设定培训需求编号，如"GT-HR-2021-T0001"；

（2）培训时间、是否年计划、培训类型、培训形式、考核方式等项目用数据验证规范输入。

具体设计步骤如下（假设每年培训不超过200班次）：

STEP 1 新建工作表。在"培训数据管理表"工作簿中，新建名为"培训班汇总表"的工作表，输入表格标题，最终效果如图5-8所示。

图5-8 培训班汇总表结构

STEP 2 "培训编号"【数据验证】设置。选中A2:A200单元格，在【数据】选项卡【数据工具】功能区单击【数据验证】，调出【数据验证】窗口，在【允许】下拉列表中选择【自定义】选项，在【公式】文本框中输入公式：

=AND(LEN(A2)=16, COUNTIF($A$2:$A$200,A2)=1)

单击【出错警告】选项卡，在【错误信息】文本框中输入"请检查培训编号是否正确，是否唯一的，编码规则是不是以'GT-HR-年份-T0001'进行编码。"，单击【确定】按钮，如图5-9所示。

STEP 3 "培训时间"【数据验证】设置。选中C2:C200单元格，调出【数据验证】窗口，在【允许】下拉列表中选择【日期】选项，数据为【大于或等于】，在【开始日期】文本框中输入"2021-1-1"，单击【出错警告】选项卡，在【错误信息】文本框中输入"请检查输入日期是否符合'YYYY-M-D'格式，且大于等于2021-1-1。"，单击【确定】按钮。

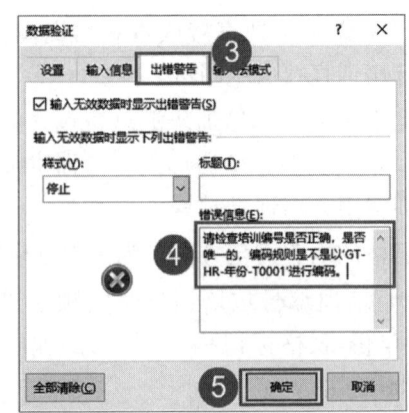

图5-9 数据验证设置

STEP④ "是否年计划、培训类型、培训形式、牵头部门、考核方式"【数据验证】设置。新建名为"序列"的工作表,在工作表中输入"培训类型、培训形式、考核方式、部门"等内容,如图5-10所示。

图5-10 "序列"工作表内容

具体操作步骤如下,参考内容如图5-11所示。

(1)选中数据区域。

(2)调出【数据验证】窗口,在【允许】下拉列表中选择【序列】选项。

(3)在【来源】文本框中输入"数据来源"列的内容。

(4)单击【出错警告】选项卡,在【错误信息】文本框中输入"出错警告"列的内容,单击【确定】按钮。

序号	数据区域	数据来源	出错警告
1	D2:D200	是,否	请在下拉菜单中选择“是”或“否”，不要输入。
2	E2:E200	=序列!$A$2:$A$4	请在下拉菜单中选择培训类型，不要输入。
3	F2:F200	=序列!$C$2:$C$5	请在下拉菜单中选择培训形式，不要输入。
4	G2:G200	=序列!$G$2:$G$12	请在下拉菜单中选择部门，不要输入。
5	K2:K200	=序列!$E$2:$E$5	请在下拉菜单中选择考核方式，不要输入。

图5-11　数据验证设置内容

STEP 5 “培训费用”列设置。培训费用填写的是直接成本，可以手动输入，为了保持一致，建议“培训成本统计表”设计完毕后，直接在“培训成本统计表”中引用数据。

STEP 6 美化表格。输入数据后对表格进行美化，结果如图5-12所示。

培训编号	培训班名称	培训时间	是否年计划	培训类型	培训形式	牵头部门	培训讲师	计划培训人数	实际培训人数	考核方式	培训费用	培训学时
GT-HR-2021-T0001	重要工序控制方法	2021-1-5	是	内部讲师内部培训	现场示范	品质部	李静	7	7	实操	0	2
GT-HR-2021-T0002	产品检验标准	2021-1-9	是	内部讲师内部培训	现场示范	品质部	李静	7	6	实操	0	2
GT-HR-2021-T0003	ERP往来账目处理	2021-1-13	是	内部讲师内部培训	课堂讲授	财务部	李玉红	4	4	面试	0	1
GT-HR-2021-T0004	加工件原材料不良控制方法	2021-1-15	是	内部讲师内部培训	现场示范	采购部	吴谦谦	3	3	实操	0	1
GT-HR-2021-T0005	电子元器件知识	2021-1-19	是	内部讲师内部培训	课堂讲授	生产部	李键	42	37	笔试	0	2
GT-HR-2021-T0006	SMT编程知识	2021-2-2	是	内部讲师内部培训	课堂讲授	生产部	郝松松	8	8	笔试	0	2
GT-HR-2021-T0007	重要工序控制方法	2021-2-2	是	内部讲师内部培训	现场示范	品质部	李静	7	7	实操	0	2
GT-HR-2021-T0008	产品检验标准	2021-2-4	是	内部讲师内部培训	现场示范	品质部	李静	7	7	实操	0	2
GT-HR-2021-T0009	会计知识培训	2021-2-9	是	内部讲师内部培训	课堂讲授	财务部	李玉红	4	4	笔试	0	1
GT-HR-2021-T0010	ERP往来账目处理	2021-2-10	是	内部讲师内部培训	课堂讲授	财务部	李玉红	4	4	面试	0	1
GT-HR-2021-T0011	ERP成本模块结算及成本模块帐表	2021-2-11	是	内部讲师内部培训	课堂讲授	财务部	李玉红	4	4	面试	0	1

年度培训计划表　年度培训计划完成统计表　培训班汇总表　序列

图5-12　培训班汇总表效果图

5.4 反应评估汇总表设计维护

根据柯氏培训评估模型，培训效果评估分为反应评估、学习评估、行为评估、成果评估。

反应评估是培训效果评估的第一个层次，它在培训结束后就可以组织，一般采用问卷调查、座谈、面谈等方式，它主要是由培训学员对培训项目组织时间、场地、培训设施、培训内容、培训方法、培训讲师的表现等进行评价。

反应评估是培训评估中最基本、最普遍的评估方式，它是培训学员对培训项目的一个主观态度，如果培训学员对培训项目表现出积极的反应，说明培训学员对培训项目是持关注态度的，培训内容是培训学员可以接受的；如果培训学员对培训项目表现出消极的反应，培训内容是培训学员不愿意接受的，培训内容难以转化为培训学员的知识或技能。

反应评估的结果反馈，可以使培训工作的组织实施更加有针对性和合理性，便于培训工作更好地开展下去。

无论任何评估方式，都要将结果呈现出来进行分析，以便进行针对性的改善。本节以问卷调查为例讲解反应评估汇总。图5-13所示为"反应层面培训效果评估表"，数据也将依据此表内容统计、汇总和分析。

反应层面培训效果评估表

培训讲师：_____ 培训班：_____ 填表时间：___年__月__日

填表说明：感谢您对我们的支持，耽误您几分钟填写此表，您的建议对我们改进培训工作、提高教学水平有十分重要的意义，请在"得分"栏填入您的分数，并在最后留下您的建议。（注：标准分一栏中为最高分，"得分"栏中最低0分，最高不超过标准分）

评估项目	序号	评估内容	标准分	得分
培训内容评价	1	课件内容丰富	5	
	2	便于理解	5	
	3	便于应用于工作	5	
	4	联系工作实际	5	
	5	逻辑性、系统性	5	
	6	对课程观点认同度	5	
授课评价	7	对教学过程安排合理有序	6	
	8	讲师语言清晰、表达准确	6	
	9	突出重点、详略得当	6	
	10	方法灵活、手段多样	6	
	11	与学员进行课程互动	6	
培训效果	12	培训时间安排	10	
	13	培训形式安排	10	
	14	帮助分析与解决问题	10	
	15	启发工作思路	10	
		合计	100	

学员建议：（您的批评和建议，对我们的培训工作改进十分重要，谢谢您的合作）

图5-13 反应层面培训效果评估表

设计反应评估汇总表需要考虑以下因素：

（1）反应评估汇总表以培训编号作为唯一检索方式，并根据培训班汇总表中的培训编号设置下拉菜单。

（2）反应评估汇总表尽可能地对评估的各项目进行汇总，以便于各个培训班和培训讲师情况对比分析。

具体设计步骤如下（假设每年培训不超过200班次）：

STEP ① 新建反应评估汇总表。新建名为"反应评估汇总表"的工作表。将培训编号、培训讲师、反应层面培训效果评估表内各项目、总分等内容作为表格标题，如图5-14所示。

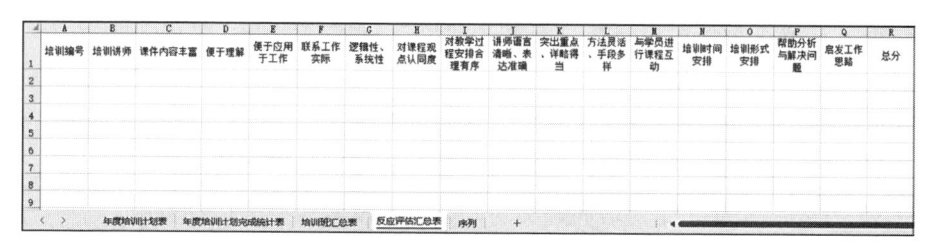

图5-14 反应评估汇总表结构

STEP ② "培训编号"【数据验证】设置。选中A2:A200单元格，在【数据】选项卡【数据工具】功能区单击【数据验证】，调出【数据验证】窗口。在【允许】下拉列表中选择【序列】选项，在【来源】文本框中输入公式：

=OFFSET('培训班汇总表'!$A$1,1,,COUNTA('培训班汇总表'!$A:$A)-1,)

单击【出错警告】选项卡，在【错误信息】文本框中输入"请在下拉菜单中选择培训编号，不要输入。"，单击【确定】按钮。

STEP ③ 设置公式。在B2、R2单元格中输入公式，下拉至200行。

B2=IF(A2="","",VLOOKUP(A2,'培训班汇总表'!$A:$G,8,0))

R2 =SUM(C2:Q2)

STEP ④ 美化表格。每个培训班结束后，根据问卷得分计算各项平均分输入到表格中，选择培训班编号，最终效果如图5-15所示。

图5-15 反应评估汇总表最终效果图

5.5 培训成本表设计维护

培训成本是公司为提高员工工作技能和综合素质而付出的成本，它包括直接成本和间接成本。

培训直接成本是指可以直接计算和记账的、以金钱的形式花费的成本。它主要包括：

（1）教材费，如教材、视频购买及制作费用等。

（2）培训讲师费，如内部讲师培训津贴、外聘讲师培训费用。

（3）办公后勤费，如为培训购买的办公用品及其他办公后勤费用。

（4）差旅费，如培训学员及讲师的交通、住宿、餐补、出差补助及其他差旅费。

（5）培训设施费，如培训教室、设备及设施的购买及租赁费用。

培训间接成本是指不能直接计入财务账目的、通常以时间等形式表现的成本。主要包括：

（1）薪资福利费用，如培训组织者、辅助人员、内部讲师、受训者等人员的工资及福利费用。

（2）间接费用，如因培训产生的通信费用、打印费用、车辆油耗费用。

（3）其他费用，如因培训导致产量降低损失费用、培训设施设备折旧及维养费用、其他杂费。

统计培训成本可以充分了解培训成本的构成情况，对不同项目的培训成本或不同团队的培训成本进行分析。另外，可以充分了解培训成本的明细，便于对培训成本进行控制，将钱花在刀刃上，切实保证培训运行所需费用，保证培训计划的贯彻执行。

进行培训成本表设计，需考虑以下因素：

（1）按培训项目对培训成本进行汇总，即培训编号作为唯一检索方式。

（2）表格中，培训成本要体现直接成本和间接成本，并用二级联动菜单设置直接成本和间接成本的费用分类，以便实现输入便捷和统一。

（3）培训直接成本按费用的发生日期统计，培训间接成本按培训项目结束日期统计，日期设置【数据验证】，防止输入的格式不统一。

综上所述，培训成本表中项目包括：培训编号、成本分类、项目明细、发生时间、金额等。

具体设计步骤如下（假定不超过500条信息）：

STEP 1 新建培训成本表。新建名为"培训成本表"的工作表,依次将"培训编号、成本分类、项目明细、发生时间、金额"作为表格标题。

STEP 2 "培训编号"列【数据验证】设置。选中A2:A500单元格,在【数据】选项卡【数据工具】功能区单击【数据验证】,调出【数据验证】窗口。在【允许】下拉列表中选择【序列】选项,在【来源】文本框中输入以下公式:

=OFFSET('培训班汇总表 '!$A$1,1,, COUNTA('培训班汇总表 '!$A:$A)-1,)

单击【出错警告】选项卡,在【错误信息】文本框中输入"请在下拉菜单中选择培训编号,不要输入",单击【确定】按钮。

STEP 3 设置二级联动菜单。在"序列"工作表中输入直接成本和间接成本的费用项目,如图5-16所示。

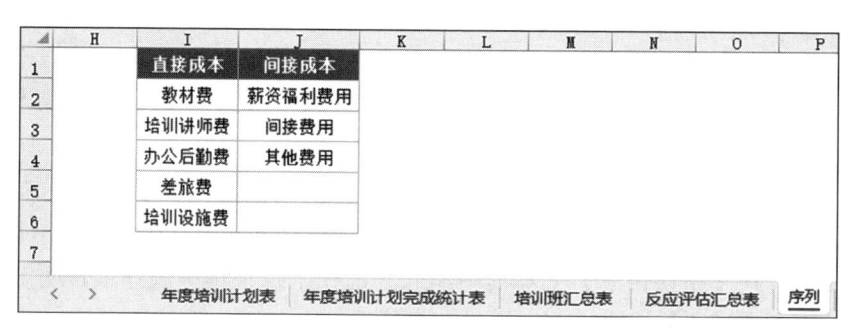

图5-16 序列工作表内容

选中I1:J6数据区域,在【开始】选项卡【编辑】功能区【查找和选择】下拉菜单中单击【常量】按钮,如图5-17所示。

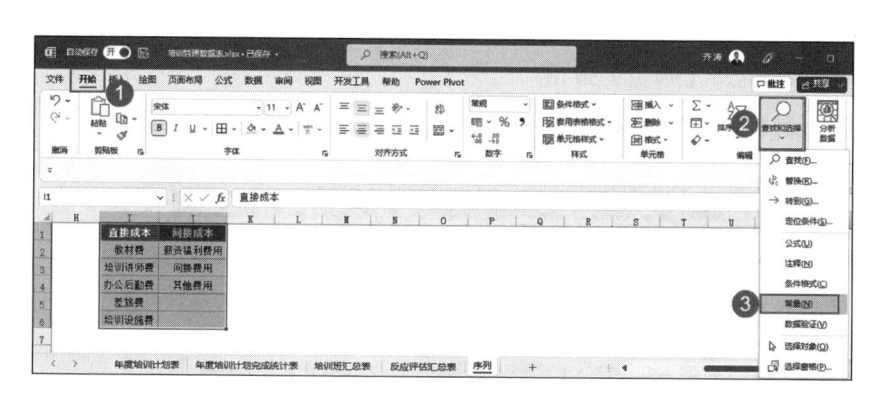

图5-17 选择常量

上一步骤完成后不要在工作表单元格区域单击或击敲键盘,在【公式】选项卡【定义的名称】功能区单击【根据所选内容创建】按钮,在窗口中勾选【首行】,单击【确定】按钮,如图5-18所示。

图5-18 定义名称设置

选中B2:B500单元格，调出【数据验证】窗口。在【允许】下拉列表中选择【序列】选项，在【来源】文本框中输入公式"=序列!$I$1:$J$1"。单击【出错警告】选项卡，在【错误信息】文本框中输入"请在下拉菜单中选择培训成本，不要输入"，单击【确定】按钮。

选中C2:C500单元格，调出【数据验证】窗口，在【允许】下拉列表中选择【序列】选项，在【来源】文本框中输入公式"=INDIRECT(B2)"。单击【出错警告】选项卡，在【错误信息】文本框中输入"请在下拉菜单中选择项目明细，不要输入"，单击【确定】按钮。

STEP④ "发生时间"列【数据验证】设置。选中D2:D500单元格，调出【数据验证】窗口，在【允许】下拉列表中选择【日期】选项，数据为【大于或等于】，在【开始日期】文本框中输入"2021-1-1"，单击【出错警告】选项卡，在【错误信息】文本框中输入"请检查输入日期是否符合'YYYY-M-D'格式，且大于等于2021-1-1。"，单击【确定】按钮。

STEP⑤ 美化表格。填入数据后美化表格，最终效果如图5-19所示。

	A	B	C	D	E
1	培训编号	成本分类	项目明细	发生时间	金额
2	GT-HR-2021-T0001	间接成本	薪资福利费用	2021-1-5	140
3	GT-HR-2021-T0001	间接成本	间接费用	2021-1-5	70
4	GT-HR-2021-T0001	间接成本	其他费用	2021-1-5	210
5	GT-HR-2021-T0002	间接成本	薪资福利费用	2021-1-9	120
6	GT-HR-2021-T0002	间接成本	间接费用	2021-1-9	60
7	GT-HR-2021-T0002	间接成本	其他费用	2021-1-9	180
8	GT-HR-2021-T0003	间接成本	薪资福利费用	2021-1-13	80
9	GT-HR-2021-T0003	间接成本	间接费用	2021-1-13	40
10	GT-HR-2021-T0003	间接成本	其他费用	2021-1-13	120
11	GT-HR-2021-T0004	间接成本	薪资福利费用	2021-1-15	60
12	GT-HR-2021-T0004	间接成本	间接费用	2021-1-15	30

图5-19 培训成本表最终效果图

此表完成后，可以在"培训班汇总表"的"培训费用"一列中用公式在此表中取数，在"培训班汇总表"L2单元格输入公式，下拉至L200单元格。

=SUMIFS(培训成本表!$E:$E,培训成本表!$A:$A,$A2,培训成本表!$B:$B,"直接成本")

知识点讲解

SUMIFS( )函数

函数含义及说明

多条件求和，用于对某一区域内满足多重条件（两个条件以上）的单元格求和。

语法及说明

SUMIFS(sum_range,criteria_range1,criteria1,[criteria_range2, criteria2],...)

sum_range是必需的。是指求和的数据区域。

criteria_range1是必需的。第一个条件的数据区域。

criteria1是必需的。第一个条件，条件的形式为数字、表达式、单元格引用或文本，可用来定义将对criteria_range1参数中的哪些单元格求和。

criteria_range2,criteria2,…是可选的。第二个或更多条件的数据区域及其关联条件。最多允许127个区域/条件对。

示例

如图5-20所示。

	A	B	C	D	E	F
1	数据1	数据2	数据3	公式	结果	说明
2	70	笔试	合格	=SUMIFS($A$2:$A$9,$B$2:$B$9,"笔试",$C$2:$C$9,"合格")	145	数据2列中为"笔试"和数据3列中为"合格"对应的数据1列中单元格之和
3	80	笔试	良好	=SUMIFS($A$2:$A$9,$B$2:$B$9,$B$6,$C$2:$C$9,$C$6)	173	数据2列中为B6单元格数据（实操）和数据3列中为C6单元格数据（良好）对应的数据1列中单元格之和
4	90	笔试	优秀	=SUMIFS($A$2:$A$9,$A$2:$A$9,">70",$C$2:$C$9,$C$2)	151	数据1列中数值大于70和数据3列中为C2单元格数据对应的数据1列中单元格之和
5	75	笔试	合格	=SUMIFS($A$2:$A$9,$A$2:$A$9,">70",$A$2:$A$9,"<90")	404	数据1列中数值大于70小于90所有单元格之和
6	85	实操	良好			
7	95	实操	优秀			
8	76	实操	合格			
9	88	实操	良好			

图5-20　SUMIFS( )函数示例

5.6 员工培训考核情况统计表设计维护

统计员工培训考核情况是建立员工培训档案的基础。每次培训项目结束后不仅仅要保存培训签到表、培训考核表，最重要的是要统计每次培训学员的考核情况，以便后期建立员工培训档案。

设计员工培训考核情况表需考虑以下情况：

（1）要有员工编号，以保证检索信息唯一性。

（2）培训班情况用培训编号进行唯一检索。

（3）成绩分为"优秀、良好、合格、不合格"四种情况，以分数进行区分，90分（含）以上为优秀，80～89分为良好，70～79分为合格，70分（不含）以下为不合格。

根据以上情况，员工培训考核情况统计表中各项目包括：员工编号、姓名、培训编号、培训班名称、考核方式、考核结果等。

具体设计步骤如下（假定年培训人次不超过1000人次）：

STEP 1 新建员工培训考核情况统计表。新建名为"员工培训考核情况统计表"的工作表，输入前述表格标题。

STEP 2 "培训编号"列【数据验证】设置。选中C2:C1000单元格，在【数据】选项卡【数据工具】功能区单击【数据验证】，调出【数据验证】窗口。在【允许】下拉列表中选择【序列】选项，在【来源】文本框中输入以下公式：

=OFFSET('培训班汇总表 '!$A$1,1,,COUNTA('培训班汇总表 '!$A:$A)-1,)

单击【出错警告】选项卡，在【错误信息】文本框中输入"请在下拉菜单中选择培训编号，不要输入"，单击【确定】按钮。

STEP 3 编辑公式。在D2、F2单元格输入公式，并下拉至1000行。

D2=IF(C2="","",VLOOKUP(C2,'培训班汇总表 '!$A:$B,2,0))

F2 =IF(E2="","",VLOOKUP(E2,{0,"不合格";70,"合格";80,"良好";90,"优秀"},2,1))

STEP 4 美化表格。输入数据并美化表格，最终效果如图5-21所示。

第5章 培训数据程序的建立，让培训开发可比化

	A	B	C	D	E	F
1	员工编号	姓名	培训编号	培训班名称	考核成绩	考核结果
2	GT00036	李少博	GT-HR-2021-T0001	重要工序控制方法	95	优秀
3	GT00067	刘永刚	GT-HR-2021-T0001	重要工序控制方法	93	优秀
4	GT00068	张青青	GT-HR-2021-T0001	重要工序控制方法	91	优秀
5	GT00079	巩欢	GT-HR-2021-T0001	重要工序控制方法	69	不合格
6	GT00094	李晓丰	GT-HR-2021-T0001	重要工序控制方法	98	优秀
7	GT00109	田立茂	GT-HR-2021-T0001	重要工序控制方法	74	合格
8	GT00128	吴小兰	GT-HR-2021-T0001	重要工序控制方法	89	良好
9	GT00036	李少博	GT-HR-2021-T0002	产品检验标准	93	优秀
10	GT00067	刘永刚	GT-HR-2021-T0002	产品检验标准	91	优秀

图5-21　员工培训考核情况统计表最终效果图

5.7　内部培训讲师汇总表

在企业培训管理活动中，培训讲师主要来源于企业内部，发挥内部培训讲师的积极作用有利于推进企业培训工作的有效开展，因此企业内部要有一套内部培训讲师招聘、选拔、录用、培养、晋升、激励等方面的制度体系。

关于内部讲师的制度体系，每个公司都会有自己的特色，如图5-22所示，可以对内部讲师的保级条件、晋升条件、培训津贴做统一规定。

讲师级别	保级条件	晋升条件	培训津贴
初级讲师	年授课达到18课时，反应评估平均得分为80分以上	由培训讲师评定小组综合评定达到85分以上	80元/时
中级讲师	年授课达到24课时，反应评估平均得分为80分以上	年授课达到30课时，反应评估平均得分为85分以上，初级讲师任职1年	120元/时
高级讲师	年授课达到30课时，反应评估平均得分为80分以上	年授课达到36课时，反应评估平均得分为85分以上，中级讲师任职1年	200元/时

图5-22　讲师保级和晋升条件

统计内部培训讲师的信息是为了便于记录内部培训讲师年度授课时长、培训学员对讲师的满意度、是否达到保级条件或晋级条件等。除了记录内部培训讲师的基本信息以外，还要记录其任职时间、年度培训时数、年度平均得分、年度培训次数、培训津贴标准等，如果培训讲师和课程都较多时，还可以统计每位内部培训讲

师擅长的课程。

进行表格设计时，需要考虑以下情况：

（1）内部培训讲师以员工编号作为唯一检索。

（2）年度培训时数、次数可以通过培训班汇总表来进行统计。

（3）平均得分可以通过反应评估汇总表来进行统计。

具体设计步骤如下（假定内部培训讲师不超过30人）：

STEP 1 新建内部培训讲师汇总表。新建名为"内部培训讲师汇总表"的工作表，输入表格标题，如图5-23所示。

图5-23　内部培训讲师汇总表结构

STEP 2 "讲师级别"列【数据验证】设置。选中F2:F30单元格，调出【数据验证】窗口，在【允许】下拉列表中选择【序列】选项，在【来源】文本框中输入"初级讲师,中级讲师,高级讲师"。单击【出错警告】选项卡，在【错误信息】文本框中输入"请在下拉菜单中选择讲师级别，不要输入"，单击【确定】按钮。

STEP 3 "聘任时间"列【数据验证】设置。选中G2:G30单元格，调出【数据验证】窗口，在【允许】下拉列表中选择【日期】选项，数据为【大于或等于】，在【开始日期】文本框中输入"2021-1-1"，单击【出错警告】选项卡，在【错误信息】文本框中输入"请检查输入日期是否符合'YYYY-M-D'格式，且大于等于2021-1-1。"，单击【确定】按钮。

STEP 4 设置公式。分别输入公式并下拉至30行，如图5-24所示。

单元格	公式
H2	=IF(F2="","",VLOOKUP(F2,{"初级讲师",80;"中级讲师",120;"高级讲师",200},2,0))
I2	=IF(B2="","",COUNTIF('培训班汇总表'!$G:$G,B2))
J2	=IF(B2="","",SUMIF('培训班汇总表'!$G:$G,B2,'培训班汇总表'!$L:$L))
K2	=IFERROR(ROUND(AVERAGEIF(反应评估汇总表!$B:$B,B2,反应评估汇总表!$R:$R),2),"")

图5-24　公式编辑

STEP 5 美化表格。员工编号、讲师姓名、部门、岗位、性别这几项信息可以在员工信息表中复制过来,因为内部培训讲师人少,没必要再设置数据验证保证输入统一。输入数据后对表格进行美化,最终效果如图5-25所示。

图5-25 内部培训讲师汇总表最终效果图

知识点讲解

1. SUMIF( )函数

函数含义及说明

对指定数据区域(区域:工作表上的两个或多个单元格。区域中的单元格可以相邻或不相邻)中符合指定条件的值进行求和。

语法及说明

SUMIF(range, criteria, [sum_range])

range是必需的。是指条件数据区域。

criteria是必需的。是指求和的条件。

sum_range是可选的。是指求和的范围。如果忽略,则使用range。

示例

如图5-26所示。

	A	B	C	D	E
1	数据1	数据2	公式	结果	说明
2	70	合格	=SUMIF($B$2:$B$9,"合格",$A$2:$A$9)	221	"合格"对应的数值之和
3	80	良好	=SUMIF($B$2:$B$9,$B$3,$A$2:$A$9)	253	B3单元格(良好)对应的数值之和
4	90	优秀	=SUMIF($A$2:$A$9,">81")	358	大于81的所有数值之和
5	75	合格	=SUMIF($A$2:$A$9,">"&A8)	438	大于A8单元格(76)的数值之和
6	85	良好			
7	95	优秀			
8	76	合格			
9	88	良好			

图5-26 SUMIF( )函数示例

2. ROUND( )函数

函数含义及说明

将数字四舍五入到指定的位数。

语法及说明

ROUND(number, num_digits)

ROUND 函数语法具有下列参数：

number是必需的。要四舍五入的数字。

num_digits是必需的。要进行四舍五入运算的位数。

示例

如图5-27所示。

	A	B	C	D
1	数值	舍入位数	公式	结果
2	146.45637	5	=ROUND(A2,B2)	146.45637
3	146.45637	4	=ROUND(A3,B3)	146.4564
4	146.45637	3	=ROUND(A4,B4)	146.456
5	146.45637	2	=ROUND(A5,B5)	146.46
6	146.45637	1	=ROUND(A6,B6)	146.5
7	146.45637	0	=ROUND(A7,B7)	146
8	146.45637	-1	=ROUND(A8,B8)	150
9	146.45637	-2	=ROUND(A9,B9)	100
10	146.45637	-3	=ROUND(A10,B10)	0
11	146.45637	-4	=ROUND(A11,B11)	0

图5-27　ROUND( )函数示例

3. AVERAGEIF( )函数

函数含义及说明

求某个区域内满足给定条件指定的单元格的平均值（算术平均值）。

语法及说明

AVERAGEIF(range,criteria,[average_range])

range是必需的。是指要计算平均值的数据区域。

criteria是必需的。表示求平均值的条件。

average_range是可选的。是指求平均值的数据区域。如果忽略，则使用range。

示例

如图5-28所示。

	A	B	C	D	E
1	数据1	数据2	公式	结果	说明
2	70	合格	=AVERAGEIF($B$2:$B$9,"合格",$A$2:$A$9)	73.67	"合格"对应的A列所有数值的平均值
3	80	良好	=AVERAGEIF($B$2:$B$9,$B$3,$A$2:$A$9)	84.33	B3单元格(良好)对应的所有数值的平均值
4	90	优秀	=AVERAGEIF($A$2:$A$9,">81")	89.50	大于81的所有数值的平均值
5	75	合格	=AVERAGEIF($A$2:$A$9,">"&A8)	87.60	大于A8单元格(76)的所有数值的平均值
6	85	良好			
7	95	优秀			
8	76	合格			
9	88	良好			

图5-28　AVERAGEIF( )函数示例

5.8 员工培训档案管理

员工培训工作要有目的性和计划性，这是培训管理工作的要求之一，但是对于员工个体培训情况的了解，还是需要对每位员工的培训情况进行汇总才能知道。如员工参加入职培训、安全培训教育培训是否到位、必修的课程是否参加、调岗培训是否进行，这些情况都是需要去掌握的。

员工有没有参加不必要的培训造成资源浪费、有没有落下必需的培训造成培训断档等，这些也是需要引起人力资源部的重视。所以从规范化管理角度来说，企业必须要建立员工培训档案，每年年初需要将每位员工的培训档案打印并归入员工档案中。

员工培训档案没有固定的格式，可以根据公司情况进行设计。一般情况下，员工培训档案包括：员工基本信息、培训班情况和员工考核情况等。这些项目分别从员工信息表、培训班汇总表、员工培训情况考核表三个表中提取。

在设计员工培训档案表时，需要考虑以下情况：

（1）员工基本信息在员工信息表中提取，以员工编号作为检索值，通过员工编号提取其他员工信息。

（2）通过员工编号，可以将培训编号、培训班名称、考核方式、考核成绩、考核结果等项目信息在员工培训情况考核表中提取出来。

（3）通过培训编号，可以将培训时间、培训类型、培训形式、培训学时、培训讲师等项目信息在培训班汇总表中提取出来。

具体设计步骤如下：

STEP ① 新建"员工培训档案"工作表。新建名为"员工培训档案"的工作表，输入表格标题，如图5-29所示。

图5-29 员工培训档案结构

STEP ② "员工编号"【数据验证】设置。将员工信息表复制到员工培训管理数据表工作簿中，选中B2单元格，在【数据】选项卡【数据工具】功能区单击【数据验证】，调出【数据验证】窗口。在【允许】下拉列表中选择【序列】选项，在【来源】文本框中输入以下公式：

=OFFSET(员工信息表!$A$1,1,,COUNTA(员工信息表!$A:$A)-1,)

单击【出错警告】选项卡，在【错误信息】文本框中输入"请在下拉菜单中选择员工编号，不要输入"，单击【确定】按钮。

STEP ③ 编辑公式。各单元格编辑公式如图5-30所示，输入完毕后向下拖动直到不显示数据为止。

序号	单元格	公式	备注
1	D2	=VLOOKUP($B$2,员工信息表!$A:$I,2,0)	
2	F2	=VLOOKUP($B$2,员工信息表!$A:$I,5,0)	
3	H2	=VLOOKUP($B$2,员工信息表!$A:$I,3,0)	
4	J2	=VLOOKUP($B$2,员工信息表!$A:$I,4,0)	
5	L2	=VLOOKUP($B$2,员工信息表!$A:$I,9,0)	
6	B5	=INDEX(员工培训考核情况统计表!C:C,SMALL((员工培训考核情况统计表!$A:$A<>$B$2)/1%%+ROW(员工培训考核情况统计表!$A:$A),ROW(1:1)))&""	按Ctrl+Shift+Enter三键确认，向下拖动到C5单元格
7	D5	=IF(ROW(1:1)>COUNTIF(员工培训考核情况统计表!$A:$A,$B$2),"",INDEX('培训班汇总表 '!$C:$L,MATCH($B5,'培训班汇总表 '!$C:$A,0),MATCH(D$4,'培训班汇总表 '!$C$1:$L$1,0)))	按Ctrl+Shift+Enter三键确认，向右拖动到I5单元格
8	J5	=INDEX(员工培训考核情况统计表!E:E,SMALL((员工培训考核情况统计表!$A:$A<>$B$2)/1%%+ROW(员工培训考核情况统计表!$A:$A),ROW(1:1)))&""	按Ctrl+Shift+Enter三键确认，向右拖动到K5单元格

图5-30 各单元格公式

STEP ④ 美化表格。对表格调整美化，最终效果如图5-31所示。

图5-31 员工培训档案最终效果图

第5章 培训数据程序的建立，让培训开发可比化

> **TIP 本小节中公式说明**
>
> （1）=INDEX(员工培训考核情况统计表!C:C,SMALL((员工培训考核情况统计表!$A:$A<>$B$2)/1%+ROW(员工培训考核情况统计表!$A:$A),ROW(1:1)))&""
>
> 这个公式结合函数环境来看：
>
> "员工培训考核情况统计表!$A:$A<>$B$2"，形成一个由TRUE和FALSE组成的数组。
>
> "/1%"，代表"/0.00001"，也就相当于乘以10000。"(员工培训考核情况统计表!$A:$A<>$B$2)/1%"形成了由10000和0组成的数组，即返回值为0，不同的返回值为10000。
>
> "ROW(员工培训考核情况统计表!$A:$A")返回各行的行号。
>
> "SMALL(员工培训考核情况统计表!$A:$A<>$B$2)/1%+ROW(员工培训考核情况统计表!$A:$A),ROW(1:1)"表示员工培训考核情况统计表中"员工编号"和B2单元格相同的，返回其所在行号，不同的返回行号与10000之和，然后由SMALL()函数对数组由小到大排列。
>
> （2）=IF(ROW(1:1)>COUNTIF(员工培训考核情况统计表!$A:$A,$B$2),"",INDEX('培训班汇总表'!$C:$L,MATCH($B5,'培训班汇总表'!$A:$A,0), MATCH(D$4,'培训班汇总表'!$C$1:$L$1,0)))
>
> "ROW(1:1)>COUNTIF(员工培训考核情况统计表!$A:$A,$B$2)"，计算B2单元格的员工编号在员工培训考核情况统计表中的个数，如果统计的个数小于用ROW函数返回的数值，则返回TRUE，结合IF()函数来看，返回值为空。
>
> INDEX()函数是用培训编号和第4行的标题来定位，返回培训班汇总表表格中对应的数据。

第6章

考勤和薪酬数据模板化

薪酬工作是人力资源部一项重要的工作，它关系着员工最直接的利益。对薪酬HR来说，整理和工资奖金相关的工作要快速高效且不能出任何差错。本章主要围绕生成薪酬核算表这条主线，讲解考勤处理、休假情况处理、薪酬核算表各项数据处理、年终奖计算以及各种报表的设计与维护。

6.1 薪酬核算表及配套表格设计分析

设计薪酬核算表时，并不仅仅只设计一个表格，而是要设计一套与之相配套的表格。

设计这些表格需考虑以下情况：

（1）操作简单。通过简单讲解培训谁都可以上手操作。

（2）工作流程顺畅。从表格操作方便快捷角度来考虑薪酬HR的一些工作流程，而并非用工作流程限定表格设计操作，从而达到工作简单高效的目的。

（3）方便审核数据。公司人少时表格内容好审核，在薪酬核算表中可以直接审核数据。如果公司人多的话，审核薪酬数据也是一件麻烦的事。可以将薪酬核算表的数据分到其他的表格中分别审核，这就是为什么在前面说设计一套与薪酬核算表相配套的表格。

（4）最大限度避免数据更改引发其他错误。每个月的薪酬核算表并非都是一成不变的，随着考勤情况不同、人员增减、代扣代缴的变动以及其他情况需要更新工资项目或数据，有可能造成薪酬核算表中的其他数据错误，所以尽量避免这种情况的发生。

（5）因为都是和薪酬相关的表格，建议将所有表格都放在一个工作簿中，便于查找和引用数据。

结合薪酬核算表和上述情况，可以考虑将薪酬核算表中的数据都在其他表格中引用过来，需要修改时直接修改其他表格中的数据即可。例如考勤机的数据处理、休假数据处理、绩效考核评分、代扣代缴的各个项目以及其他的项目，都可以通过单独的表格进行处理后，再用公式引用到薪酬核算表中。

6.2 休假管理

休假管理是为了规范公司管理，保证公司正常经营活动，确保有一个正常有序的工作环境。休假管理是员工管理中的一项工作，其数据为工资计算提供依据。

一般员工休假种类包括：事假、病假、婚假、产假、丧假、工伤假、护理假、年休假等，虽然各个假期的情形不一样，但转换为表格中的数据管理来说，掌握各个假期的起止时间和休假天数即可。

以各种假期为例，除事假和年休假外，HR需要掌握休假的证据，这样各种假期可以一起统计；年休假还需要根据员工工作年限进行统计与控制，因此，还需要单独统计每位员工应休的年休假天数。

6.2.1 员工休假统计表设计维护

事假、病假、婚假、产假、丧假、工伤假、护理假、年休假等假期中，除事假和年休假外，其他假期都需要提供专门的证据以证明请假的真实性。员工请假一般以纸质请假单或办公系统上的请假单为准，假期结束后，需到人力资源部销假才代表一个完整假期的完结。人力资源部除了在请假流程中进行管制，还需要对员工请假情况进行统计，以便计算工资。这就需要将请假单转换为电子表格为薪酬核算表的生成提供数据支持。

对电子表格统计来说，因为它主要是给薪酬核算表提供数据依据，为了便于直观地查看全公司员工在哪天休什么类型的假，可以将员工休假统计表设计为考勤表格式。

为了便于记录，将事假、病假、婚假、产假、丧假、工伤假、护理假、年休假等分别简称为"事、病、婚、产、丧、伤、护、年"。

具体设计步骤如下（假定公司员工不超过100人）：

STEP 1 新建“员工休假统计表”工作表。新建一个工作簿并保存为“工资数据表”，新建名为“员工休假统计表”的工作表。

STEP 2 设计表格结构。在A1和A2单元格中分别输入“年份”和“月份”，在A3、B3、C3单元格分别输入“员工编号、姓名、1”，在D3单元格输入下列公式，一直右拉至单元格AG3。

=IF(C3>=DAY(DATE($B$1,$B$2+1,0)),"",C3+1)

STEP 3 B1和B2单元格【数据验证】设置。选中B1单元格，在【数据】选项卡【数据工具】功能区单击【数据验证】，调出【数据验证】窗口。在【允许】下拉列表中选择【序列】选项，在【来源】文本框中输入“2021,2022,2023,2024,2025”。单击【出错警告】选项卡，在【错误信息】文本框中输入“请在下拉菜单中选择年份，不要输入”，单击【确定】按钮。

同样操作步骤，对B2单元格设置，在【来源】文本框中输入“1,2,3,4,5,6,7,8,9,10,11,12”在【错误信息】文本框中输入“请在下拉菜单中选择月份，不要输入”。

B1和B2单元格分别选择“2021”和“6”，选中C:AG列，调整至合适的列宽并水平居中和垂直居中，效果如图6-1所示。

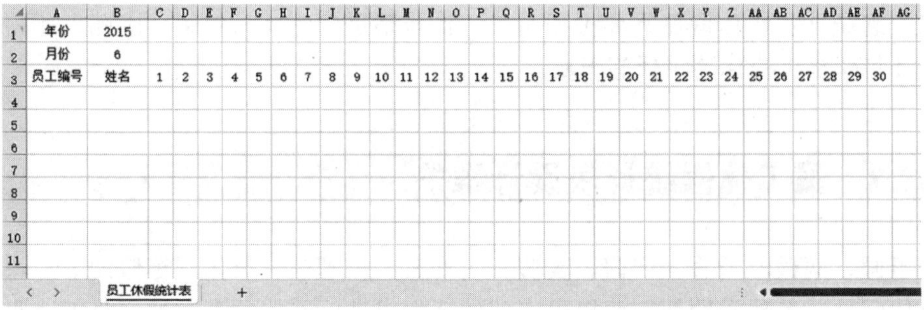

	A	B	C	D	E	F	G	H	I	J	K	L	M	N	O	P	Q	R	S	T	U	V	W	X	Y	Z	AA	AB	AC	AD	AE	AF	AG
1	年份	2015																															
2	月份	6																															
3	员工编号	姓名	1	2	3	4	5	6	7	8	9	10	11	12	13	14	15	16	17	18	19	20	21	22	23	24	25	26	27	28	29	30	
4																																	
5																																	
6																																	
7																																	
8																																	
9																																	
10																																	
11																																	

图6-1 员工休假统计表结构

STEP 4 设置休假类型下拉菜单。选中C4:AG100区域，调出【数据验证】窗口。在【允许】下拉列表中选择【序列】选项，在【来源】文本框中输入“事,病,婚,产,丧,伤,护,年”。单击【出错警告】选项卡，在【错误信息】文本框中输入“请在下拉菜单中选择假期，不要输入”，单击【确定】按钮。

STEP 5 设置条件格式。为了便于阅读和查找，可以用条件格式将周末标注出来，同时可以用条件格式设置边框。

选中C3:AG100数据区域，在【开始】选项卡【样式】功能区，单击【条件格式】下拉按钮，选择【新建规则】选项，在弹出的【编辑格式规则】窗口中选择【使用公式确定要设置格式的单元格】选项，在文本框中输入公式“=AND($A3<>"",WEEKDAY(DATE($B$1,$B$2,C$3),2)>=6)”，单击【格式】按钮，选择合格的填充底色,如图6-2所示,单击【确定】按钮。

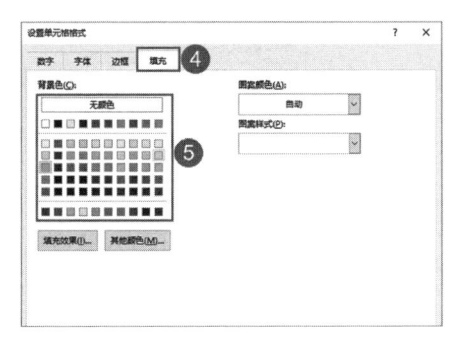

图6-2 设置条件格式

选中A3:AG100数据区域,再次打开【编辑格式规则】窗口,选择【使用公式确定要设置格式的单元格】选项,在文本框中输入公式"=AND($A3<>"",A$3<>"")",单击【格式】按钮,选择合格的边框,单击【确定】按钮。

STEP 6 美化表格。将数据输入表格中(只统计请假人员数据)并美化表格,最终效果如图6-3所示。

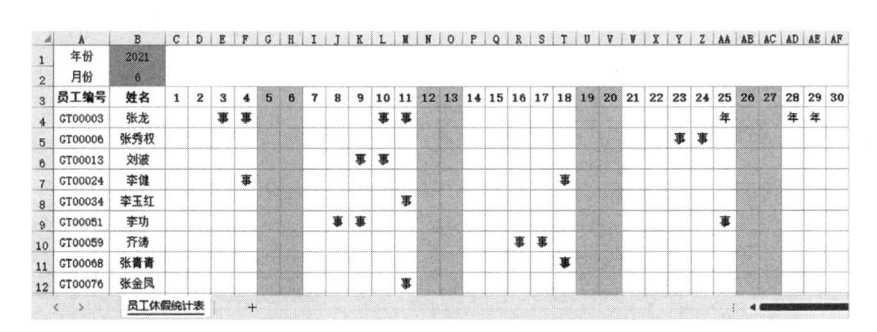

图6-3 员工休假统计表最终效果图

知识点讲解

WEEKDAY( )函数

函数含义及说明

返回某日期为星期几。默认情况下,其值为1(星期天)~7(星期六)的整数。

语法及说明

`WEEKDAY(serial_number,[return_type])`

serial_number是必需的,表示需要判断星期几的日期。

123

return_type是可选的，用于确定返回值类型的数字，具体如图6-4所示。

return_type	返回的数字
1或省略	数字1（星期日）到数字7（星期六）
2	数字1（星期一）到数字7（星期日）
3	数字0（星期一）到数字6（星期日）
11	数字1（星期一）到数字7（星期日）
12	数字1（星期二）到数字7（星期一）
13	数字1（星期三）到数字7（星期二）
14	数字1（星期四）到数字7（星期三）
15	数字1（星期五）到数字7（星期四）
16	数字1（星期六）到数字7（星期五）
17	数字1（星期日）到 数字7（星期六）

图6-4 return_type各数字返回值

示例

如图6-5所示，2021年6月1日为星期二。

	A	B	C	D
1	日期	公式	结果	说明
2	2021-6-1	=WEEKDAY($A$2,1)	3	数字1（星期日）到数字7（星期六）
3		=WEEKDAY($A$2,2)	2	数字1（星期一）到数字7（星期日）
4		=WEEKDAY($A$2,3)	1	数字0（星期一）到数字6（星期日）
5		=WEEKDAY($A$2,11)	2	数字1（星期一）到数字7（星期日）
6		=WEEKDAY($A$2,12)	1	数字1（星期二）到数字7（星期一）
7		=WEEKDAY($A$2,13)	7	数字1（星期三）到数字7（星期二）
8		=WEEKDAY($A$2,14)	6	数字1（星期四）到数字7（星期三）
9		=WEEKDAY($A$2,15)	5	数字1（星期五）到数字7（星期四）
10		=WEEKDAY($A$2,16)	4	数字1（星期六）到数字7（星期五）
11		=WEEKDAY($A$2,17)	3	数字1（星期日）到数字7（星期六）

图6-5 WEEKDAY( )函数示例

6.2.2 员工年休假统计表设计维护

《职工带薪年休假条例》和《企业职工年休假实施办法》，对享受年休假人员范围、享受年休假天数、年休假计算方法等方面都做出了具体规定。

（1）享受年休假人员范围：机关、团体、企业、事业单位、民办非企业单位、有雇工的个体工商户等单位的职工连续工作1年以上的。这说明了员工享受年休假是以他的参加工作时间计算的,无论是不是在本单位,而并非以在本单位的参加工作时间来计算。

(2)休假天数为:累计工作已满1年不满10年的,年休假5天;已满10年不满20年的,年休假10天;已满20年的,年休假15天。

(3)对于新入职和离职员工年休假计算方法如下:

新入职员工:(当年度在本单位剩余日历天数÷365天)×职工本人全年应当享受的年休假天数。

离职员工:(当年度在本单位已过日历天数÷365天)×职工本人全年应当享受的年休假天数−当年度已安排年休假天数。

上面两种方法的计算结果,不足1天的部分不予享受。如2020年7月1日入职的员工,2021年7月1日在公司工作满12个月。2020年度他不符合享受条件(因为未满12个月),2021年度内可享受=184(7月1日至12月31剩余日历天数)÷365天×5=2天,2021年度内可享受5天,2022年度内可享受5天,依此类推。

根据上述情况,计算年休假时要考虑以下因素:

(1)计算年休假时要按员工社会工龄计算,而并非根据司龄计算。

(2)年休假一般以自然年度进行安排,员工参加工作时间不在1月1日的,势必会按日历天数进行折算,而且还会出现年内享受5天和10天、10天和20天的情况并存,这些情况都需要进行折算。

(3)年休假可能不会一次性休完,要对员工已休年假和未休年假的情况分别记录。

具体设计步骤如下(假定公司员工不超过100人):

STEP 1 新建"员工年休假统计表"工作表。新建名为"员工年休假统计表"的工作表,输入表格标题,如图6-6所示。

图6-6 员工年休假统计表结构

STEP 2 B1单元格下拉菜单设置。选中B1单元格,在【数据】选项卡【数据工具】功能区单击【数据验证】,调出【数据验证】窗口。在【允许】下拉列表中选择【序列】选项,在【来源】文本框中输入"2021,2022,2023,2024,2025"。单击【出错警告】选项卡,在【错误信息】文本框中输入"请在下拉菜单中选择年份,不要输入",单击【确定】按钮。

STEP 3 设置公式。在E3、F3、H3单元格中输入下列公式,分别下拉至100行。

E3=IF(D3="","",DATEDIF(D3,DATE ($B$1,12,31),"Y"))

F3=IFERROR(INT(SUM(ABS(DATE($B$1,MONTH (D3),DAY(D3))-DATE($B$1+{0,1},1,1)) * LOOKUP(DATEDIF(D3,DATE($B$1,12,31), "y")-{1,0},{0,0;1,5;10,10;20,15}))/365),"")

H3 =IF(F3="","",F3-G3)

STEP 4 美化表格。输入数据并美化表格。最终效果如图6-7所示。

	A	B	C	D	E	F	G	H
1	统计年度	2021						
2	员工编号	姓名	部门	参加工作时间	社会工龄	应休天数	已休天数	未休天数
3	GT00001	赵红花	总经办	2008-1-4	13	10		10
4	GT00002	朱娜	财务部	2008-1-6	13	10		10
5	GT00003	张龙	生产部	2008-3-24	13	10	5	5
6	GT00004	孙建军	设备五金部	2008-7-4	13	10		10
7	GT00005	陈武	总经办	2008-8-7	13	10		10
8	GT00006	张秀权	总经办	2008-8-7	13	10	4	6
9	GT00009	金建科	生产部	2008-10-24	13	10		10
10	GT00010	刘小伟	设备五金部	2009-1-5	12	10		10
11	GT00011	吴谦谦	采购部	2009-2-16	12	10	2	8

图6-7 员工年休假统计表最终效果图

员工年休假统计表与薪酬核算表联系作用不大,可以将此表单独放在一个工作簿中进行保存。本节是为了讲解操作方便,将此表放在"工资数据表"中进行操作。

知识点讲解

1. ABS( )函数

函数含义及说明

返回数字的绝对值。

语法及说明

`ABS(number)`

number是必需的。是指需要计算其绝对值的实数。

示例

如图6-8所示。

	A	B	C	D
1	数据	公式	结果	说明
2	5	=ABS(A2)	5	5的绝对值为5
3	-5	=ABS(A3)	5	-5的绝对值为5

图6-8　ABS( )函数示例

2. INT( )函数

函数含义及说明

向下舍入取整数。

语法及说明

`INT(number)`

示例

如图6-9所示。

	A	B	C	D
1	数据	公式	结果	说明
2	5.9	=INT(A2)	5	5.9向下舍入取整是5
3	-5.9	=INT(A3)	-6	-5.9向下舍入取整是-6

图6-9　INT( )函数示例

> **TIP 本小节中公式说明**
>
> =IFERROR(INT(SUM(ABS(DATE($B$1,MONTH(D3),DAY(D3))-DATE($B$1+{0,1},1,1))*LOOKUP(DATEDIF(D3,DATE($B$1,12,31),"y")-{1,0},{0,0;1,5;10,10;20,15}))/365),"")
>
> 这个公式是考虑了需要折算日历天数计算年休假的情况，例如刚参加工作的员工第2年需要折算日历天数来计算年休假天数，在年度内工作满10年或满20年需分段计算当年应休的年休假天数。

"ABS(DATE($B$1,MONTH(D3),DAY(D3))-DATE($B$1+{0,1},1,1))"表示分别将员工入职的月日作为节点，统计节点前的日历天数和节点后的日历天数。

"LOOKUP(DATEDIF(D3,DATE($B$1,12,31),"y")-{1,0},{0,0;1,5;10,10;20,15})"表示判断节点前享受的年休假标准和节点后应享受的年休假标准。

年休假计算公式统一以一年365天计算，所以最后除以365。

以上三项说明按入职的月日作为节点，分别判断节点前应休年休假天数和节点后应休年休假天数，两者相加并用INT（）函数取整（折算日历天数计算年休假后，不足1天的不考虑），即为员工应休年休假天数。

6.3 考勤管理

越来越多的企业用考勤机或手机打卡软件记录员工的考勤，同时再辅以相关规章制度来进行规范管理，这些都是通用考勤软件，不一定能适合各个公司情况，有不少公司还需要对电子考勤数据二次加工才能使用，本节主要讲解如何处理电子考勤数据。

6.3.1 整理电子考勤数据

整理电子考勤数据，最终要实现以下目的：

（1）通过打卡记录整理员工出勤情况。如每天特定时间之前或之后打卡不少于规定次数的，即为当天正常出勤。

（2）通过打卡时间，整理员工迟到或早退情况。

（3）通过打卡记录，整理员工未打卡情况。

综上，需要电子考勤数据中的姓名、部门、上下班打卡时间、打卡次数（可手动计算）等信息即可。

假定公司考勤管理有以下规定。

（1）上下班时间分别为：8：00和17：00，晚于8：00和早于17：00打卡的分别为迟到和早退，请假半天的，早于12：00或晚于13：00打卡的视为迟到或早退。

（2）每天上下班分别打卡一次，除特殊情况（如出差等）被批准外可以不打卡，其他不打卡情况记为旷工。

具体操作步骤如下：

STEP 1 新建“考勤源数据”工作表。新建名为“考勤源数据表”的工作表，将电子考勤数据粘贴到工作表中，如图6-10所示。

	A	B	C	D	E	F
1	员工编号	姓名	部门	刷卡日期	上班卡	下班卡
2	GT00015	张学伟	人力资源部	2021-6-1	7:52:21	17:46:50
3	GT00015	张学伟	人力资源部	2021-6-2	8:00:03	17:27:28
4	GT00015	张学伟	人力资源部	2021-6-3	7:55:40	17:40:26
5	GT00015	张学伟	人力资源部	2021-6-4	8:00:31	17:23:56
6	GT00015	张学伟	人力资源部	2021-6-7	7:50:33	17:23:57
7	GT00015	张学伟	人力资源部	2021-6-8	7:58:59	17:31:31
8	GT00015	张学伟	人力资源部	2021-6-9	7:57:19	18:01:01
9	GT00015	张学伟	人力资源部	2021-6-10	7:57:20	17:54:23
10	GT00015	张学伟	人力资源部	2021-6-11	7:57:06	17:09:49
11	GT00015	张学伟	人力资源部	2021-6-14	7:59:38	17:39:00

员工休假统计表　员工年休假统计表　考勤源数据　+

图6-10　考勤源数据工作表

STEP 2 统计打卡次数、迟到、早退情况。在G2、H2、I2单元格中分别输入公式并向下填充。

G2 =IF(E2>8/24,"迟到","")

H2 =IF(F2<17/24,"早退","")

I2 =IF(COUNTA (E2:F2)<2,"旷","")

STEP 3 美化表格。美化表格后效果如图6-11所示。

	A	B	C	D	E	F	G	H	I
1	员工编号	姓名	部门	刷卡日期	上班卡	下班卡	迟到情况	早退情况	旷工情况
2	GT00015	张学伟	人力资源部	2021-6-1	7:52:21	17:46:50			
3	GT00015	张学伟	人力资源部	2021-6-2	8:00:03	17:27:28	迟到		
4	GT00015	张学伟	人力资源部	2021-6-3	7:55:40	17:40:26			
5	GT00015	张学伟	人力资源部	2021-6-4	8:00:31	17:23:56	迟到		
6	GT00015	张学伟	人力资源部	2021-6-7	7:50:33	17:23:57			
7	GT00015	张学伟	人力资源部	2021-6-8	7:58:59	17:31:31			
8	GT00015	张学伟	人力资源部	2021-6-9	7:57:19	18:01:01			
9	GT00015	张学伟	人力资源部	2021-6-10	7:57:20	17:54:23			
10	GT00015	张学伟	人力资源部	2021-6-11	7:57:06	17:09:49			
11	GT00015	张学伟	人力资源部	2021-6-14	7:59:38	17:39:00			

员工休假统计表　员工年休假统计表　考勤源数据　+

图6-11　考勤源数据最终效果图

6.3.2 生成完整考勤表

将考勤数据处理完以后，这项工作并没有完成，还需要生成考勤表为薪酬核算表生成及审核、领导和员工查阅签认等提供方便。

STEP① 新建"考勤表"工作表。按住【Ctrl】键，单击拖动"员工休假统计表"工作表标签，这样将生成一个"员工休假统计表(2)"的工作表，双击工作表标签，重命名为"考勤表"，并按【Enter】键确定。

STEP② 更改工作表结构。在AH3:AR3各单元格分别输入"事、病、婚、产、丧、伤、护、年、旷工、迟到、早退"，如图6-12所示。

图6-12 考勤表结构

如果通过条件格式设置的边框和周末标注的范围不够，可以快速调整。将鼠标放在数据区域，在【开始】选项卡【样式】功能区，单击【条件格式】下拉列表，选择【管理规则】选项，弹出【条件格式规则管理器】对话框，将设置条件格式范围的行数增加，如图6-13所示。

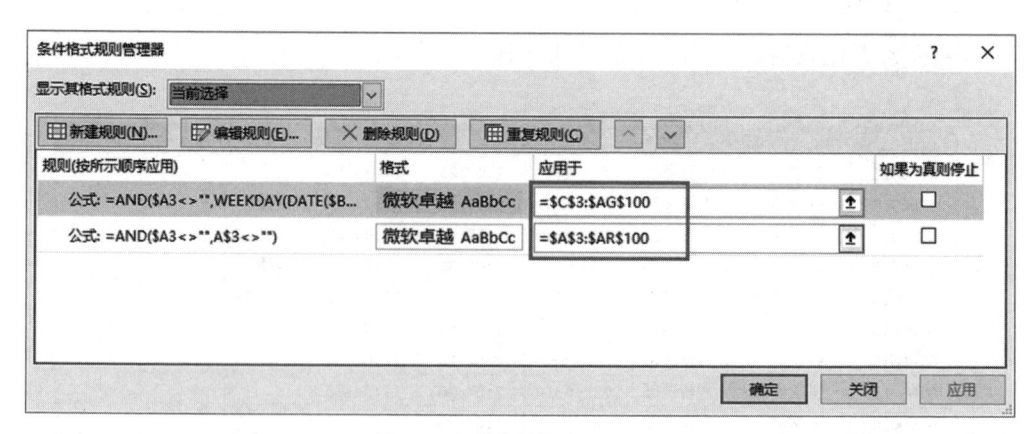

图6-13 调整条件格式应用范围

STEP③ 编辑公式。为了简化公式操作，在"考勤源数据"中新插入一列A列，在A2单元格输入公式"=B2&E2"，双击向下填充公式，如图6-14所示。

图6-14 "考勤源数据"工作表调整

在C4单元格中输入下列公式,并右拉至AG列。

=IFERROR(VLOOKUP($A4,员工休假统计表!$A:$AG,COLUMN(C1),0),"")&IFERROR(VLOOKUP($A4&DATE($B$1,$B$2,C3),考勤源数据!$A:$J,10,0),"")

在AH4单元格中输入下列公式,右拉至AP列。

=COUNTIF($C4:$AG4,AH$3)

在AQ4单元格中输入下列公式,右拉至AR列。

=COUNTIFS(考勤源数据!$B:$B,$A4,考勤源数据!H:H,AQ$3)

将所有公式下拉至最后一个姓名行。

STEP 4 美化表格。对表格进行美化,最终效果如图6-15所示。

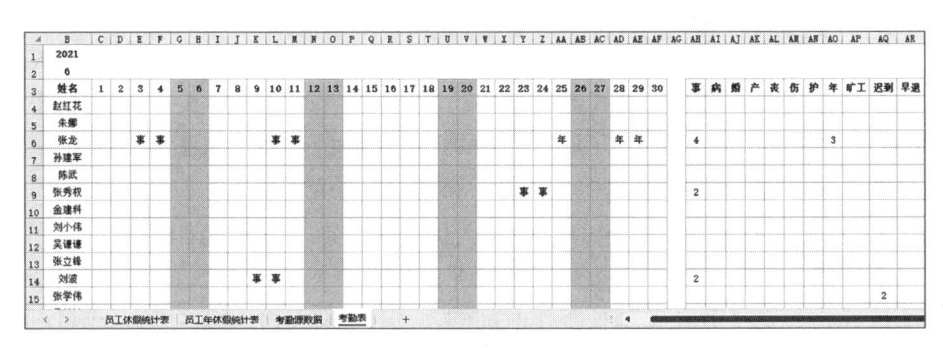

图6-15 考勤表最终效果图

如果出勤的天数显示出勤符号,可以对内容做一个判断,如果没有请休假和旷工的情况默认为出勤,假定出勤符号为"工",C4单元格公式为,其中周末的公式手动删除,效果如图6-16所示。

=IF(IFERROR(VLOOKUP($A4,员工休假统计表!$A:$AG,COLUMN(C1),0),"")&IFERROR(VLOOKUP($A4&DATE($B$1,$B$2,C3),考勤源数据!$A:$J,10,0),"")="","工",IFERROR(VLOOKUP($A4,员工休假统计表!$A:$AG,COLUMN(C1),0),"")&IFERROR(VLOOKUP($A4&DATE($B$1,$B$2,C3),考勤源数据!$A:$J,10,0),""))

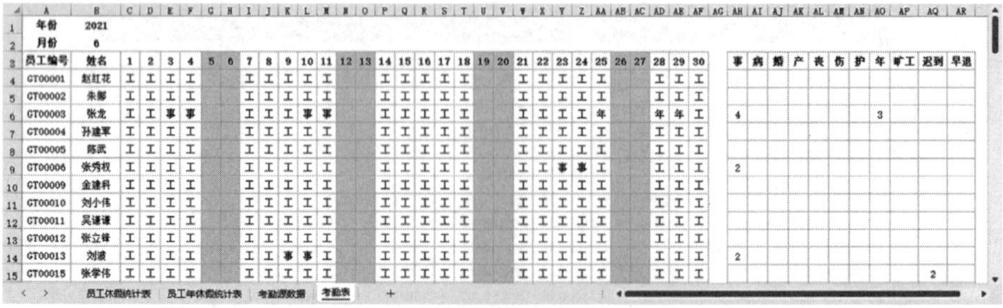

年份 2021

月份 6

员工编号	姓名	1	2	3	4	5	6	7	8	9	10	11	12	13	14	15	16	17	18	19	20	21	22	23	24	25	26	27	28	29	30	事	病	婚	产	丧	伤	护	年	旷工	迟到	早退
GT00001	赵红花	工	工	工	工			工	工	工	工	工			工	工	工	工	工			工	工	工	工	工			工	工	工											
GT00002	朱娜	工	工	工	工			工	工	工	工	工			工	工	工	工	工			工	工	工	工	工			工	工	工											
GT00003	张龙	工	工	事	事			工	工	工	事	事			工	工	工	工	工			工	工	工	工	年			年	年	工	4							3			
GT00004	孙建军	工	工	工	工			工	工	工	工	工			工	工	工	工	工			工	工	工	工	工			工	工	工											
GT00005	陈武	工	工	工	工			工	工	工	工	工			工	工	工	工	工			工	工	工	工	工			工	工	工											
GT00006	张秀权	工	工	工	工			工	工	工	工	工			工	工	工	工	工			工	工	事	事	工			工	工	工	2										
GT00009	金建科	工	工	工	工			工	工	工	工	工			工	工	工	工	工			工	工	工	工	工			工	工	工											
GT00010	刘小伟	工	工	工	工			工	工	工	工	工			工	工	工	工	工			工	工	工	工	工			工	工	工											
GT00011	吴谦谦	工	工	工	工			工	工	工	工	工			工	工	工	工	工			工	工	工	工	工			工	工	工											
GT00012	张立锋	工	工	工	工			工	工	工	工	工			工	工	工	工	工			工	工	工	工	工			工	工	工											
GT00013	刘波	工	工	工	工			工	工	事	事	工			工	工	工	工	工			工	工	工	工	工			工	工	工	2										
GT00015	张学伟	工	工	工	工			工	工	工	工	工			工	工	工	工	工			工	工	工	工	工			工	工	工										2	

图6-16　带出勤符号考勤表效果图

考勤表设计完成后，每个月初将上月考勤数据粘贴到“考勤源数据”工作表B:G列中，更改“考勤表”中的“年份”和“月份”，将自动生成考勤表。因各公司考勤数据格式不尽相同，而且请假还会有半天假或者小时假，不过表格设计的思路是一样的，可以根据实际情况设计适合公司的一套模板。

6.4 加班统计表

对于加班及加班工资劳动法中有相关规定，需要把握以下几个要点

（1）加班的法律规定。《中华人民共和国劳动法》第41条规定：“用人单位由于生产经营需要，经与工会和劳动者协商后可以延长工作时间，一般每日不得超过1小时。因特殊原因需要延长工作时间的，在保障劳动者身体健康的条件下延长工作时间每日不得超过3小时，但是每月不得超过36小时”。

（2）加班工资的法律规定。《中华人民共和国劳动法》第44条规定：“有下列情形之一的，用人单位应当按照下列标准支付高于劳动者正常工作时间工资的工资报酬；（一）安排劳动者延长工作时间的，支付不低于工资的百分之一百五十的报酬；（二）休息日安排劳动者工作又不能安排补休的，支付不低于工资的百分之二百的报酬；（三）法定休假日安排劳动者工作的，支付不低于工资的百分之三百的报酬。”

（3）加班工资计算基数的规定。劳动合同中有约定的从约定，没约定或约定不明的按实际工资作为基数。无论哪种情况，不得低于当地最低工资标准。

（4）最低工资标准中不包含加班工资。

（5）公司应注意的事项：（一）尽量在劳动合同中将加班工资基数明确；（二）出台加班制度对加班情况及加班工资支付等进行明确，尽量要体现加班审批制。

实行审批制加班的，在统计加班时间时，只统计员工编号、姓名、加班时长即可，然后将法定节假日加班时间、周末加班时间和平时加班时间分别进行统计。统计表格是为薪酬核算表生成提供数据的，没必要再统计其他信息。为方便查阅，可以将加班时间统计表做成考勤表格式。

公司人数少或加班情况少的话，可以直接在表格中输入，如果公司人数多或加班情况多的话，可以利用辅助表格，在辅助表格中输入数据再引入加班统计表中，减少输入时间。

具体操作步骤如下（假定公司员工不超过100人，月加班不超过1000人次）：

STEP 1 新建工作表。新建名为"加班输入"的工作表，在A1:D1单元格分别输入"员工编号、姓名、日期(day)、加班时长"。

按住【Ctrl】键，单击拖动"员工休假统计表"工作表标签，这样将生成一个"员工休假统计表 (2)"的工作表，双击工作表标签，重命名为"加班统计表"，并按【Enter】键确定。选中第4至100行，在【数据】选项卡【数据工具】功能区单击【数据验证】，在弹出的窗口中单击【否】按钮，如图6-17所示，弹出【数据验证】窗口后直接单击【确定】按钮。

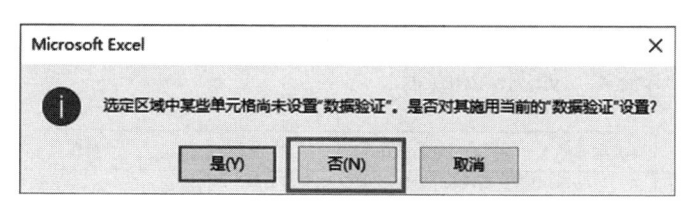

图6-17　数据验证更改

STEP 2 设计"加班统计表"结构。在加班统计表中C4单元格输入下列公式，右拉至AG4单元格。

=IF(C3<>"",WEEKDAY(DATE($B$1, $B$2,C$3),2),"")

在AH1:AJ1单元格分别输入"法定加班、周末加班、日常加班"。

合并单元格并设置边框，效果如图6-18所示。

图6-18　加班统计表结构图

STEP 3 设置条件格式。将鼠标放在数据区域，在【开始】选项卡【样式】功能区，单击【条件格式】下拉按钮，选择【管理规则】选项，弹出【条件格式规则管理器】对话框，将设置边框的条件格式规则应用范围更改为"=$A$3:$AJ$100"，如图6-19所示。双击规则，在弹出的【编辑规则格式】对话框的文本框中将公式更改为"=$A3<>"""，单击【确定】按钮。

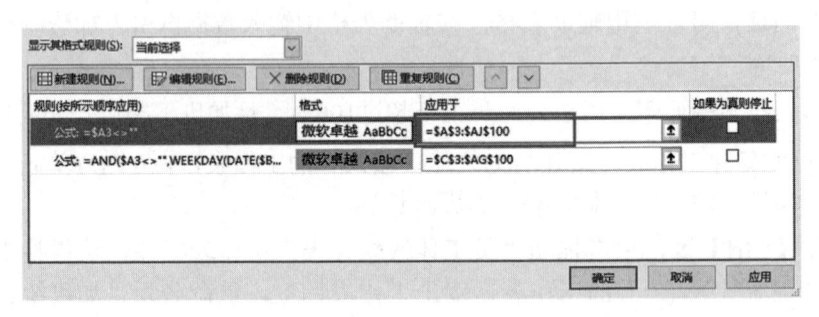

图6-19 更改条件格式规则应用范围

双击设置填充颜色的条件格式规则，在弹出的【编辑规则格式】对话框的文本框中将公式更改为"=AND($A3<>"",WEEKDAY(DATE($B$1,$B$2, C$3),2)>=6)"，单击【确定】按钮，再将【条件格式规则管理器】窗口确定。

STEP 4 编辑公式。如图6-20所示。

序号	单元格	公式	操作
1	C5	=SUMIFS(加班输入!$D:$D,加班输入!$A:$A, A5,加班输入!$C:$C, C$3)	右拉至AG列，下拉至100行
2	AH5	=SUMIF($C$4:$AG$4, 8, $C5:$AG5)	下拉至AH100单元格
3	AI5	=SUMIFS($C5:$AG5, $C$4:$AG$4, ">=6", $C$4:$AG$4, "<=7")	下拉至AI100单元格
4	AJ5	=SUMIF($C$4:$AG$4, "<6", $C5:$AG5)	下拉至AJ100单元格

图6-20 各单元格公式编辑

STEP 5 美化表格。在"加班输入"工作表中输入数据，在"加班统计表"中输入员工编号和姓名，美化表格，最终效果如图6-21所示。

图6-21 加班统计表最终效果图

每月统计数据时，在"加班输入"工作表中输入数据，更改"加班统计表"B1和B2单元格的年份和月份、更新员工编号和姓名。适逢当月有法定节假日的，在第4行对应的日期中将数字改为"8"，如果因各种节假日调休的，也可以将对应日期的星期号改为对调的星期号。每个月薪酬HR需检查一下第4行是否手动改过，再将公式改回正常状态。

如果公司对加班工时进行统计分析的话，可以每月初将上月的加班统计表保存一份数值格式的工作表，每月一个工作表，可以放在"工资数据表"工作簿中，也可以单独建一个"加班工资"的工作簿进行保存。要是仅统计加班工资的话，可以在薪酬核算表中直接统计。

6.5 薪酬核算表模板设计维护

核算薪酬是薪酬HR的主要工作之一，薪酬发放关系着员工的直接利益，不能有一丝一毫的错误，人数少的公司，直接在薪酬核算表中修改每月的数据即可，但是对于人数多的公司尤其是工资项目较多较复杂的公司，直接在薪酬核算表中修改数据可能会造成失误。

对薪酬核算还有一个重要影响是2019年1月1日实施的《中华人民共和国个人所得税法》，个人所得税实行累计预扣法，如果没有薪酬核算系统或者掌握一定方式方法，会大量增加薪酬核算人员工作量。

要实现用Excel高效核算薪酬，采用总分表结构、结合一定的公式可以实现。总分表结构是将薪酬核算表中各项目分解成多个工作表，每个工作表只核算一定的薪酬项目，从而提高效率、尽可能避免失误的发生。

薪酬核算表设计不要求有多美观，但是一定要实用，尽量将所有项目都考虑齐全，保证全年薪酬核算表结构的统一。这些都为后期数据处理提供方便。一般来说，薪酬核算表由四部分构成：

（1）员工基本信息。包含员工编号、姓名、部门、岗位等信息。

（2）考勤信息。包含应出勤、实出勤、各种假期、出差、旷工、迟到、早退等情况。

（3）薪酬基本信息。包含应发工资合计前的各项目，如基本工资、岗位工资、绩效工资、加班工资、工龄津贴、全勤奖、销售提成项目。

（4）代扣代缴信息。包含员工应承担的养老、失业、医疗、生育、公积金费用、事假、旷工、迟到、早退等免发费用等。

除此以外，薪酬核算表中还有可能会出现辅助薪酬计算或个人所得税计算的项目。

具体设计步骤如下（本例中的考勤和加班数据默认为1月份数据）：

STEP 1 新建名为"工资模板"的工作表，将前述四部分薪酬核算项目填写入第二行各单元格中，如图6-22所示，将发放薪酬人员的基本信息复制到薪酬核算表中。

个人信息				考勤部分										
员工编号	姓名	部门	岗位	应出勤	事假	病假	婚假	产假	丧假	工伤假	护理假	年休假	旷工	迟到	早退	实出勤
工资基本信息				应发工资	代扣代缴						个税辅助计算				实发工资
基本工资	岗位工资	绩效工资	工龄津贴	全勤奖		养老保险	失业保险	医疗保险	公积金	考勤免发	预缴个税	本月专项附加扣除	本月应税额	累计应税额	累计已预缴个税	

图6-22　薪酬项目

在A1单元格输入"核算月份"，选中B1单元格，在【数据】选项卡【数据工具】功能区单击【数据验证】，调出【数据验证】窗口。在【允许】下拉列表中选择【序列】选项，在【来源】文本框中输入"1,2,3,4,5,6,7,8,9,10,11,12"。单击【出错警告】选项卡，在【错误信息】文本框中输入"请在下拉菜单中选择月份，不要输入"，单击【确定】按钮，然后在下拉菜单中选择"1"。

STEP 2 考勤数据引用。将"考勤表"工作表中的相关数据引用到"工资模板"工作表中，本例中应出勤全部为21.75，在F3单元格输入下列公式，向右拖动到P2单元格。

=VLOOKUP($A3,考勤表!$A:$AR,COLUMN(AH1),0)

在Q2单元格输入公式"=E3-SUM(F3:N3)"，将F3:Q3数据区域公式向下填充。

STEP 3 绩效工资计算。假定绩效工资=标准绩效工资＊绩效考核得分÷95＊100%。

新建名为"工资信息"的工作表，将员工基本工资信息录入到此工作表中，在I2单元格输入公式"=G2/95*H2"向下填充，如图6-23所示。

	A	B	C	D	E	F	G	H	I
1	员工编号	姓名	部门	岗位	基本工资	岗位工资	标准绩效工资	绩效考核得分	绩效工资
2	GT00001	赵红花	总经办	总经理	5000	45000	21400	99.5	22413.68
3	GT00002	朱娜	财务部	经理	5000	10000	6400	99	6669.47
4	GT00003	张龙	生产部	组长	5000	2000	3000	99	3126.32
5	GT00004	孙建军	设备五金部	经理	5000	10000	6400	99	6669.47
6	GT00005	陈武	总经办	常务副总	5000	37000	18000	92	17431.58
7	GT00006	张秀权	总经办	总工程师	5000	35000	17100	91	16380.00
8	GT00009	金建科	生产部	经理	5000	12000	7300	91	6992.63
9	GT00010	刘小伟	设备五金部	组长	5000	2000	3000	89	2810.53
10	GT00011	吴谦谦	采购部	经理	5000	10000	6400	85	5726.32
11	GT00012	张立锋	技术部	经理	5000	12000	7300	89.5	6877.37

图6-23　"工资信息"工作表结构

在R2单元格输入公式,向右拖到S3单元格。

=VLOOKUP($A3,工资信息!$A:$I,COLUMN(E1),0)

在T3单元格输入公式,将R3:T3数据区域公式向下填充。

=VLOOKUP($A3,工资信息!$A:$I,9,0)

STEP 4 工龄津贴计算。假定每满1年增加200元工龄津贴,最高不超过1000元。新建名为"工龄"的工作表,将员工基本信息和工龄录入到此表中,如图6-24所示。在"工资模板"工作表U3单元格输入公式并向下填充。

=MIN(VLOOKUP(A3,工龄!$A:$F,6,0),5)*200

	A	B	C	D	E	F
1	员工编号	姓名	部门	岗位	入职时间	工龄
2	GT00001	赵红花	总经办	总经理	2008-1-4	12
3	GT00002	朱娜	财务部	经理	2008-1-6	12
4	GT00003	张龙	生产部	组长	2013-11-24	7
5	GT00004	孙建军	设备五金部	经理	2014-3-4	6
6	GT00005	陈武	总经办	常务副总	2014-4-7	6
7	GT00006	张秀权	总经办	总工程师	2014-4-7	6
8	GT00009	金建科	生产部	经理	2014-6-24	6
9	GT00010	刘小伟	设备五金部	组长	2014-9-5	6
10	GT00011	吴谦谦	采购部	经理	2014-10-16	6
11	GT00012	张立锋	技术部	经理	2014-11-30	6
	GT00013	刘波	生产部	操作工	2015-4-19	5

图6-24 "工龄"工作表结构

STEP 5 全勤奖计算。全勤奖是公司对无考勤异常情况员工的一种奖励,它是一种福利制度,以提高员工积极性。假定全月无任何迟到、早退、旷工、各种请休假者,均可享受全勤奖,全勤奖标准为500元/人.月。

在N2单元格中输入公式"=IF(SUM(F3:P3)>0,0,500)",向下填充公式。

STEP 6 加班工资计算。假定公司以"基本工资、岗位工资、绩效工资"三项之和作为加班工资基数。在O3单元格中输入公式并向下填充。

=SUM(R3:T3)/21.75/8*(SUMIF(加班统计表!$A:$A,$A3,加班统计表!AH:AH)*3+SUMIF(加班统计表!$A:$A,$A3,加班统计表!AI:AI)*2+SUMIF(加班统计表!$A:$A,$A3,加班统计表!AJ:AJ)*1.5)

STEP 7 社保公积金代扣。新建名为"社保公积金"的工作表,将员工社保公积金基础数据输入,如图6-25所示。

图6-25 "社保公积金"工作表结构

在"工资模板"工作表Y3单元格中输入下列公式,向下拖动到AB3单元格并向下填充公式。

=VLOOKUP($A3,社保公积金!$A:$H,COLUMN(E1),0)

STEP ⑧ 考勤免发设置。假定事假和旷工按实际缺勤免发工资,其他假期正常发放工资,迟到早退按50元/次考核。

在AC3单元格输入公式"=SUM(R3:T3)/21.75*(F3+N3)+(O3+P3)*50",向下填充公式。

STEP ⑨ 个人所得税计算。《中华人民共和国个人所得税法》中规定个人所得税实行累计预扣法,在Excel中仅靠一个公式是没办法计算个人所得税的,需要和辅助表格相结合,所以先讲解公式编辑,后面讲解表格如何配套使用。

新建名为"专项附加"的工作表,输入基本信息,如图6-26所示。

图6-26 "专项附加"工作表结构

在"工资模板"工作表AD3、AE3、AF3、AG3、AH3单元格分别输入公式并向下填充。

AD3=ROUND(MAX(AG3*{3;10;20;25;30;35;45}%-{0;2520;16920;31920;52920;85920;181920}-AH3,),2)

AE3 =IFERROR(VLOOKUP(A3,专项附加!A:L,12,0),0)

AF3 =X3-SUM(Y3:AC3)-5000

AG3=IF($B$1=1,AF3,IFERROR(VLOOKUP(A3,INDIRECT(TEXT($B$1-1,"00")&"月!A:AI"),33,0),0)+AF3)

=SUM(IFERROR(VLOOKUP(A3,INDIRECT(TEXT($B$1-1,"00")&"月!A:AI"),30,0),0))+SUM(IFERROR(VLOOKUP(A3,INDIRECT(TEXT($B$1-1,"00")&"月!A:AI"),34,0),0))

STEP 10 工资模板美化。在X3单元格输入公式“=SUM(R3:W3)”，在AI3单元格输入公式“=ROUND(X3-SUM(Y3:AD3),2)”，分别向下填充公式。对工作表进行美化，最终效果如图6-27所示。

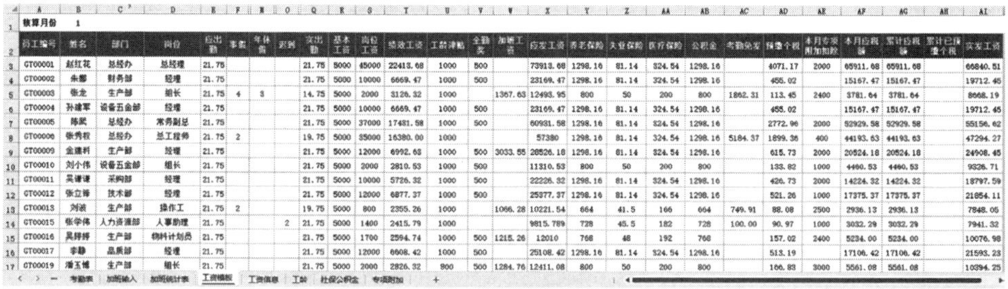

核算月份 1

员工编号	姓名	部门	岗位	应出勤	事假	年休假	迟到	实出勤	基本工资	岗位工资	绩效工资	工龄津贴	全勤奖
GT00001	赵红花	总经办	总经理	21.75				21.75	5000	45000	22413.68	1000	500
GT00002	朱鹏	财务部	经理	21.75				21.75	5000	10000	6669.47	1000	500
GT00003	张龙	生产部	组长	21.75	4	3		14.75	5000	2000	3126.32	1000	
GT00004	孙建军	设备五金部	经理	21.75				21.75	5000	10000	6669.47	1000	500
GT00005	陈武	总经办	常务副总	21.75				21.75	5000	37000	17431.58	1000	500
GT00006	张秀程	总经办	总工程师	21.75	2			19.75	5000	35000	16380.00	1000	
GT00009	金建科	生产部	经理	21.75				21.75	5000	12000	6992.63	1000	500
GT00010	刘小伟	设备五金部	组长	21.75				21.75	5000	2000	2810.53	1000	500
GT00011	吴谦谦	采购部	经理	21.75				21.75	5000	10000	5726.32	1000	500
GT00012	张立锋	技术部	经理	21.75				21.75	5000	12000	6877.37	1000	500
GT00013	刘波	生产部	操作工	21.75	2			19.75	5000	800	2355.26	1000	
GT00015	张华伟	人力资源部	人事助理	21.75			2	21.75	5000	1400	2415.79	1000	
GT00016	吴锋锋	生产部	物料计划员	21.75				21.75	5000	1700	2594.74	1000	500
GT00017	李静	品质部	经理	21.75				21.75	5000	12000	6608.42	1000	500
GT00019	潘玉博	生产部	组长	21.75				21.75	5000	2000	2826.32	900	500

员工编号	加班工资	应发工资	养老保险	失业保险	医疗保险	公积金	考勤扣款	预缴个税	本月专项附加扣除	本月应税额	累计应税额	累计已预缴个税	实发工资
GT00001		73913.68	1298.16	81.14	324.54	1298.16		4071.17	2000	65911.68	65911.68		66840.51
GT00002		23169.47	1298.16	81.14	324.54	1298.16		455.02		15167.47	15167.47		19712.45
GT00003	1367.63	12493.95	800	50	200	800	1862.31	113.45	2400	3781.64	3781.64		8668.19
GT00004		23169.47	1298.16	81.14	324.54	1298.16		455.02		15167.47	15167.47		19712.45
GT00005		60931.58	1298.16	81.14	324.54	1298.16		2772.96	2000	52929.58	52929.58		55156.62
GT00006		57380	1298.16	81.14	324.54	1298.16	5184.37	1899.36	400	44193.63	44193.63		47294.27
GT00009	3033.55	28526.18	1298.16	81.14	324.54	1298.16		615.73	2000	20524.18	20524.18		24908.45
GT00010		11310.53	800	50	200	800		133.82	1000	4460.53	4460.53		9326.71
GT00011		22226.32	1298.16	81.14	324.54	1298.16		426.73	2000	14224.32	14224.32		18797.59
GT00012		25377.37	1298.16	81.14	324.54	1298.16		521.26	1000	17375.37	17375.37		21854.11
GT00013	1066.28	10221.54	664	41.5	166	664	749.91	88.08	2500	2936.13	2936.13		7848.05
GT00015		9815.789	728	45.5	182	728	100.00	90.97	1000	3032.29	3032.29		7941.32
GT00016	1215.26	12010	768	48	192	768		157.02	2400	5234.00	5234.00		10076.98
GT00017		25108.42	1298.16	81.14	324.54	1298.16		513.19		17106.42	17106.42		21593.23
GT00019	1284.76	12411.08	800	50	200	800		166.83	3000	5561.08	5561.08		10394.25

图6-27 “工资模板”工作表最终效果图

薪酬核算表核算完成检查无误后，新建名为“01月”的工作表，将“工资模板”中的数据粘贴为数值格式到此工作表中，此表主要存档以及为工资核算提供数据支持，是必不可少的一步。后面各月分别以“02月、03月、04月、05月、06月、07月、08月、09月、10月、11月、12月”命名。需要注意的是工作表命名月份与实际月份相一致，即1月份核算的薪酬核算表命名为“01月”。

下月初核算工资时，将上月的考勤表、加班统计表、工资信息、工龄、社保公积金、专项附加等六个工作表分别更新为最新数据，“工资模板”工作表中B1单元格更新为代表当月的数字，即可完成工资核算。

6.6 薪酬核算表打印

“工资模板”表格做好以后，并不代表薪酬核算表完成，还需要调整数据格式、调整页面、页眉页脚、分部门汇总打印等，此外，还要打印工资条发给员工。

6.6.1　页面设置

"工资模板"表格中的大多数据都是通过公式得来的，稍有不慎会造成数字的更改，而且考虑还要做其他月份的工资，需要对其做进一步的处理，并且要调整为可打印的格式。

STEP① 将工资数据粘贴为数值格式。新建一个名为"工资表打印"的工作表，这个工作表可以设置表格标题、多行表头，将"工资模板"工作表中的数据粘贴为数值格式到此工作表中，如图6-28所示。

图6-28　工资打印表示例

STEP② 页面布局设置。调整列宽和行高，在没有数据的列标上面右键单击，选择【隐藏】，同时隐藏"本月专项附加扣除、本月应税额、累计应税额、累计已预缴个税"四列。

在【页面布局】选项卡【页面设置】功能区，选择【纸张方向】下拉列表中的【横向】选项，如图6-29所示，将薪酬核算表设置成横向格式。

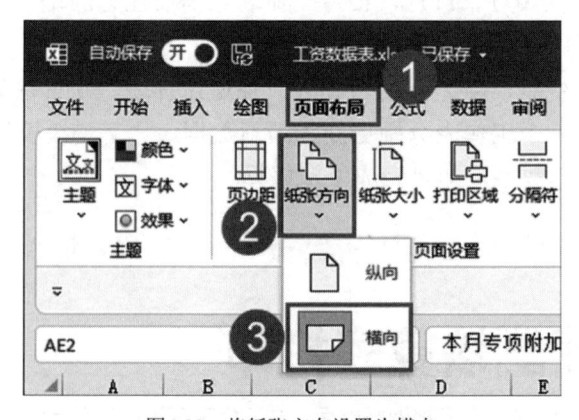

图6-29　将纸张方向设置为横向

在【页边距】下拉列表中选择【窄】选项，如图6-30所示。

单击【打印标题】，在弹出的【页面设置】对话框中，将光标放在【顶端标题行】的文本框中，选择薪酬核算表标题行整行，单击【确定】按钮，如图6-31所示。

图6-30　页边距设置

图6-31　打印标题设置

STEP ③ 页面设置。在【视图】选项卡【工作簿视图】功能区，选择【分页预览】，并将鼠标放在表格中的蓝色虚线上变成双向的箭头，向右拖动到薪酬核算表最后一列，如图6-32所示，这样就完成了薪酬核算表的页面设置。

图6-32　薪酬核算表效果图

6.6.2 页眉页脚设置

一份完整的工资表，应该还有页眉、页脚，一般页眉、页脚根据公司手册的要求设置，如页眉设置公司名称、logo。页脚设置页码，因为还要有审核签字，应该还有"制表、审核、审批"等项目。

具体设计步骤如下：

STEP 1 页眉设置。在【插入】选项卡【文本】功能区，单击【页眉和页脚】按钮页面视图会转为页面布局视图，单击"添加页眉"处会看到页眉由左、中、右三个文本框组成，在左侧的文本框中输入"GT公司"，如图6-33所示。

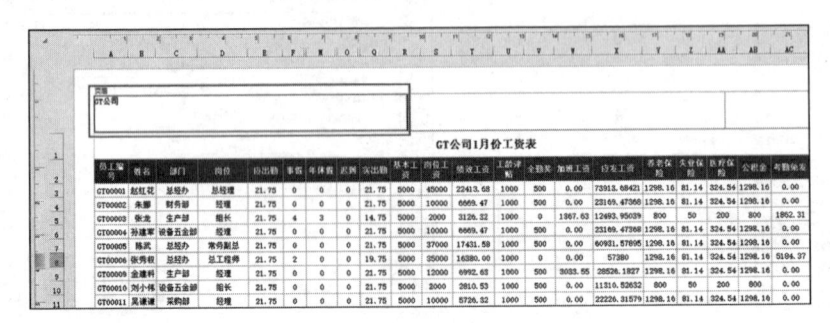

图6-33 页眉设置

STEP 2 页脚设置。页眉设置以后将鼠标向下拉到页脚位置，将鼠标放在"添加页脚"处也会看到页脚由左、中、右三个文本框组成。

在左侧的文本框中输入"制表："并按【Enter】键。

在中间的文本框中输入"审核："并按【Enter】键，在【设计】选项卡【页眉和页脚元素】功能区分别单击【页码】和【页数】按钮，然后将"&[页码]&[总页数]"改为"第&[页码]页/共&[总页数]页"，如图6-34所示。

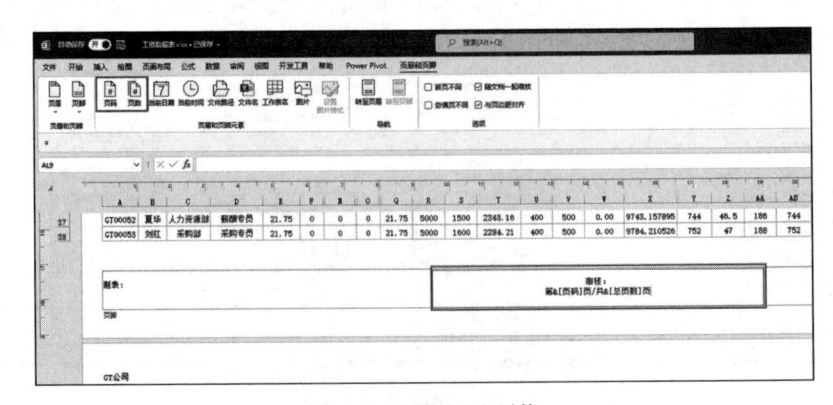

图6-34 设置页码和页数

在右侧文本框中输入"审批:."并按【Enter】键,在"审批:"与"."之间输入几个空格。这样即可完成页眉页脚设置。

6.6.3 带部门小结及数据汇总的薪酬核算表设置

薪酬核算表一般以部门为单位进行统计,这是方便统计各部门的成本,同时也方便财务入账,具体操作步骤如下:

STEP ① 排序。将光标放在"部门"列,进行升序或降序排序。这也是进行分类汇总时必须要做的一个步骤。

STEP ② 分类汇总。在【数据】选项卡【分级显示】功能区单击【分类汇总】。在弹出的【分类汇总】对话框中,【分类字段】选择【部门】,【汇总方式】选择【求和】,【选定汇总项】将应出勤到实发工资各项复选框全部勾选,并勾选【每组数据分页】前面的复选框,单击【确定】按钮,如图6-35所示。

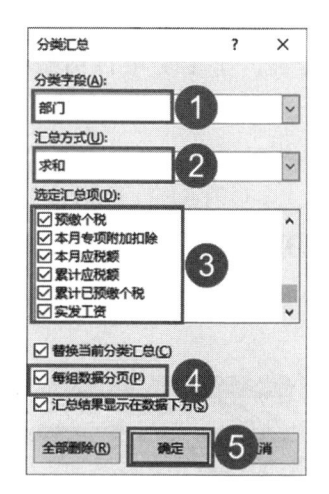

图6-35 分类汇总设置

最终效果如图6-36所示,通过打印预览会发现薪酬核算表以部门分类后汇总在一张表上。

图6-36 薪酬核算表最终效果图

6.6.4 工资条打印

工资发放以后,应该将工资条打印出来发给员工,以便让员工知晓工资明细。具体操作步骤如下：

STEP① 取消分类汇总。在【数据】选项卡【分级显示】功能区单击【分类汇总】，在弹出的【分类汇总】对话框中单击【全部删除】按钮，如图6-37所示，就可以取消分类汇总。

STEP② 新建工作表。新建名为"工资条"的工作表，将工资项目粘贴到第一行，在A2单元格输入下列公式，右拉至AI1单元格，下拉至最后一条数据为止。

=OFFSET(薪酬核算表打印!$A$3,ROW( )/3,COLUMN( )-1)

美化表格，如图6-38所示。

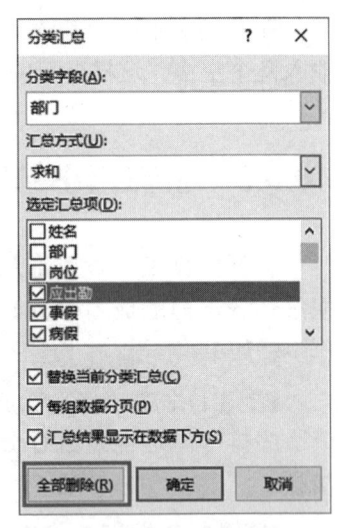

图6-37 取消分类汇总设置

图6-38 工资条效果图

6.7 销售提成计算

销售人员根据销售额会有一定的提成，提成规定也是多种多样的。如下所述：

（1）固定提成，无论销售总额多少（或达到基础销售额），提成比例是不变的。

（2）浮动提成，到达一定销售额度，总提成比例是变化的。

（3）超额阶梯提成，超过一定销售额（或完成规定的销售额）后，每超过一定的比例，超出部分再额外奖励一定比例的提成，如图6-39所示举例说明。

固定提成	浮动提成		超额阶梯提成	
	销售额	提成比例	完成比例	提成方案
提成=销售额×销售提成	销售额<50000元	2.50%	完成比例<100%	2.50%
	50000元≤销售额<80000元	3.50%	100%≤完成比例<110%	超出100%部分额外奖励1%
	80000元≤销售额<120000元	4.50%	110%≤完成比例<120%	超过110%部分额外奖励1.5%
	120000元≤销售额	6%	120%≤完成比例	超过120%部分额外奖励2.5%

图6-39　三种销售提成方式

6.7.1　浮动提成计算

具体操作步骤如下：

STEP 1 新建工作表。新建名为"销售浮动提成"的工作表，并将各项目及基础信息填入工作表中，如图6-40所示。

序号	员工编号	姓名	岗位	销售额	提成比例	销售提成
1	GT00045	周涛	总监	134500		
2	GT00069	李晓静	销售高级经理	115000		
3	GT00074	贾红雨	销售经理	120500		
4	GT00083	陈曙明	销售专员	79410		
5	GT00125	高亚博	销售专员	77880		
6	GT00132	王亚飞	销售专员	48000		

图6-40　销售浮动提成表

STEP 2 编辑公式。在F2、G2单元格输入下列公式并向下填充，最终效果如图6-41所示。

F2=LOOKUP(E2,{0;50000; 80000; 120000},{2.5;3.5;4.5;6}%)

G2=ROUND(E2*F2,2)

序号	员工编号	姓名	岗位	销售额	提成比例	销售提成
1	GT00045	周涛	总监	134500	6.0%	8070.00
2	GT00069	李晓静	销售高级经理	115000	4.5%	5175.00
3	GT00074	贾红雨	销售经理	120500	6.0%	7230.00
4	GT00083	陈曙明	销售专员	79410	3.5%	2779.35
5	GT00125	高亚博	销售专员	77880	3.5%	2725.80
6	GT00132	王亚飞	销售专员	48000	2.5%	1200.00

图6-41　销售浮动提成最终效果图

6.7.2 超额阶梯提成计算

具体操作步骤如下：

STEP 1 新建工作表。新建名为"超额阶梯提成"的工作表，并将各项目及基础信息填入工作表中，如图6-42所示。

序号	员工编号	姓名	岗位	任务	销售额	完成比例	销售提成
1	GT00045	周涛	总监	100000	134500		
2	GT00069	李晓静	销售高级经理	100000	115000		
3	GT00074	贾红雨	销售经理	100000	120500		
4	GT00083	陈曙明	销售专员	100000	79410		
5	GT00125	高亚博	销售专员	100000	77880		
6	GT00132	王亚飞	销售专员	100000	48000		

图6-42　超额阶梯提成表

STEP 2 编辑公式。在G2单元格输入公式"=F2/E2"，在H2单元格输入公式"=ROUND(SUM(TEXT(F2-{0,100000,110000,120000},"0;!0"))*{2.5,1,1.5,2.5}%),2)"，下拉至第7行，最终效果如图6-43所示。

序号	员工编号	姓名	岗位	任务	销售额	完成比例	销售提成
1	GT00045	周涛	总监	100000	134500	134.5%	4437.50
2	GT00069	李晓静	销售高级经理	100000	115000	115.0%	3100.00
3	GT00074	贾红雨	销售经理	100000	120500	120.5%	3387.50
4	GT00083	陈曙明	销售专员	100000	79410	79.4%	1985.25
5	GT00125	高亚博	销售专员	100000	77880	77.9%	1947.00
6	GT00132	王亚飞	销售专员	100000	48000	48.0%	1200.00

图6-43　超额阶梯提成最终效果图

第7章

人员结构、人事数据统计分析可视化

人事基础数据收集后，就可以对数据分析及呈现。汇总分析基础数据，需要一定的Excel操作思想和水平，通过数据分析以专业的角度将分析的数据用图表呈现出来，并应用到工作中。本章主要讲解人事数据的汇总分析及相关图表的应用。

7.1 人事数据统计分析准备

在人事信息管理工作中，数据统计分析的工作量是比较大的，对在职、入职、离职人员按部门、学历、性别、年龄、工龄进行统计分析，这样就会产生很多组合的分析方式，并且对不同时间段进行对比分析，这又增加了很多组合，同时对人事报表的统计、定员定编情况的维护分析等，仅这些工作就需要花费不少的时间。

若能在数据统计分析方面尽可能地节省时间，便可以留出足够的时间来安排其他的工作。根据基础人事数据建立一套完善的统计表格，一次操作重复使用，其他临时的数据需求就没这么大工作量了。

例如在职、入职、离职人员的结构分析在工作中是固定需要的，另外还有人事报表、定员定编情况统计表、人员流动情况等，这些可以建立相应的统计分析表格和图表，每次需要的时候打开工作表即可看到。临时需要的数据统计分析，可以用数据透视表来解决。

7.2 在职人员结构统计分析

公司人员结构分析，是对公司人力资源状况的审查，可以用来检验人力资源配置与公司业务是否匹配，它是人力资源规划的一项基础工作。人员结构分析可以从性别、学历、年龄、工龄、人员类别、职位、籍贯、婚育等维度分析，在本节中主要讲解性别、学历、年龄、工龄四方面的结构分析。

7.2.1 在职人员结构统计

对年龄进行统计时，可以分为“20岁以下、21～25岁、26～30岁、31～35岁、36～40岁、41～45岁、46～50岁、51岁以上”等几种情况统计分析。对工龄统计分析时，可以分为“0～3个月、4～6个月、7～12个月、1～3年、4～7年、8年以上”等几种情况统计。

具体操作步骤如下：

STEP 1 新建工作表。在“员工信息数据表”工作簿中新建名为“在职人员结构统计分析”的工作表，在B2单元格输入统计在职人员信息的日期，如“2020-12-31”，设计表格如图7-1所示。

在职人员结构统计分析表

统计截止日期 2020-12-31

部门	员工总数	性别		学历					年龄								工龄					
		男	女	本科	专科	中专	高中	初中	20岁以下	21-25岁	26-30岁	31-35岁	36-40岁	41-45岁	46-50岁	51岁以上	0-3个月	4-6个月	7-12个月	1-3年	4-7年	8年以上
总经办																						
生产部																						
品质部																						
采购部																						
工艺部																						
技术部																						
设备五金部																						
人力资源部																						
行政外联部																						
财务部																						
销售部																						
合计																						

序列 | 员工岗位变动表 | 员工生日统计表 | 劳动合同到期统计表 | 劳动合同续签统计表 | 在职人员信息 | 在职人员结构统计分析

图7-1 在职人员结构统计分析表

STEP 2 在职人员信息表统计。新建名为“在职人员信息”的工作表，将“员工信息表”工作表中的标题复制到这个工作表，在A2单元格输入下列公式，向下拖动到A1000单元格并向下拖动到N列。

=INDEX(员工信息表!A$2:A$999,SMALL(IF((员工信息表!$I$2:$I$999<=在职人员结构统计分析!$B$2)*((员工信息表!$M$2:$M$999="")+(员工信息表!$M$2:$M$999>在职人员结构统计分析!$B$2)),ROW($1:$998),4^10),ROW(1:1)))

将F列、I列、J列、K列、L列、M列等日期列的单元格格式调整为【短日期】格式。

在【文件】选项卡中选择【选项】，弹出【Excel选项】窗口后选择【高级】，将【在具有零值的单元格中显示零】选项取消，如图7-2所示。

图7-2　取消零值

完成后效果如7-3所示。

图7-3　在职人员信息效果

STEP 3 "序列"工作表设置。在"序列"工作表中增加年龄分段和工龄分段的内容，如图7-4所示。

	N	O	P	Q	R	S	T
1		节点	年龄分段		节点	工龄分段	
2		0	20岁以下		0	0-3个月	
3		21	21-25岁		4	4-6个月	
4		26	26-30岁		7	7-12个月	
5		31	31-35岁		12	1-3年	
6		36	36-40岁		48	4-7年	
7		41	41-45岁		96	8年以上	
8		46	46-50岁				
9		51	51岁以上				
10							

图7-4　年龄分段和工龄分段

STEP 4 年龄和工龄计算。在“在职人员信息”工作表中“出生日期”列后面新增两列，标题分别为“年龄”和“年龄分段”。

在G2、H2单元格输入下列公式并向下填充。

G2=IF(F2>0,DATEDIF(F2,在职人员结构统计分析!$B$2,"y"),"")

H2=IFERROR(VLOOKUP(G2,序列!$O$2:$P$9,2,1),"")

在“入职时间”列后面新增两列，标题分别为“工龄”和“工龄分段”。

在L2、M2单元格输入下列公式并向下填充。

L2=IF(K2>0,DATEDIF(K2,在职人员结构统计分析!$B$2,"m"),"")

M2 =IFERROR(VLOOKUP(L2,序列!$R$2:$S$7,2,1),"")

完成后效果如图7-5所示。

	A	B	C	D	E	F	G	H	I	J	K	L	M	N	O	P	Q	R
1	员工编号	姓名	部门	岗位	性别	出生日期	年龄	年龄分段	身份证号	学历	入职时间	工龄	工龄分段	转正时间	第一劳动合同到期时间	第二劳动合同到期时间	离职时间	离职原因
2	GT00001	赵红花	总经办	总经理	女	1975-2-11	45	41-45岁	130[redacted]20	本科	2008-1-4	155	8年以上	2008-4-4	2011-1-3	2016-1-2		
3	GT00002	朱娜	财务部	经理	女	1978-11-28	42	41-45岁	130[redacted]20	专科	2008-1-6	155	8年以上	2008-4-6	2011-1-5	2016-1-4		
4	GT00003	张龙	生产部	组长	男	1988-10-15	32	31-35岁	130[redacted]10	专科	2013-11-24	85	4-7年	2014-2-24	2016-11-24	2021-11-24		
5	GT00004	孙建军	设备五金部	经理	男	1965-9-28	55	51岁以上	130[redacted]10	专科	2014-3-4	81	4-7年	2014-6-4	2017-3-4	2022-3-4		
6	GT00005	陈武	总经办	常务副总	男	1978-2-6	42	41-45岁	130[redacted]10	专科	2014-4-7	80	4-7年	2014-7-7	2017-4-7	2022-4-7		
7	GT00006	张秀权	总经办	总工程师	男	1978-8-5	42	41-45岁	130[redacted]10	本科	2014-4-7	80	4-7年	2014-7-7	2017-4-7	2022-4-7		
8	GT00009	金建科	生产部	经理	男	1978-8-5	42	41-45岁	130[redacted]10	本科	2014-6-24	78	4-7年	2014-9-24	2017-6-24	2022-6-24		
9	GT00010	刘小伟	设备五金部	组长	男	1990-3-14	30	26-30岁	130[redacted]10	专科	2014-9-5	75	4-7年	2014-12-5	2017-9-5	2022-9-5		
10	GT00011	吴谦谦	采购部	经理	男	1985-1-20	35	31-35岁	130[redacted]10	专科	2014-10-16	74	4-7年	2015-1-16	2017-10-16	2022-10-16		
11	GT00012	张立锋	技术部	经理	男	1979-6-20	41	41-45岁	130[redacted]10	本科	2014-11-30	73	4-7年	2015-2-28	2017-11-30	2022-11-30		
12	GT00013	刘波	生产部	操作工	男	1989-3-1	31	31-35岁	130[redacted]10	中专	2015-4-19	68	4-7年	2015-7-19	2018-4-19	2023-4-19		
13	GT00015	张学伟	人力资源部	人事助理	男	1990-3-14	30	26-30岁	130[redacted]10	专科	2015-8-2	64	4-7年	2015-11-2	2018-8-2	2023-8-2		
14	GT00016	吴婷婷	生产部	物料计划员	女	1989-4-12	31	31-35岁	130[redacted]20	专科	2015-10-26	62	4-7年	2016-1-26	2018-10-26	2023-10-26		
15	GT00017	李静	品质部	经理	女	1966-5-3	54	51岁以上	130[redacted]20	专科	2015-11-1	61	4-7年	2016-2-1	2018-11-1	2023-11-1		
16	GT00019	潘玉博	生产部	组长	女	1990-3-7	30	26-30岁	130[redacted]20	中专	2016-1-9	59	4-7年	2016-4-9	2019-1-9	2024-1-9		
17	GT00021	赵玲玲	生产部	产线物料员	女	1992-4-29	28	26-30岁	130[redacted]20	中专	2016-4-16	56	4-7年	2016-7-16	2019-4-16	2024-4-16		

图7-5　在职人员信息效果

STEP 5 在职人员结构统计。在“在职人员结构统计分析”工作表中输入公式，如图7-6所示。

单元格	公式	操作
B5	=COUNTIF(在职人员信息!C:C,A5)	下拉至B15单元格
C5	=COUNTIFS(在职人员信息!$C:$C,$A5,在职人员信息!$E:E,C4)	右拉至D列，下拉至15行
E5	=COUNTIFS(在职人员信息!$C:$C,$A5,在职人员信息!$J:J,E4)	右拉至I列，下拉至15行
J5	=COUNTIFS(在职人员信息!$C:$C,$A5,在职人员信息!$H:H,J4)	右拉至Q列，下拉至15行
R5	=COUNTIFS(在职人员信息!$C:$C,$A5,在职人员信息!$M:M,R4)	右拉至W列，下拉至15行
B16	=SUM(B5:B15)	右拉至W列

图7-6　公式输入

STEP 6 表格美化。取消零值，调整表格，最终效果如图7-7所示。

在职人员结构统计分析表

统计截止日期　2020-12-31

部门	员工总数	性别		学历					年龄								工龄					
		男	女	本科	专科	中专	高中	初中	20岁以下	21-25岁	26-30岁	31-35岁	36-40岁	41-45岁	46-50岁	51岁以上	0-3个月	4-6个月	7-12个月	1-3年	4-7年	8年以上
总经办	4	3	1	3	1									3		1			1		2	1
生产部	42	24	18	3	14	14	6	5		3	8	23	4	3	1		7	5	5	17	8	
品质部	8	3	5	2	6						2	6				1	1	1	1	4	1	
采购部	4	1	3	1	3							4							2	1	1	
工艺部	6	4	2	6								2	2	1	1				1	4	1	
技术部	5	2	3	4	1						1	2	1	1			1			3	1	
设备五金部	6	6			2	2	2			1	3	1				1	1		1	2	2	
人力资源部	5	2	3	2	3						1	1	3				1			2	2	
行政外联部	7	3	4	2	2			3		1	2	1	1	1		1	2		1	3	1	
财务部	5		5	1	4							3	1	1					1	3		1
销售部	7	5	2	4	3						3	2	1	1			2		1	4		
合计	99	53	46	28	39	16	8	8		5	20	44	13	11	2	4	15	6	14	43	19	2

序列　员工岗位变动表　员工生日统计表　劳动合同到期统计表　劳动合同续签统计表　在职人员信息　在职人员结构统计分析

图7-7　在职人员结构统计分析表最终效果图

如果Excel版本可以使用Filter函数，在 STEP 2 中统计在职人员信息时A2单元格输入公式，按<Enter>键确定。

=FILTER(员工信息表!A2:$N$999,(员工信息表!$I$2:$I$999<=在职人员结构统计分析!$B$2)*((员工信息表!$M$2:$M$999="")+(员工信息表!$M$2:$M$999>在职人员结构统计分析!$B$2)))

然后在表格最后统计“年龄和年龄分段、工龄和工龄分段”，如图7-8所示。

员工编号	姓名	部门	岗位	性别	出生日期	身份证号	学历	入职时间	转正时间	第一劳动合同到期时间	第二劳动合同到期时间	离职时间	离职原因	年龄	年龄分段	工龄	工龄分段
GT00001	赵红花	总经办	总经理	女	1975-2-11	130[redacted]20	本科	2008-1-4	2008-4-4	2011-1-3	2016-1-2						
GT00002	朱娜	财务部	经理	女	1978-11-28	130[redacted]20	专科	2008-1-6	2008-4-6	2011-1-5	2016-1-4						
GT00003	张龙	生产部	组长	男	1988-10-15	130[redacted]10	专科	2013-11-24	2014-2-24	2016-11-24	2021-11-24						
GT00004	孙建军	设备五金部	经理	男	1965-9-28	130[redacted]10	专科	2014-3-4	2014-6-4	2017-3-4	2022-3-4						
GT00005	陈武	总经办	常务副总	男	1978-2-6	130[redacted]10	专科	2014-4-7	2014-7-7	2017-4-7	2022-4-7						
GT00006	张秀权	总经办	总工程师	男	1978-8-5	130[redacted]10	本科	2014-4-7	2014-7-7	2017-4-7	2022-4-7						
GT00009	金建科	生产部	经理	男	1978-8-5	130[redacted]10	本科	2014-6-24	2014-9-24	2017-6-24	2022-6-24						
GT00010	刘小伟	设备五金部	组长	男	1990-3-14	130[redacted]10	专科	2014-9-5	2014-12-5	2017-9-5	2022-9-5						
GT00011	吴谦谦	采购部	经理	男	1985-1-20	130[redacted]10	专科	2014-10-16	2015-1-16	2017-10-16	2022-10-16						
GT00012	张立铎	技术部	经理	男	1979-6-20	130[redacted]10	本科	2014-11-30	2015-2-28	2017-11-30	2022-11-30						
GT00013	刘波	生产部	操作工	男	1989-3-1	130[redacted]10	中专	2015-4-19	2015-7-19	2018-4-19	2023-4-19						
GT00015	张举伟	人力资源部	人事助理	男	1990-3-14	130[redacted]10	专科	2015-8-2	2015-11-2	2018-8-2	2023-8-2						
GT00016	吴婷婷	生产部	物料计划员	女	1989-4-12	130[redacted]20	专科	2015-10-26	2016-1-26	2018-10-26	2023-10-26						

图7-8　Filter函数统计信息

知识点讲解

1.DATEDIF( )函数

函数含义及说明

计算两个日期相差的年数、月数或天数。

语法及说明

DATEDIF(start_date,end_date,unit)

start_date是必需的。表示给定期间的第一个或开始日期的日期。

end_date是必需的。用于表示时间段的最后一个（即结束）日期的日期。

unit要返回的信息类型，总共是六种类型，其中：

"Y"，一段时期内的整年数。

"M"，一段时期内的整月数。

"D"，一段时期内的天数。

"MD"，start_date与end_date之间天数之差。忽略日期中的月份和年份。

"YM"，start_date与end_date之间月份之差。忽略日期中的天和年份。

"YD"，start_date与end_date的日期部分之差。忽略日期中的年份。

语法解释

DATEDIF(开始日期,结束日期,返回类型)

示例

如图7-9所示。

开始日期	结束日期	unit					
		"Y"	"M"	"D"	"MD"	"YM"	"YD"
2018-2-8	2020-5-1	2	26	813	23	2	82
2016-11-17	2020-5-1	3	41	1261	14	5	165
2017-7-11	2020-5-1	2	33	1025	20	9	294
2015-3-3	2020-5-1	5	61	1886	28	1	59
2018-4-22	2020-5-1	2	24	740	9	0	9
2019-10-5	2020-5-1	0	6	209	26	6	209
2020-3-20	2020-5-1	0	1	42	11	1	42

图7-9　DATEDIF( )函数示例

2.FILTER( )函数

函数含义及说明

可以基于定义的条件筛选一系列数据。

FILTER(数据区域,筛选条件,[无满足条件的记录时返回的值])

示例

如图7-10所示。

	A	B	C	D	E	F	G	H	I	J	K
1	员工编号	姓名	部门	岗位	性别		要求：筛选生产部的所有男性员工				
2	GT00001	赵红花	总经办	总经理	女		员工编号	姓名	部门	岗位	性别
3	GT00002	朱娜	财务部	经理	女		GT00003	张龙	生产部	组长	男
4	GT00003	张龙	生产部	组长	男		GT00009	金建科	生产部	经理	男
5	GT00004	孙建军	设备五金部	经理	男						
6	GT00005	陈武	总经办	常务副总	男		G3单元格公式				
7	GT00006	张秀权	总经办	总工程师	男		=FILTER(A2:E13,(C2:C13="生产部")*(E2:E13="男"))				
8	GT00007	张丽	生产部	生产主管	女						
9	GT00008	吴军杰	总经办	生产副总	男						
10	GT00009	金建科	生产部	经理	男						
11	GT00010	刘小伟	设备五金部	组长	男						
12	GT00011	吴谦谦	采购部	经理	男						
13	GT00012	张立锋	技术部	经理	男						

图7-10　FILTER( )函数示例

> **TIP 本小节中公式说明**
>
> =FILTER(员工信息表!A2:$N$999,(员工信息表!$I$2:$I$999<=在职人员结构统计分析!$B$2)*((员工信息表!$M$2:$M$999="")+(员工信息表!$M$2:$M$999>在职人员结构统计分析!$B$2)))
>
> 员工信息表!$M$2:$M$999=""，M列为空代表当前在职人员，这个公式生成TRUE和FALSE的数组。
>
> 员工信息表!$M$2:$M$999>在职人员结构统计分析!$B$2，M列的离职日期大于"2020-12-31"，代表统计日期"2020-12-31"后离职人员，在统计时应计入在职人员，这个公式生成TRUE和FALSE的数组。
>
> (员工信息表!$M$2:$M$999="")+(员工信息表!$M$2:$M$999>在职人员结构统计分析!$B$2)，表示当前在职人员和统计日期"2020-12-31"后离职的人员。
>
> 员工信息表!$I$2:$I$999<=在职人员结构统计分析!$B$2，表示入职日期小于统计日期"2020-12-31"的人员。
>
> (员工信息表!$I$2:$I$999<=在职人员结构统计分析!$B$2)*((员工信息表!$M$2:$M$999="")+(员工信息表!$M$2:$M$999>在职人员结构统计分析!$B$2))，表示入职日期小于统计日期"2020-12-31"而且当前在职或离职日期大于统计日期"2020-12-31"的人员。

7.2.2 在职人员结构分析图表呈现

具体设计步骤如下：

STEP① 下拉菜单设置。光标定位在J21单元格，调出【数据验证】窗口，在【允许】下拉列表中选择【序列】，鼠标定位在【来源】文本框中，选择A5:A16数据区域，如图7-11所示，单击【确定】按钮。

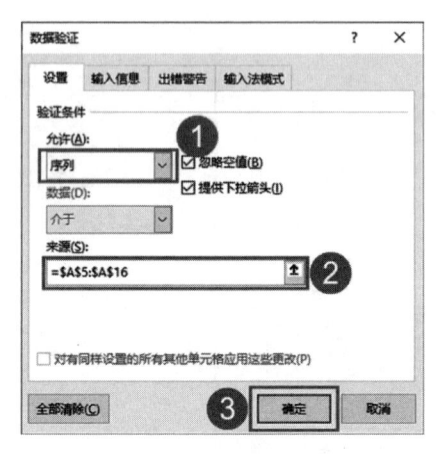

图7-11 下拉菜单设置

在下拉菜单中任意选择一个部门，在J20单元格输入公式"=VLOOKUP(J21,A5:B16,2,0)"。

STEP② 设置辅助数据。复制C3:W4数据区域的标题，在C23单元格粘贴，在C25单元格输入公式=VLOOKUP($J$21,$A$5:$W$16,COLUMN(C1),0)，向右拖动到W列，效果如图7-12所示。

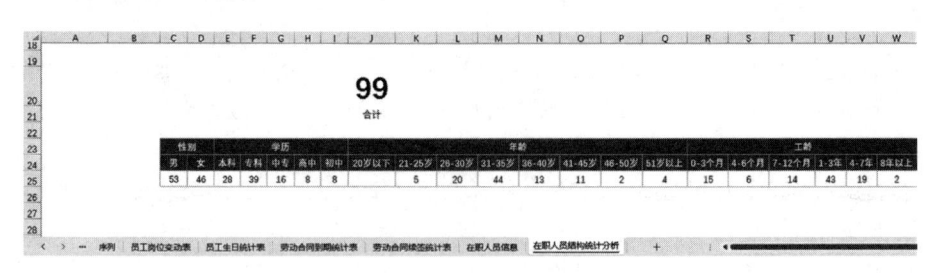

图7-12 辅助数据效果

STEP③ 部门人数图表设置。选中A5:B16数据区域，在【插入】选项卡【图表】功能区，选择【插入柱形图或条形图】下拉列表中【簇状条形图】，如图7-13所示。

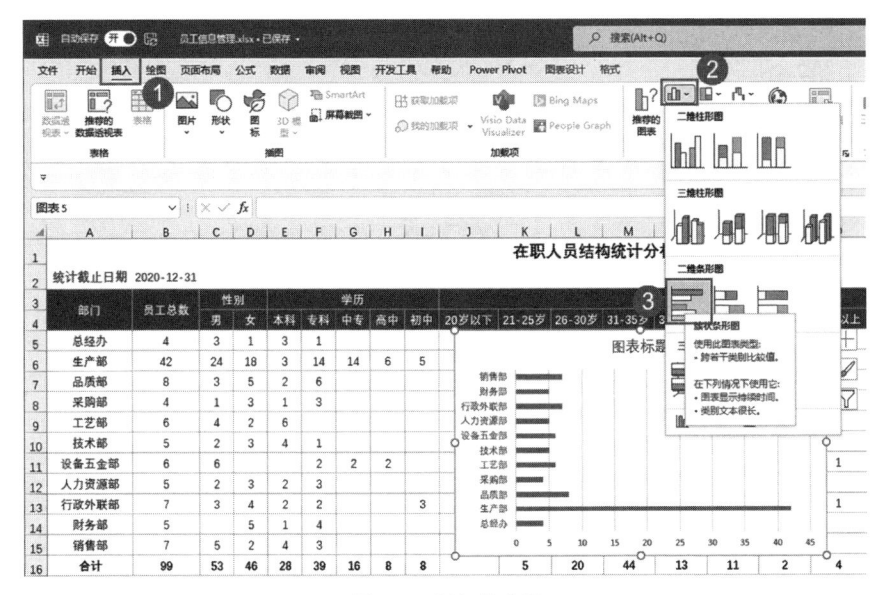

图7-13　插入条形图

双击图表垂直轴，在右侧窗格中【坐标轴选项】中勾选【逆序类别】，如图7-14所示。

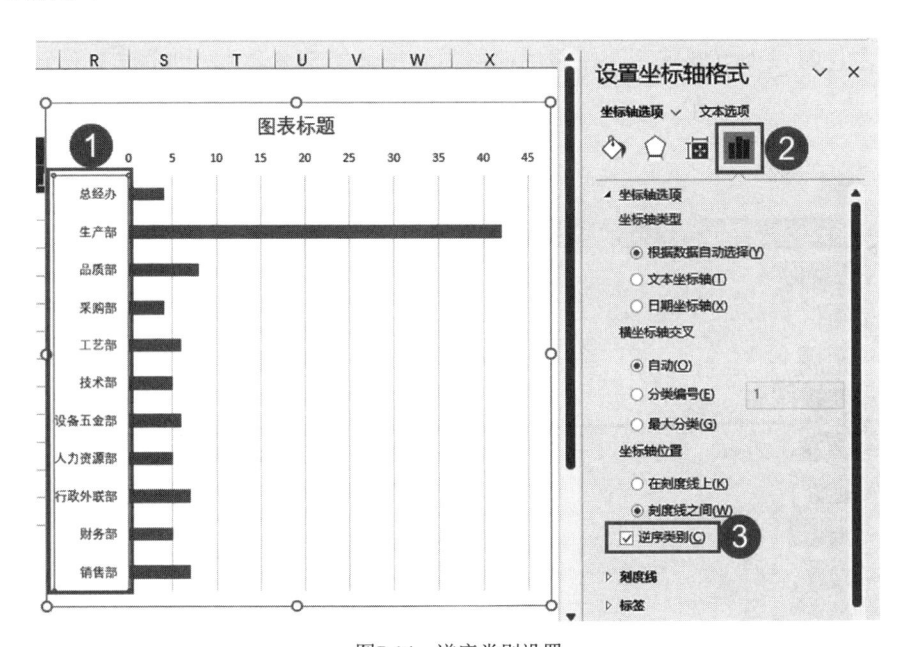

图7-14　逆序类别设置

单击任意柱形，右侧窗格会自动调整为【设置数据系列格式】，设置【间隙宽度】为50%，如图7-15所示。

单击图表,在图表右上角依次单击【图表元素】→【数据标签】→【数据标签外】,如图7-16所示。

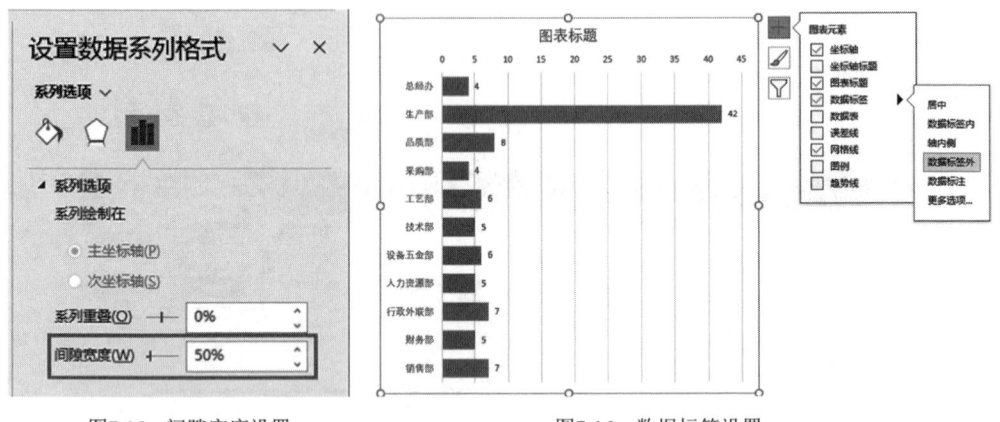

图7-15 间隙宽度设置

图7-16 数据标签设置

修改图表标题、删除水平(值)轴和网格线,调整美化,最终效果如图7-17所示。

STEP ④ 性别分析图表设置。选中C24:D25数据区域,插入饼图,设置【数据标签】为【最佳位置】。

双击任意一个数据标签,在右侧窗格中勾选【类别名称】,如图7-18所示。

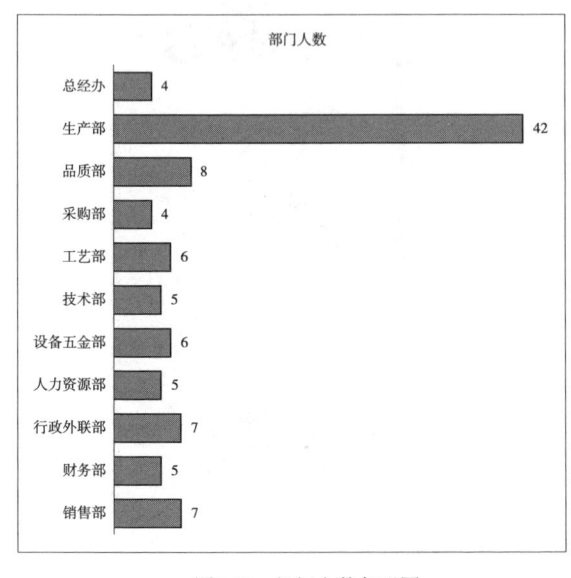

图7-17 部门人数条形图

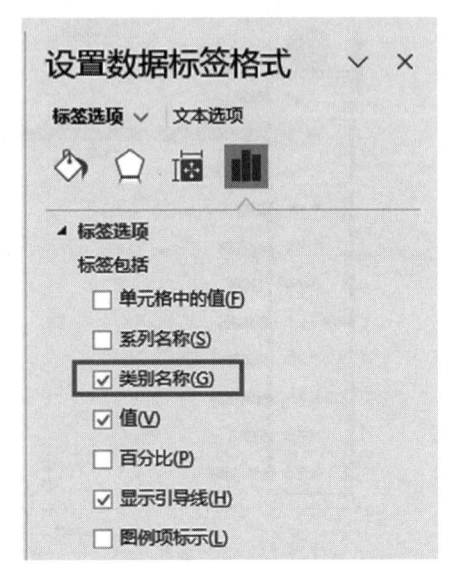

图7-18 类别名称设置

修改图表标题、删除图例,调整美化,最终效果如图7-19所示。

STEP ⑤ 学历分析图表设置。选中E24:I25数据区域，插入柱形图，设置【数据标签】为【数据标签外】。

修改图表标题、删除网格线和垂直(值)轴，设置【间隙宽度】为80%，调整美化，最终效果如图7-20所示。

图7-19 性别分析图表

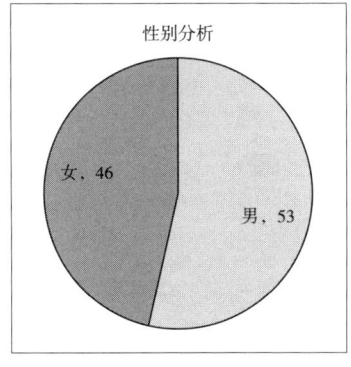

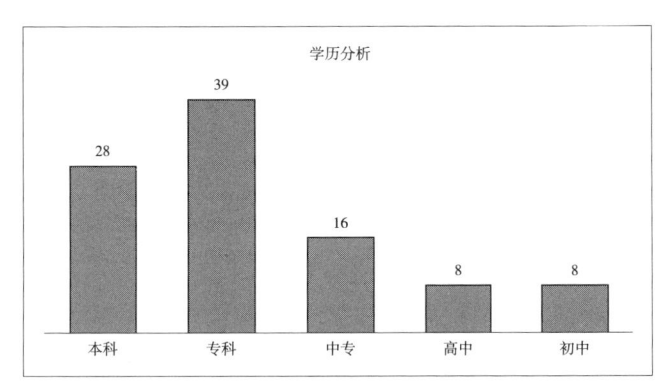

图7-20 学历分析图表

STEP ⑥ 年龄和工龄分析图表设置。分别选中J24:O25和R24:W25数据区域，分别插入柱形图。

单击学历分析图表，按组合键【Ctrl+C】。

单击年龄分析图表，在【开始】选项卡【剪贴板】功能区【粘贴】下拉列表中选择【选择性粘贴】，在【选择性粘贴】窗口中选择【格式】，如图7-21所示，单击【确定】按钮。

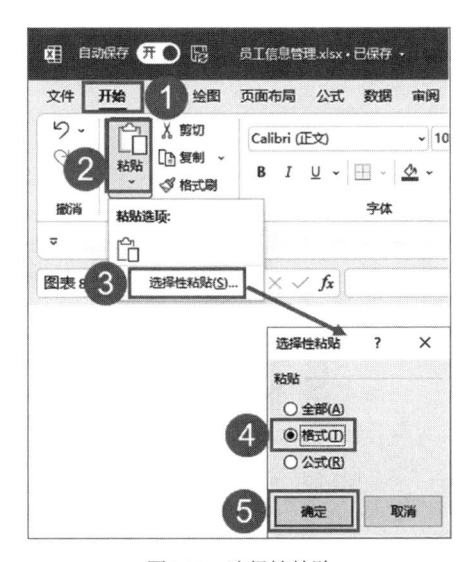

图7-21 选择性粘贴

同样操作设置工龄分析图表，完成后效果如图7-22所示。

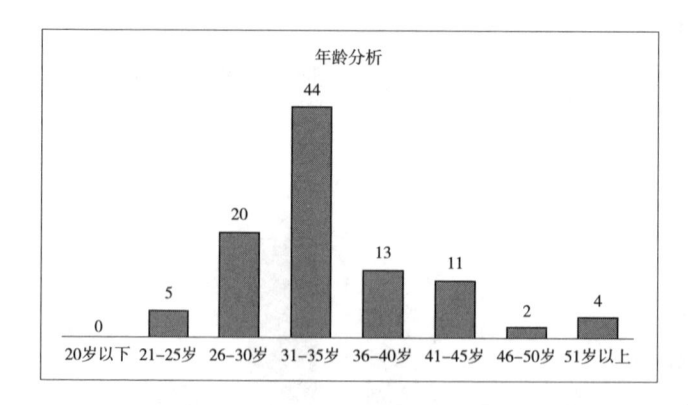

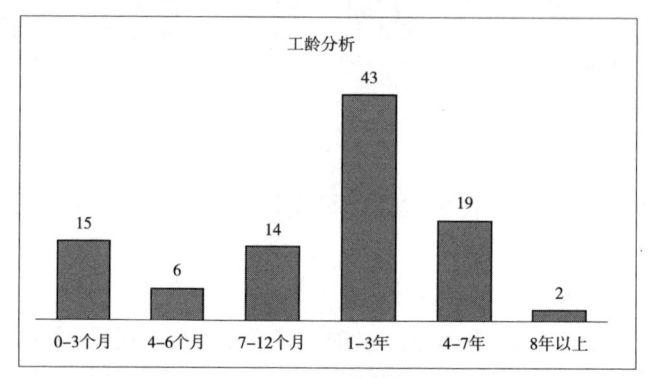

图7-22 年龄和工龄分析图表

STEP 7 形成图表看板。将生成的各个分析图表重新调整位置，最终效果如图7-23所示。

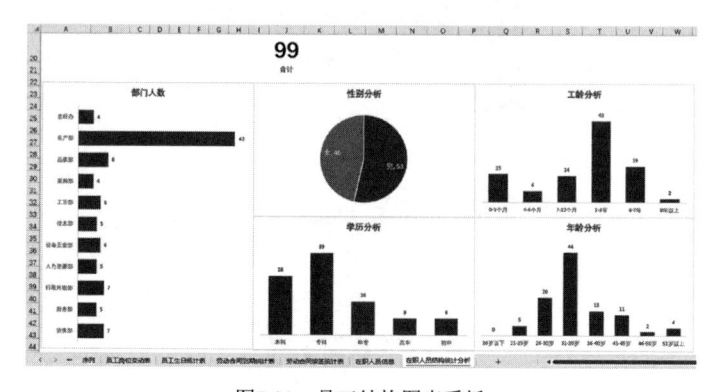

图7-23 员工结构图表看板

需要截止到某个日期的结构分析时，只需要在B2单元格修改截止日期，在J21单元格下拉菜单中选择各部门可以员工结构分析。

7.3 入职、离职人员结构分析图表呈现

入职、离职人员结构分析是分析人员流动过程中人力资源结构的变化对比，对HR来说更多的是对离职人员的分析，以期找出离职的原因，并针对性地改善工作，降低用工成本，提高公司效益。

入职、离职人员结构统计分析在一张工作表中操作，具体操作步骤如下：

STEP① 新建工作表。 新建名为"入离职结构分析"的工作表，设计表格内容如图7-24所示。

图7-24 入职离职人员统计分析表

在K2单元格设置下拉菜单，调出【数据验证】窗口，设置如图7-25所示，【来源】文本框中内容为"入职,离职"。

在下拉菜单中选择"入职"，M2和O2单元格分别输入"2020-1-1"和"2020-12-31"。

STEP② 入职离职人员信息统计。 新建名为"入离职人员信息"的工作表，将"员工信息表"工作表中的标题复制到这个工作表，在A2单元格输入公式，向下拖动到A1000单元格并向下拖动到N列。

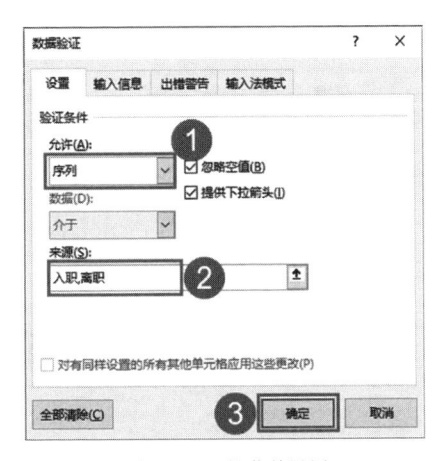

图7-25 下拉菜单设置

=IFERROR(INDEX(员工信息表!A$2:A$999,SMALL(IF(IF(入离职结构分析!$K$2="入职",(员工信息表!$I$2:$I$999>=入离职结构分析!$M$2)*(员工信息表!$I$2:$I$999<=入离职结构分析!$O$2),(员工信息表!$M$2:$M$999>=入离职结构分析!$M$2)*(员工信息表!$M$2:$M$999<=入离职结构分析!$O$2)),ROW($1:$998),4^10),ROW(1:1))),"")

将F列、I列、J列、K列、L列、M列等日期列的单元格格式调整为【短日期】格式，取消零值，完成后效果如图7-26所示。

图7-26　入离职信息表效果

STEP ③ 年龄和工龄计算。在"入离职人员信息"工作表中"出生日期"列后面新增两列，标题分别为"年龄"和"年龄分段"。

在G2、H2单元格输入下列公式并向下填充。

G2=IF(F2<>"",DATEDIF(F2,IF(O2>0,MIN(O2,入离职结构分析!$O$2),入离职结构分析!$O$2),"Y"),"")

H2 =IFERROR(VLOOKUP(G2,序列!$O$2:$P$9,2,1),"")

在"入职时间"列后面新增两列，标题分别为"工龄"和"工龄分段"。

在L2、M2单元格输入下列公式并向下填充。

L2=IF(Q2<>"",DATEDIF(K2,IF(Q2>0,MIN(Q2,入离职结构分析!$O$2),入离职结构分析!$O$2),"M"),"")

M2 =IFERROR(VLOOKUP(L2,序列!$R$2:$S$7,2,1),"")

完成后效果如图7-27所示。

图7-27　入离职信息效果

STEP ④ 入离职结构统计。在"入离职结构分析"工作表中输入公式，具体如图7-28所示。

单元格	公式	操作
B5	=COUNTIF(入离职信息!C:C,A5)	下拉至B15单元格
C5	=COUNTIFS(入离职信息!$C:$C,$A5,入离职信息!$E:E,C4)	右拉至D列，下拉至15行
E5	=COUNTIFS(入离职信息!$C:$C,$A5,入离职信息!$J:J,E4)	右拉至I列，下拉至15行
J5	=COUNTIFS(入离职信息!$C:$C,$A5,入离职信息!$H:H,J4)	右拉至Q列，下拉至15行
R5	=COUNTIFS(入离职信息!$C:$C,$A5,入离职信息!$M:M,R4)	右拉至W列，下拉至15行
B16	=SUM(B5:B15)	右拉至W列

图7-28　公式输入

STEP ⑤ 图表设置。参照7.2.2小节的操作步骤，设置单元格和图表，完成后如图7-29所示。

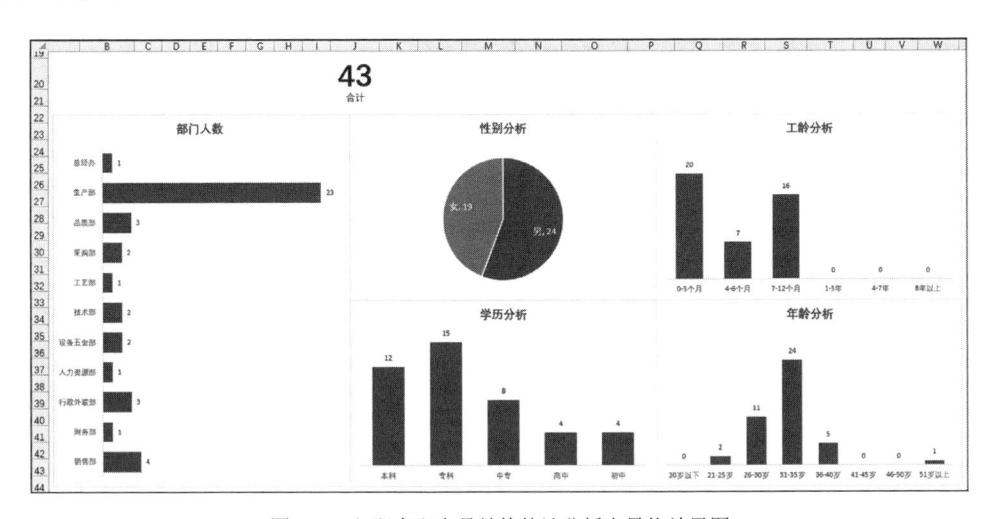

图7-29　入职离职人员结构统计分析表最终效果图

> **TIP 本小节公式说明**
>
> （1）=IF(F2<>"",DATEDIF(F2,IF(O2>0,MIN(O2,入离职结构分析!$O$2),入离职结构分析!$O$2),"Y"),"")
>
> 插入"年龄"和"年龄分段"两列后，O列为"离职时间"列。
>
> MIN(O2,入离职结构分析!$O$2)，离职日期和"入离职结构分析"工作表中的O2单元格（结束日期"2020-12-31"）相比较，取最小值。

IF(O2>0,MIN(O2,入离职结构分析!$O$2),入离职结构分析!$O$2)，当O2大于0时（代表当前时间员工已离职），返回员工离职时间和统计结束时间"2020-12-31"的最小值，否则（当前时间员工未离职）返回统计结束时间"2020-12-31"。

DATEDIF(F2,IF(O2>0,MIN(O2,入离职结构分析!$O$2),入离职结构分析!$O$2),"Y")，代表在统计结束日期"2020-12-31"这个时间点上，员工未离职的，计算在这个时间点员工的年龄；员工已离职的，计算员工在离职那一天的年龄。

最外边的IF函数，用来判断公式当前行是否有员工信息。

（2）=IF(Q2<>"",DATEDIF(K2,IF(Q2>0,MIN(Q2,入离职结构分析!$O$2),入离职结构分析!$O$2),"M"),"")

插入"工龄"和"工龄分段"两列后，Q列为"离职时间"列。

此公式思路与上一个公式思路一致，代表在统计结束日期"2020-12-31"这个时间点上，员工未离职的，计算在这个时间点员工的工龄；员工已离职的，计算员工在离职那一天的工龄。

7.4 人员流动情况分析

人员流动情况分析是完全有必要的，它是企业从多维度、多指标中分析人员流动情况，分析员工离职的根本原因，从而发掘出企业在日常管理中的问题加以改善。因为公司大小不同、人员流动情况不同、公司关注人员流动的侧重点不同、HR的思维习惯等，所以对人员流动情况分析在维度和指标上会体现出差异。本节主要是讲解基本的人员流动数据汇总分析。

指标解释：

人员流失率=离职人数÷（期初人数+入职人数）÷100%

人员流动率=（流入人数+流出人数）÷（期初人数+入职人数）÷100%

7.4.1 人员流动情况统计分析

具体设计步骤如下：

STEP 1 新建工作表。新建名为"人员流动分析"的工作表，并设计表格结构，如图7-30所示。

图7-30 人员流动情况统计表

STEP ②下拉菜单设置。在B2单元格设置下拉菜单，调出【数据验证】窗口，设置如图7-31所示，【来源】文本框中内容为"2018,2019,2020,2021,2022,2023"，设置完成后在下拉菜单中选择"2020"。

STEP ③月份设置。在B3单元格输入公式"=DATE($B$2,COLUMN(B1)/2,1)"，向右拖动到Y3单元格。

选中Z3:AA3数据区域，单击【格式刷】，然后用格式刷选中B3:Y3数据区域。

按组合键【Ctrl+1】调出【设置单元格格式】窗口，在【自定义】的【类型】文本框中输入"M月"，如图7-32所示，单击【确定】按钮。

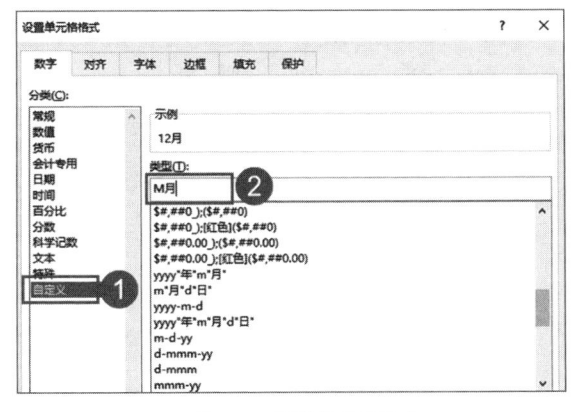

图7-31 下拉菜单设置　　　　图7-32 设置单元格格式

完成后效果如图7-33所示。

STEP ④编辑公式。在B5、C5单元格分别输入下列公式，并下拉至16行，右拉至Y列。

B5=COUNTIFS(员工信息表!$C:$C,$A5,员工信息表!$I:$I,">="&B$3,员工信息表!$I:$I,"<="&EOMONTH(B$3,0))

图7-33 人员流动情况统计表效果

C5=COUNTIFS(员工信息表!$C:$C,$A5,员工信息表!$M:$M,">="&C$3,员工信息表!$M:$M,"<="&EOMONTH(C$3,0))

在Z5、AA5单元格分别输入公式如下，并下拉至16行。

Z5=SUMIF($B$4:$Y$4,Z$4,$B5:$Y5)

AA5=SUMIF($B$4:$Y$4,AA$4,$B5:$Y5)

对B16:Y16数据区域求和，效果如图7-34所示。

图7-34 人员流动情况统计表效果图

STEP ⑤ 月度人员流动情况辅助表格设置。在B21、D21、F21三个单元格分别输入"月份、入职、离职"，在B20设置下拉菜单，下拉菜单内容为"1,2,3,4,5,6,7,8,9,10,11,12,全年"，选择"全年"。

在A23:C23三个单元格分别输入"部门、入职、离职"，将A5:A15数据区域内容复制到A24单元格。

在B24和C24单元格分别输入下列公式，并双击向下填充公式：

B24=VLOOKUP($A24,$A$5:$AA$16,IF($B$20="全年",13,$B$20)*2,0)

C24=-VLOOKUP($A24,$A$5:$AA$16,IF($B$20="全年",13,$B$20)*2+1,0)

在D20和F20单元格分别输入下列公式，效果如图7-35所示。

D20=SUM(B24:B34)

F20=-SUM(C24:C34)

STEP ⑥ 月度人员流动情况分析图表设置。选中A23:C34数据区域，插入条形图。双击任意条形，在右侧窗格中设置【系列重叠】和【间隙宽度】分别为100%和50%，如图7-36所示。

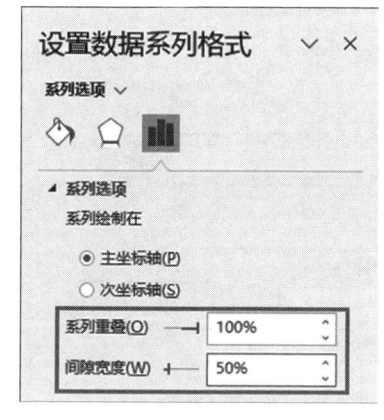

图7-35　辅助内容效果图　　　　图7-36　数据系列格式设置

单击垂直（类别）轴，在右侧窗格中勾选【逆序类别】，设置【标签位置】为【低】，如图7-37所示。

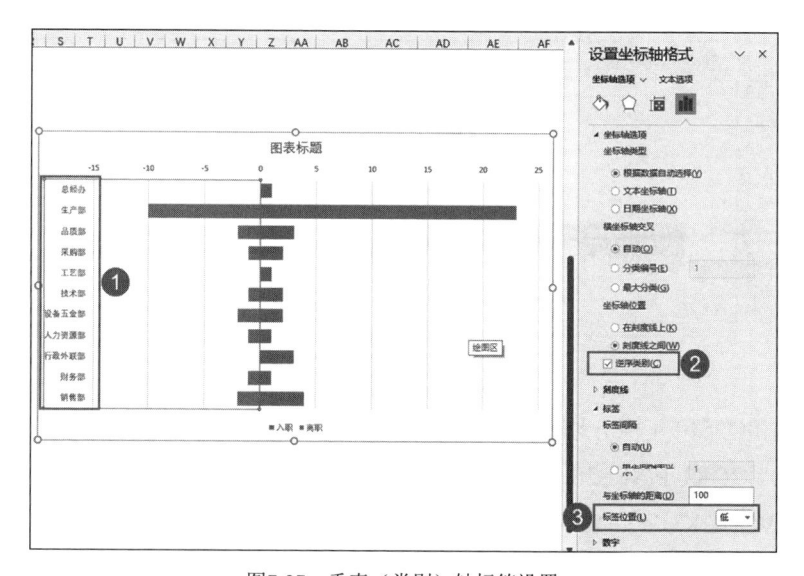

图7-37　垂直（类别）轴标签设置

设置数据标签为【数据标签外】，单击入职系列的数据标签，在右侧窗格中选择【类别】中的【自定义】，在【格式】代码中输入"0;0;;"，单击【添加】按钮，如图7-38所示。同样操作，设置离职系列的数据标签。

修改图表标题、网格线、横坐标轴，美化图表和表格，效果如图7-39所示。

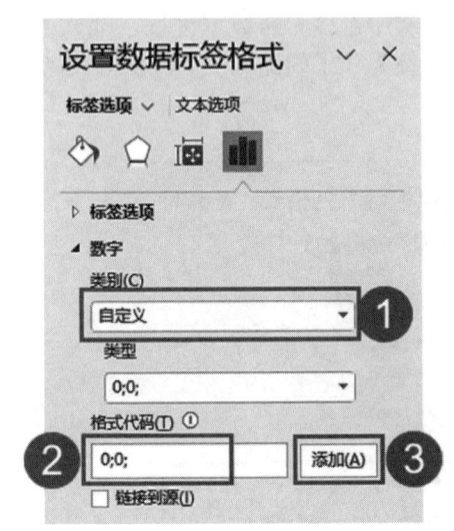

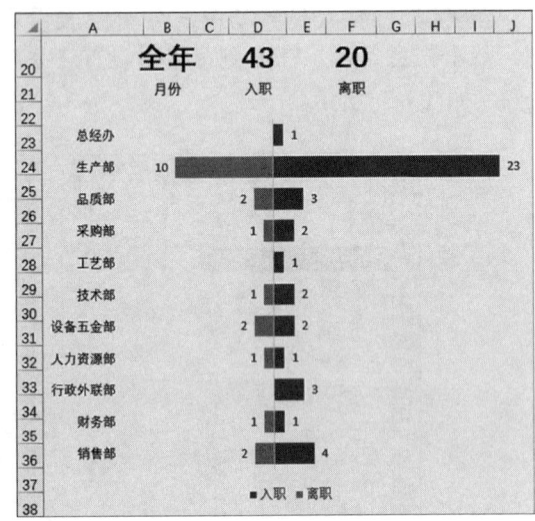

图7-38 数字类型设置

图7-39 人员流动情况分析图

STEP ⑦ 部门人员流动辅助表格设置。合并R21:S21数据区域，输入"部门"，合并R20:S20数据区域，设置下拉菜单，【来源】文本框中选择A5:A16数据区域，然后在下拉菜单中选择"全年"。然后设置各单元格内容，如图7-40所示。

图7-40 辅助表格效果

在O24和O25单元格分别输入下列公式，向右填充公式到Z列：

O24=VLOOKUP($R$20,$A$5:$AA$16,COLUMN(A1)*2,0)

O25=-VLOOKUP($R$20,$A$5:$AA$16,COLUMN(A1)*2+1,0)

在U20和W20单元格分别输入下列公式：

U20=SUM(O24:Z24)

W20=-SUM(O25:Z25)

STEP 8 部门人员流动分析图表设置。选中N23:Z25数据区域，插入柱形图。双击任意柱形，在右侧窗格中设置【系列重叠】和【间隙宽度】分别为100%和50%。

设置水平（类别）轴【标签位置】为【低】，如图7-41所示。

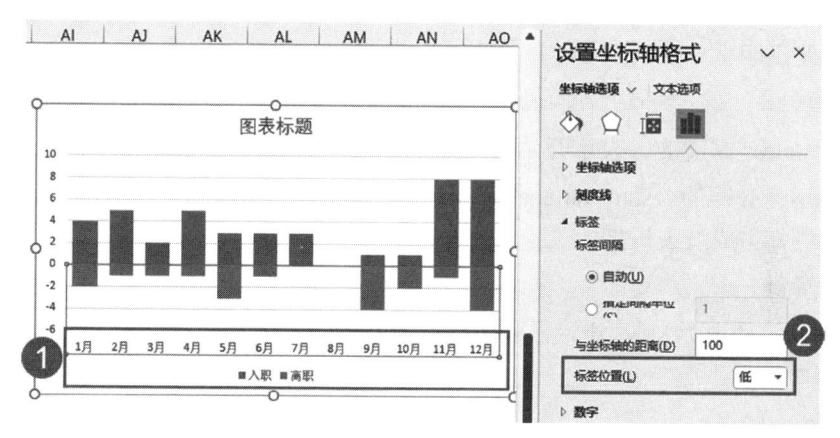

图7-41 水平（类别）轴标签设置

设置数据标签为【数据标签外】，将入职和离职两个系列的数据标签数字格式类型设置为【自定义】，代码为"0;0;;"。

修改图表标题、网格线、垂直坐标轴，美化图表和表格，效果如图7-42所示。

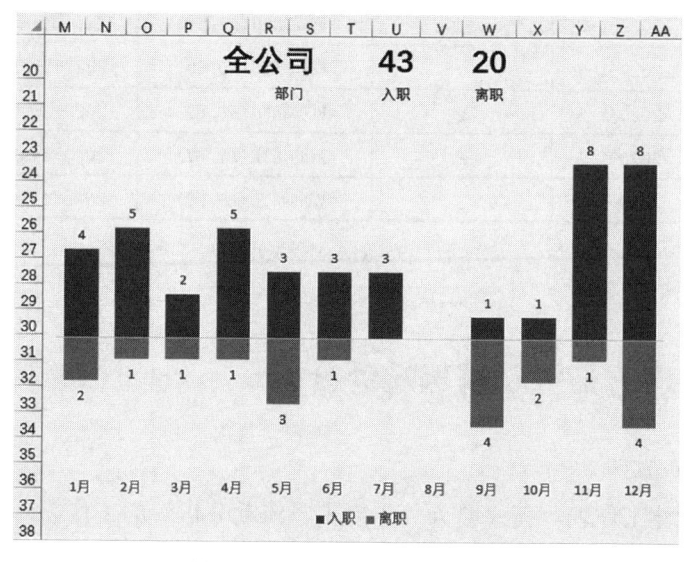

图7-42 月度人员流动情况分析图

知识点讲解

EOMONTH( )函数

函数含义及说明

返回某个日期之前或之后几个月数后的该月份最后一天。

语法及说明

EOMONTH(start_date, months)

Start_date是必需的。表示开始日期的日期。

Months是必需的。start_date 之前或之后的月份数。months为正值将生成未来日期；为负值将生成过去日期。

语法解释

EOMONTH(开始日期,开始日期之前或之后的月份数)

示例

如图7-43所示。

A 开始日期	B 之前或之后月数	C 公式	D 结果
2020-1-3	-3	=EOMONTH(A2,B2)	2019-10-31
2020-1-3	-2	=EOMONTH(A3,B3)	2019-11-30
2020-1-3	-1	=EOMONTH(A4,B4)	2019-12-31
2020-1-3	0	=EOMONTH(A5,B5)	2020-1-31
2020-1-3	1	=EOMONTH(A6,B6)	2020-2-29
2020-1-3	2	=EOMONTH(A7,B7)	2020-3-31
2020-1-3	3	=EOMONTH(A8,B8)	2020-4-30

图7-43 EOMONTH( )函数示例

7.4.2 年度人员流动情况统计分析

具体设计步骤如下：

STEP① 新建工作表。新建名为"年度人员流动分析"的工作表，表格设计如图7-44所示。

第7章 人员结构、人事数据统计分析可视化

图7-44 年度人员流动情况统计表结构

STEP② 下拉菜单设置。在B2单元格设置下拉菜单,调出【数据验证】窗口,设置如图7-45所示,【来源】文本框中选择"人员流动分析"工作表中A5:A16数据区域,设置完成后在下拉菜单中选择"全公司"。

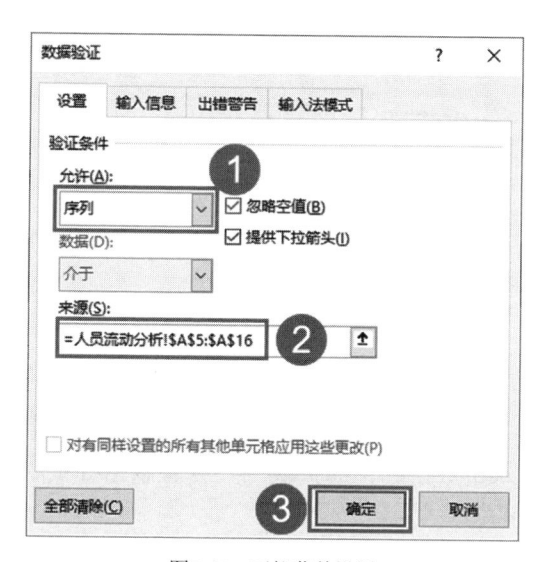

图7-45 下拉菜单设置

在F2单元格设置下拉菜单,下拉菜单内容为"2018,2019,2020,2021,2022,2023",设置完成后选择"2020"。

STEP③ 月份设置。在B3单元格输入公式"=DATE($F$2,COLUMN(A1),1)",向右拖动到M3单元格。然后通过设置单元格格式将日期设置为"M月"格式。

STEP④ 设置公式。在各单元格设置公式,并向右拖动到M列,如图7-46所示。

STEP⑤ 年度平均人数图表设置。按住【Ctrl】键,分别选中A3:M3和A8:M8数据区域,插入带数据标记的折线图,设置数据标签、图表标题,图表美化后如图7-47所示。

单元格	公式
B4	=IF($B$2="全公司",COUNTIF(员工信息表!$I:$I,"<"&B$3)-COUNTIF(员工信息表!$M:$M,"<"&B$3),COUNTIFS(员工信息表!$C:$C,$B$2,员工信息表!$I:$I,"<"&B$3)-COUNTIFS(员工信息表!$C:$C,$B$2,员工信息表!$M:$M,"<"&B$3))
B5	=IF($B$2="全公司",COUNTIFS(员工信息表!$I:$I,">="&B$3,员工信息表!$I:$I,"<="&EOMONTH(B$3,0)),COUNTIFS(员工信息表!$C:$C,$B$2,员工信息表!$I:$I,">="&B$3,员工信息表!$I:$I,"<="&EOMONTH(B$3,0)))
B6	=IF($B$2="全公司",COUNTIFS(员工信息表!$M:$M,">="&B$3,员工信息表!$M:$M,"<="&EOMONTH(B$3,0)),COUNTIFS(员工信息表!$C:$C,$B$2,员工信息表!$M:$M,">="&B$3,员工信息表!$M:$M,"<="&EOMONTH(B$3,0)))
B7	=B4+B5-B6
B8	=(B4+B7)/2
B9	=ROUND(B6/(B4+B5),3)
B10	=ROUND((B5+B6)/(B4+B5),3)

图7-46 公式编辑

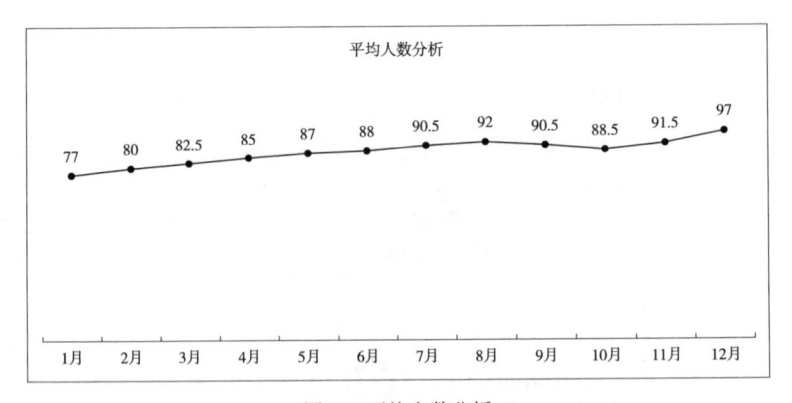

图7-47 平均人数分析

STEP ⑥ 年度流失率和流动率图表设置。按住【Ctrl】键，分别选中A3:M3和A9:M10数据区域，插入带数据标记的折线图。设置数据标签、图表标题，图表美化后如图7-48所示。

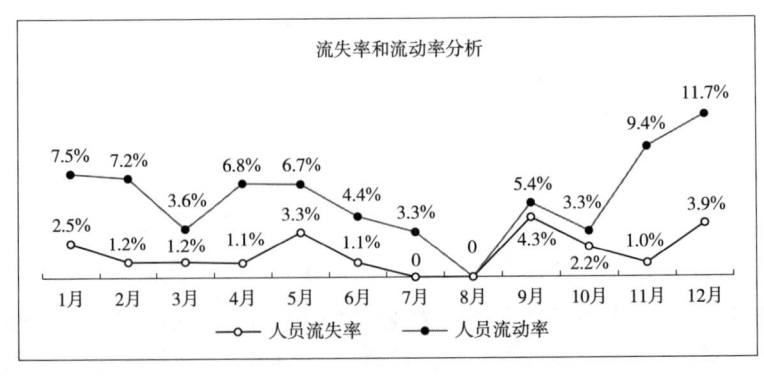

图7-48 流失率和流动率分析

7.4.3 离职原因统计分析

具体设计步骤如下：

STEP 1 新建名为"离职原因分析"的工作表，设计表格结构，在B1单元格设置年份下拉菜单并选择"2020"，如图7-49所示。

图7-49 离职原因分析表格结构

STEP 2 编辑公式。在B3和C3单元格分别输入下列公式，双击向下填充。

B3=COUNTIFS(员工信息表!$N:$N,A3,员工信息表!$M:$M,">="&DATE($B$1,1,1),员工信息表!$M:$M,"<="&DATE($B$1,12,31))

C3=ROUND(B3/SUM($B$3:$B$10),3)

STEP 3 图表设置。选中A2:C10数据区域，插入组合图【簇状柱形图-次坐标轴上的折线图】，如图7-50所示。

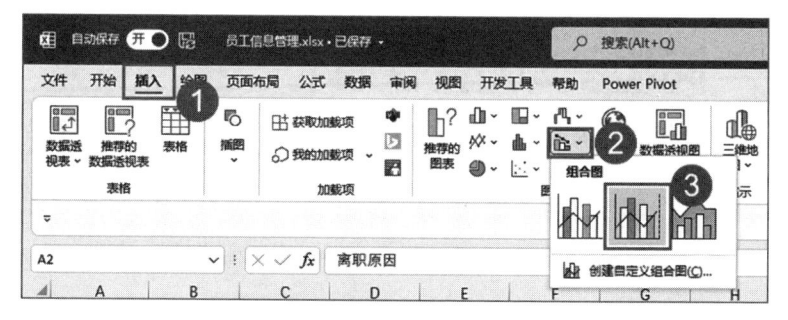

图7-50 插入组合图

双击垂直（值）轴，将【标签位置】设置为【无】，如图7-51所示。

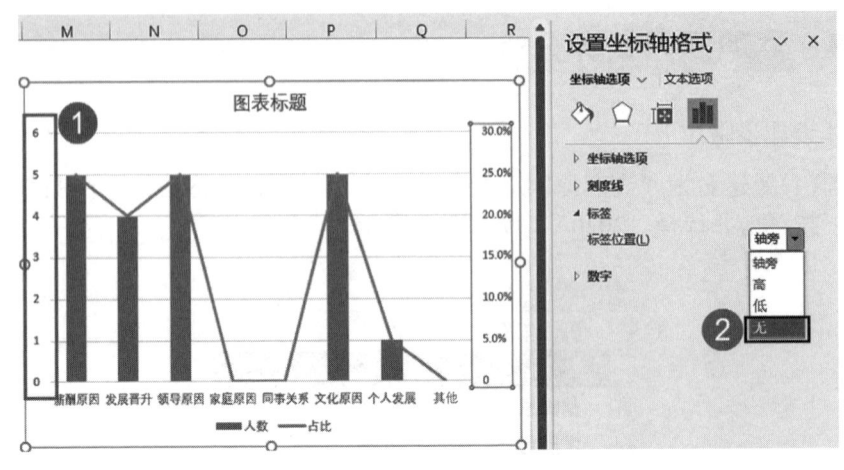

图7-51 设置标签位置

设置数据标签、设置图表标题、删除网格线、美化图表，最终效果如图7-52所示。

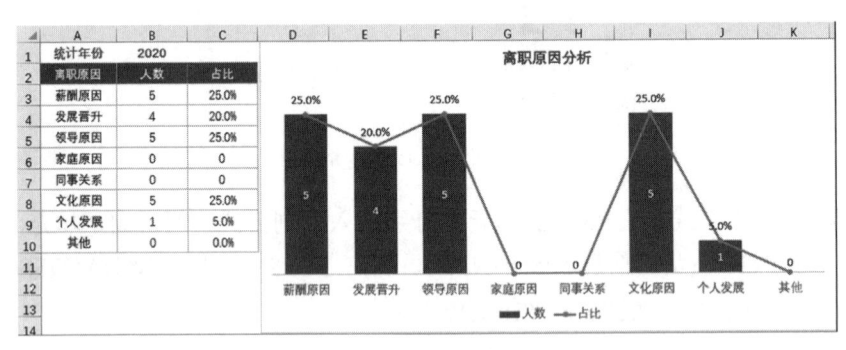

图7-52 离职原因分析最终效果图

7.5 岗位变动情况统计

对岗位变动情况进行统计，是周期内分析人事数据的一个依据，如果单独统计此项内容，对HR的工作意义不是很大，但是再结合其他数据一起来分析，它也是人员流动情况的一项重要指标，越是人员规模大的企业这项数据的价值就越大。

具体设计步骤如下：

STEP 1 新建工作表。新建名为"岗位变动统计表"的工作表，设计表格结构，如图7-53所示。

第7章 人员结构、人事数据统计分析可视化

图7-53 岗位变动统计表

STEP ② 设置数据有效性。按住【Ctrl】键,选中B2和D2单元格,调出【数据验证】窗口,在【设置】选项卡【分类】下拉列表中选择【日期】,数据为【介于】,在【开始日期】和【结束日期】两个文本框中分别输入"2008-1-1"和"2099-12-31",如图7-54所示。

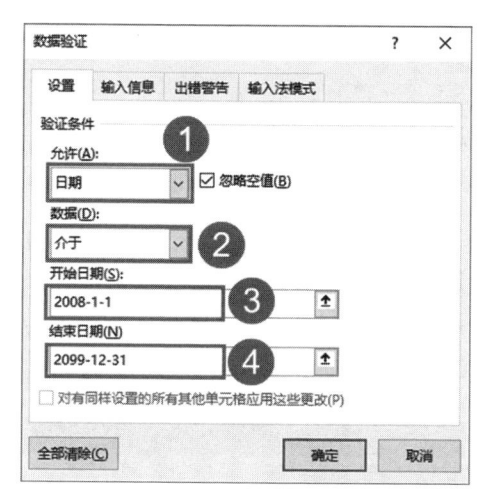

图7-54 日期条件设置

STEP ③ 编辑公式。在B4单元格输入公式,向下填充到14行,向右拖动到F列。
=COUNTIFS(员工岗位变动表!$H:$H,$A4,员工岗位变动表!$L:$L,">="&$B$2,员工岗位变动表!$L:$L,"<="&$D$2,员工岗位变动表!$M:M,B3)

对B15:F15数据区域求和。

STEP ④ 美化表格,效果如图7-55所示。

图7-55　岗位变动统计表效果图

7.6 用数据透视表进行多维分析

使用函数虽然一次操作可以重复使用，但是对于一些数据统计，通过数据透视表要快捷很多。

本节以"在职人员信息"工作表数据为例，来统计各部门学历分布，具体操作步骤如下：

STEP① 新建数据透视表。将鼠标光标放在数据区域的任一单元格中，单击【插入】选项卡，在【表格】功能区单击【数据透视表】，弹出窗口后确定所选区域是不是准确，不准确的话调整数据区域，然后单击【确定】按钮，如图7-56所示，这样会生成一个空白数据透视表。

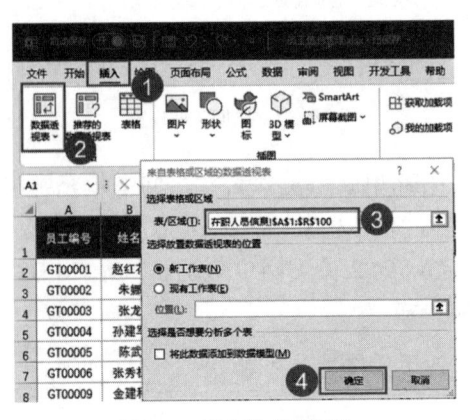

图7-56　插入数据透视表

STEP 2 设计数据透视表内容。首先,将右侧的【部门】字段拖到【行标签】文本框中,将【学历】字段拖到【列标签】文本框中,将【员工编号】字段拖到【数值】文本框中,效果如图7-57所示。

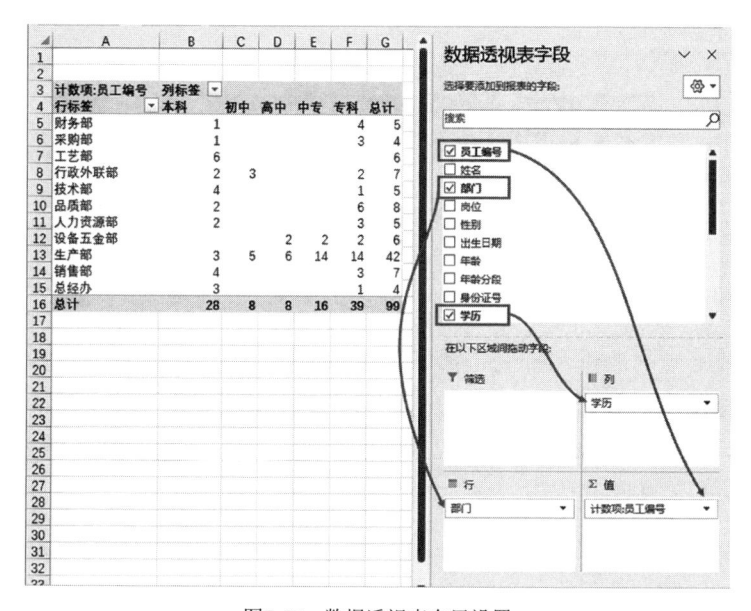

图7-57 数据透视表布局设置

其次,设置数据透视表的格式,或者将数据粘贴出来再进行设置。

函数和数据透视表各有利弊:

数据透视表操作比较快捷,但是不易统计多重条件限制的数据,而且格式不能随意改变,每次统计数据都需要重新操作。

函数第一次操作比较麻烦,但可以方便统计多重条件限制的数据,而且格式可以按照自己的想法来改变。

最后,读者可以根据自己的工作需求来采用不同的操作方法甚至是组合方法,以此来达到自己想要的统计分析结果。

第8章

招聘指标模板的建立，全面检验招聘工作

招聘管理工作的改进和提升，离不开招聘管理数据的支持，招聘效果指标数据统计分析、过程控制数据统计分析、招聘费用的对比分析以及招聘后员工异动情况统计分析等，都是用来检验招聘工作成效的数据。本章主要讲解招聘管理工作中数据统计分析及相关图表的应用。

8.1 招聘管理中的数据统计分析

招聘管理工作的提高，需要对其进行系统、深入的分析，一般以月度、季度、半年、年为周期进行。招聘分析从数据入手，结合公司情况选择合适的指标，从中找出有用的信息和内在的规律，使招聘工作不断地改进和提高。

对招聘管理数据进行统计分析，可以分为以下几类：

（1）招聘效果类。主要是直接反应招聘效果的数据，包含招聘计划完成率、平均招聘周期等。

（2）过程控制类。主要是招聘实施各环节的各种数据指标，包含简历初选通过率、有效简历率、初试通过率、复试通过率、录用率、报到率等。

（3）招聘费用类。主要是人均招聘成本、各招聘渠道招聘成本等，同时对比各招聘渠道的成效，通过对比分析结果指导招聘渠道的选择、单位成本效率提高等。包含人均招聘成本、招聘渠道分布、招聘费用预算完成率、各招聘渠道人均招聘成本等。

（4）入职异动类。主要是招聘的员工在试用期转正和试用期离职的比率，这

些指标能在一定程度上反映招聘匹配程度，是检查招聘人员能力水平的指标。包含招聘转正率、招聘离职率等。这两个指标也可以由员工关系岗位人员进行统计，数据主要是依托员工信息表。

另外，在第4章提到的"录用人员分布"指标在人事管理数据中已经做了统计分析，如果招聘分析中需要此数据，可以拿来即用。

除上述以外，招聘数据分析还有很多，如分析各渠道的简历数量、简历初选比例、录用人数等，招聘各职级、各岗位时的成本、招聘周期、过程控制各指标等，还有其他一些数据分析，这些都可以用来进行对比分析，只要能在数据中找出潜在的规律即可。在本章中主要以四类指标进行讲解。

8.2 招聘效果数据统计分析

招聘效果的数据，直接反映了招聘绩效，招聘绩效核心思路就是"在规定的时间内招到人"，本节中主要讲解招聘计划完成率和平均招聘周期的统计分析。

8.2.1 招聘计划完成率统计分析

招聘计划完成率=规定日期内实际报到人数÷计划招聘人数

因招聘活动是持续发生的，以月度招聘计划完成率为例，不能单纯以当月实际报到的人数除以当月计划招聘的人数，而是在计划时间内完成的招聘人数与本月计划招聘的人数的比率。

同理，各部门、职级、岗位招聘计划完成率均以这种思路来计算。

明确了这个公式的计算方法，具体设计步骤如下：

STEP 1 新建工作表。在"招聘管理数据表"工作簿中新建名为"招聘计划完成率"的工作表。

在A2单元格输入"2021-1-1"，然后拖动单元格右下角到A13单元格，在右下角显示的【自动填充选项】中选择【以月填充】，如图8-1所示。

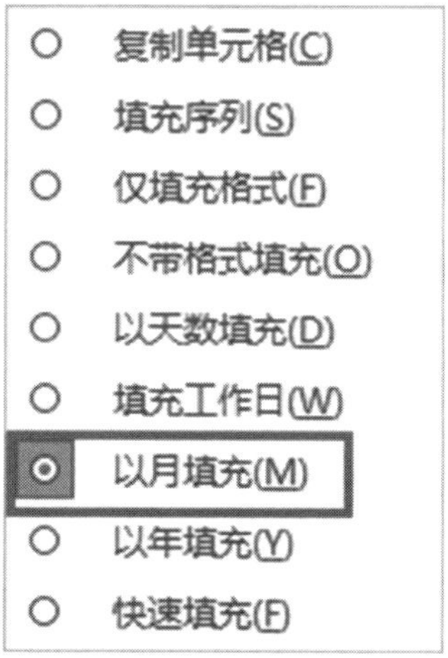

图8-1 自动填充选项设置

选中A2:A13数据区域，按组合键【Ctrl+1】调出【设置单元格格式】窗口，在

【自定义】的【类型】文本框中输入"M月",如图8-2所示,单击【确定】按钮。

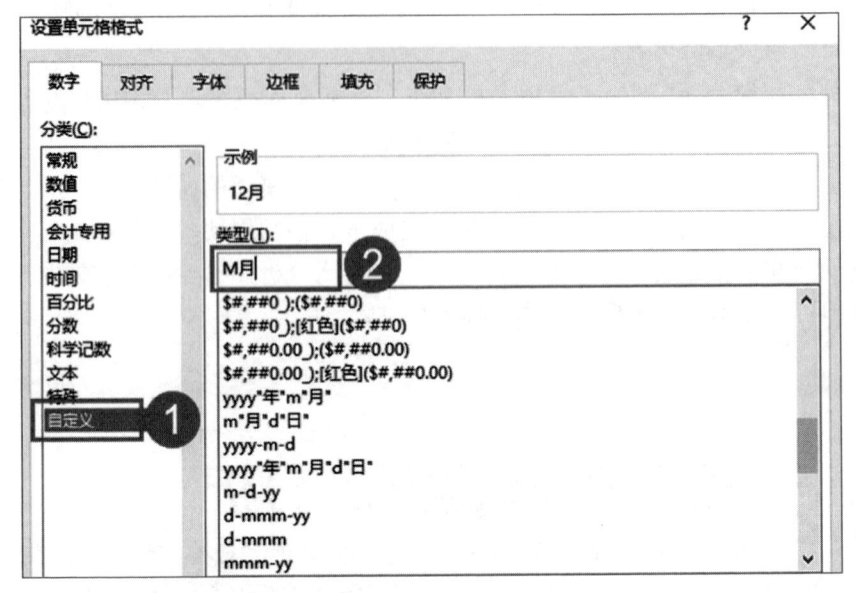

图8-2　设置单元格格式

然后设计表格结构,如图8-3所示。

图8-3　招聘计划完成率表格结构

STEP②设置辅助列。在"应聘人员信息表"工作表中Q1、R1单元格分别输入"招聘部门"和"招聘拟结束时间"。Q2和R2单元格分别输入下列公式,双击向下填充:

Q2=VLOOKUP(F2,招聘需求汇总表!$A:$B,2,0)

R2=VLOOKUP(F2,招聘需求汇总表!A:G,7,0)

STEP③编辑公式。在"招聘计划完成率"工作表中B2、C2、D2、G2、H2、I2单元格输入公式,并向下填充公式。

第8章 招聘指标模板的建立，全面检验招聘工作

B2=SUMIFS(招聘需求汇总表!$D:$D,招聘需求汇总表!$G:$G,">="&$A2,招聘需求汇总表!$G:$G,"<="&EOMONTH($A2,0))

C2=COUNTIFS(应聘人员信息表!$R:$R,">="&$A2,应聘人员信息表!$R:$R,"<="&EOMONTH($A2,0),应聘人员信息表!$S:$S,"是")

D2=ROUND(C2/B2,3)

G2=SUMIF(招聘需求汇总表!$B:$B,$F2,招聘需求汇总表!$D:$D)

H2=COUNTIFS(应聘人员信息表!$Q:$Q,$F2,应聘人员信息表!$S:$S,"是")

I2=IF(H2=0,0,ROUND(H2/G2,3))

STEP④ 月度招聘计划完成率图表设置。选中A1:D6数据区域，插入组合图【簇状柱形图-次坐标轴上的折线图】，如图8-4所示。

图8-4 插入组合图

选择折线，在图表右上角依次单击【图表元素】-【数据标签】-【上方】，如图8-5所示。

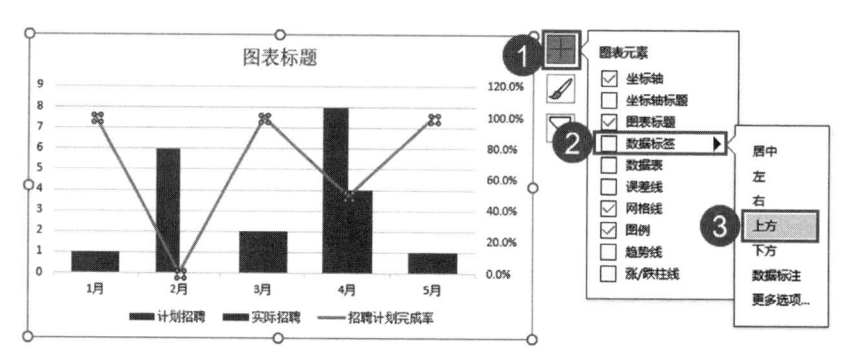

图8-5 插入数据标签

同样操作，两个柱形系列设置数据标签为【数据标签外】。

双击垂直（值）轴，设置【标签】位置为【无】，如图8-6所示。同样操作设置次坐标轴垂直（值）轴的【标签】位置也为【无】。

设置图表标题、删除网格线，美化图表，效果如图8-7所示。

图8-6 设置数据标签位置

图8-7 月度招聘计划完成率分析图

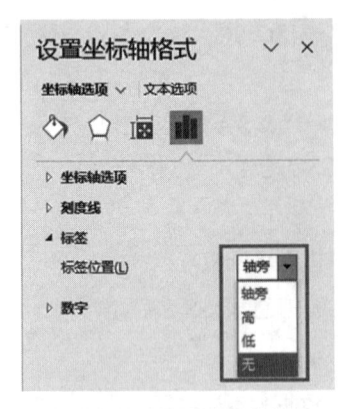

同样操作，完成部门招聘计划完成率分析图表。

8.2.2 平均招聘周期统计分析

平均招聘周期=总招聘时间÷总招聘人数

如果各职级、各岗位的计划招聘周期是一样的，可以从时间、部门、职级、岗位等维度来分析平均招聘周期。如果计划招聘周期不一样，以职级、岗位维度分析的意义比较大。

以部门和岗位平均招聘周期为例，具体设计步骤如下：

STEP 1 新建工作表。新建名为"平均招聘周期"的工作表，并设计表格结构，如图8-8所示。

图8-8 平均招聘周期统计表

STEP 2 设置辅助列。在"应聘人员信息表"工作表中T1、U1和V1单元格分别输入"招聘部门""招聘开始时间"和"招聘周期"。T2、U2和V2单元格分别输入下列公式，双击向下填充：

T2=VLOOKUP(F2,招聘需求汇总表!A:B,2,0)

U2=VLOOKUP(F2,招聘需求汇总表!A:E,5,0)

V2=IF(O2<>"",O2-T2,0)

STEP 3 编辑公式。在"平均招聘周期"的工作表B2、C2、D2、H2、I2、J2单元格分别输入公式：

B2=SUMIF(应聘人员信息表!T:T,A2,应聘人员信息表!V:V)

C2=COUNTIFS(应聘人员信息表!T:T,A2,应聘人员信息表!V:V,">0")

D2=IFERROR(ROUND(B2/C2,1),0)

H2=SUMIF(应聘人员信息表!G:G,G2,应聘人员信息表!V:V)

I2=COUNTIFS(应聘人员信息表!G:G,G2,应聘人员信息表!V:V,">0")

J2=IFERROR(ROUND(H2/I2,1),0)

完成后效果如图8-9所示。

部门	招聘总周期	招聘总人数	平均招聘周期	计划招聘周期		岗位	招聘总周期	招聘总人数	平均招聘周期	计划招聘周期
总经办	0	0	0	30		操作工	348	10	34.8	30
生产部	346	9	38.4	30		高级销售专员	56	1	56	30
品质部	3	1	3	30		电子技术员	68	1	68	30
采购部	0	0	0	30		人事助理	24	1	24	30
工艺部	0	0	0	30		司机	15	1	15	30
技术部	68	1	68	30		行政专员	24	1	24	30
设备五金部	2	1	2	30		销售专员	45	2	22.5	30
人力资源部	24	1	24	30		质检员	3	1	3	30
行政外联部	39	2	19.5	30						
财务部	0	0	0	30						
销售部	101	3	33.7	30						

图8-9 平均招聘周期统计表

STEP 4 岗位平均招聘周期图表设置。对J列数据进行降序排序，按住【Ctrl】键，选中G1:G9和J1:K9数据区域，插入组合图【簇状柱形图-折线图】，如图8-10所示。

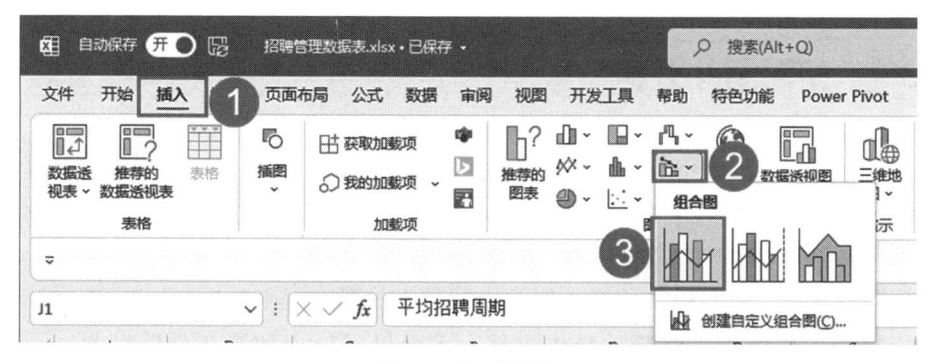

图8-10 插入组合图

单击选择折线最右端，然后再单击，设置数据标签为【上方】。同样操作，柱形系列设置数据标签为【数据标签外】。

设置图表标题、删除网格线、删除垂直(值)轴，美化图表，效果如图8-11所示。

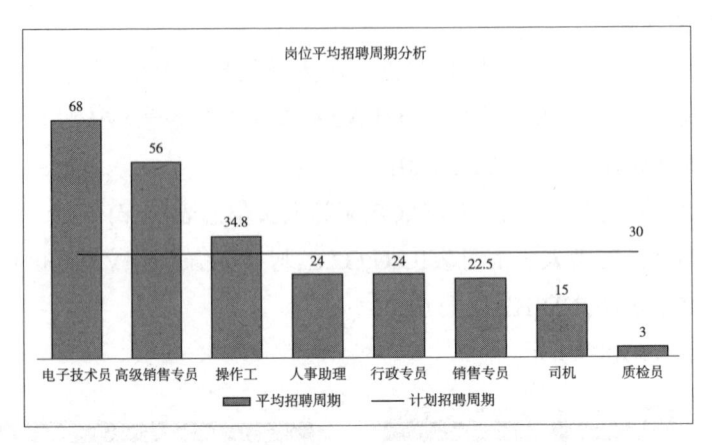

图8-11　岗位平均招聘周期分析图

同样操作，完成部门平均招聘周期分析图表。

8.3 过程控制数据统计分析

招聘效果的提升需要在招聘各个环节进行把控，各月对比有提高，这样才能逐渐提高工作效率，因为招聘过程控制数据统计分析是完全有必要的，本节中主要讲解招聘漏斗分析和未报到原因分析。

8.3.1 招聘漏斗分析

漏斗分析是流程式数据分析，它是从起点到终点各个环节之间的数据转换情况。

招聘漏斗分析是通过招聘全工作流程分析，分析哪个环节数据转换出现问题、哪个是薄弱环节，然后针对的改善，提高流程转换率。

招聘漏斗图分析一般从职级、岗位、招聘人员等维度来分析。

招聘漏斗分析图表有两种操作方法，下面以岗位招聘漏斗分析为例一一来讲解，具体设计步骤如下：

STEP ① 插入数据透视表。鼠标定位在"招聘数据汇总表"工作表中任意一个有数据的单元格,在【插入】选项卡【表格】功能区选择【数据透视表】,弹出窗口后直接单击【确定】按钮,即可生成一个空白数据透视表。

将【招聘岗位】字段拖动到【列】区域,将【投递简历数据】【报到人数】各个字段拖动到【值】区域,这样会在【列】区域自动生成一个【数值】字段,然后将【数值】字段拖动到【行】区域,如图8-12所示。

图8-12 数据透视表统计数据

STEP ② 新建工作表。新建名为"招聘漏斗分析"的工作表,将数据透视表中的数据粘贴到此工作表中,并将表格美化,如图8-13所示。

	操作工	电子技术员	高级销售专员	人事助理	司机	销售专员	行政专员	质检员	总计
投递简历数量	212	75	51	82	34	80	65	10	609
HR初步筛选	97	26	21	24	10	45	23	7	253
用人部门筛选	84	25	18	24	9	41	12	6	219
初试人数	60	22	11	20	5	22	11	8	159
初试通过人数	52	17	9	10	4	14	6	6	118
复试人数	24	13	4	7	2	11	3	4	68
复试通过人数	18	2	2	1	1	6	1	2	33
通知入职人数	18	2	2	1	1	6	1	2	33
报到人数	10	1	1	1	1	2	1	1	18

图8-13 招聘漏斗分析数据表

STEP ③ 创建图表。按住【Ctrl】键,分别选择A1:A10、J1:J10数据区域,在

【插入】选项卡【图表】功能区选择【漏斗图】，如图8-14所示。

修改图表标题，美化图表，完成后效果如图8-15所示。

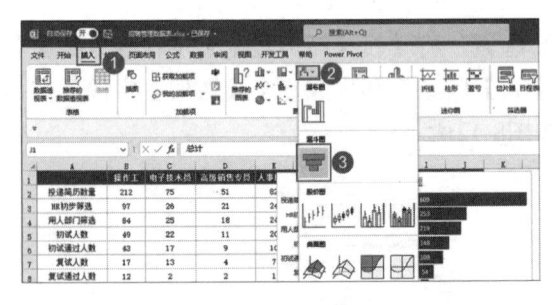

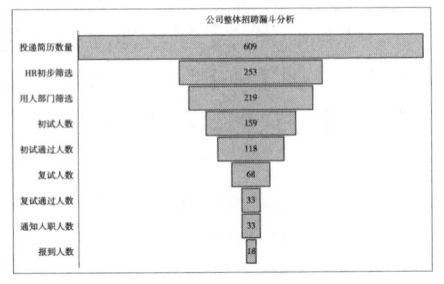

图8-14 插入漏斗图

图8-15 招聘漏斗图

也可以生成每个岗位的招聘漏斗图用来分析，不再一一操作。

并不是所有Excel版本都支持直接生成漏斗图，而且这种方法生成的图表不能显示转换率。

可以通过堆积条形图来生成漏斗图，具体操作步骤如下：

STEP ① 设置辅助表格。将A1:A10、J1:J10数据区域复制到L1:L10、N1:N10数据区域。

在N1单元格输入"辅助列"，N2单元格输入公式"=($N$2-N2)/2"并向下填充。

在O1单元格输入"转换率"，O3单元格输入公式"=ROUND(N3/N2,3)"并向下填充。完成后如图8-16所示。

STEP ② 创建图表。选中L1:N10数据区域，生成【堆积条形图】，如图8-17所示。

	L	M	N	O
1		辅助列	总计	转换率
2	投递简历数量	0	609	
3	HR初步筛选	178	253	41.5%
4	用人部门筛选	195	219	86.6%
5	初试人数	225	159	72.6%
6	初试通过人数	245.5	118	74.2%
7	复试人数	270.5	68	57.6%
8	复试通过人数	288	33	48.5%
9	通知入职人数	288	33	100.0%
10	报到人数	295.5	18	54.5%

图8-16 辅助表格效果

图8-17 生成堆积条形图

STEP ③ 美化图表。双击垂直（类别）轴，在右侧窗格中【逆序类别】的复选框勾选，如图8-18所示。

将"辅助列"系列的条形图设置填充颜色为【无填充】，如图8-19所示。

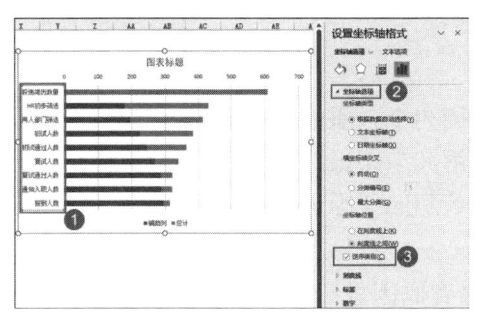

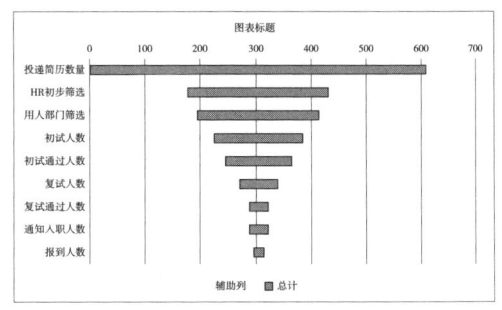

第8章 招聘指标模板的建立，全面检验招聘工作

图8-18 逆序类别设置

图8-19 辅助列系列无填充颜色

修改图表标题，删除图例、网格线、水平（值）轴，调整【间隙宽度】，完成后如图8-20所示。

选中"总计"系列条形图，设置数据标签为【居中】，双击任意一个数据标签，在右侧窗格中勾选【单元格中的值】，光标定位在弹出的【数据标签区域】窗口的文本框中选择O2:O10数据区域，单击【确定】按钮，如图8-21所示。

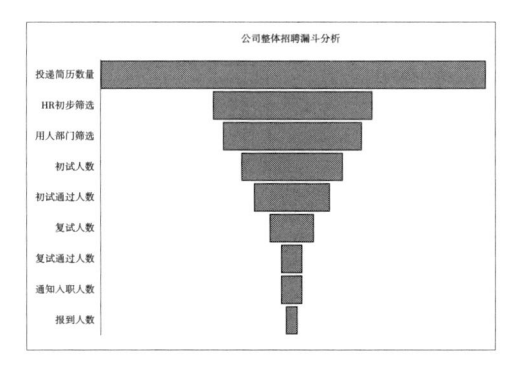

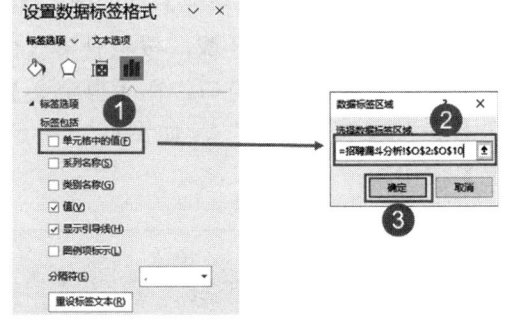

图8-20 招聘漏斗图初步美化效果

图8-21 设置单元格中的值

最终美化图表，效果如图8-22所示。

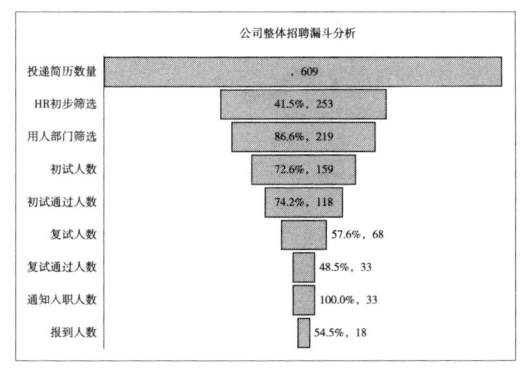

图8-22 招聘漏斗图最终效果

8.3.2 未报到原因统计分析

招聘过程中会碰到候选者复试通过了却因为个人原因不来报到的情况,出现这种情况的时候,就要和候选者进行沟通,了解其未来报到的原因,为后面的工作改善等提供数据依据。同样道理,各轮面试未参加的原因也可以进行统计以便于后期分析。

在"应聘人员信息表"工作表中对未报到原因进行了统计,分析时不建议以多维度来分析,仅以相对较长的周期分析即可,如果分析过程中发现了问题,再去从各个维度查找原因。

具体设计步骤如下:

STEP 1 新建表格。新建名为"未报到原因分析"的工作表,在B1单元格输入"2021-1-1",然后拖动单元格右下角到M1单元格,在右下角显示的【自动填充选项】中选择【以月填充】,如图8-23所示。

选中B1:M1数据区域,按组合键【Ctrl+1】调出【设置单元格格式】窗口,在【自定义】的【类型】文本框中输入"M月",如图8-24所示,单击【确定】按钮。

图8-23 自动填充选项设置

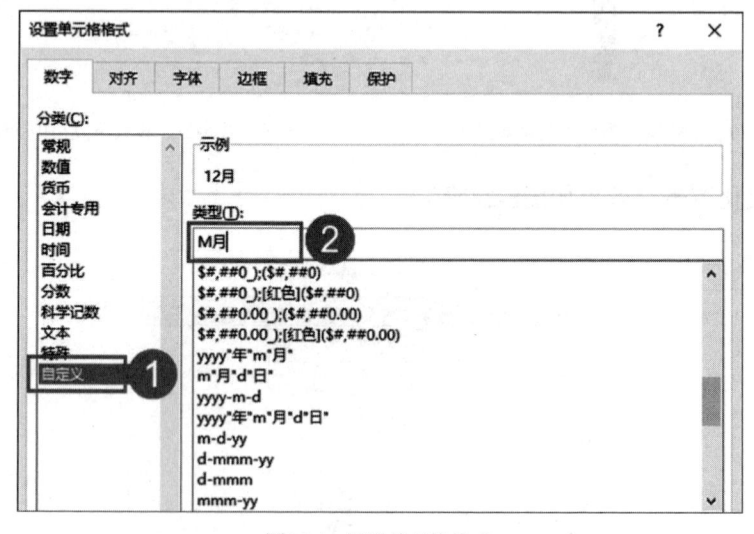

图8-24 设置单元格格式

然后设计表格结构,如图8-25所示。

第8章 招聘指标模板的建立，全面检验招聘工作

	A	B	C	D	E	F	G	H	I	J	K	L	M	N	O
1		1月	2月	3月	4月	5月	6月	7月	8月	9月	10月	11月	12月	合计	占比
2	薪酬福利														
3	职业发展														
4	公司环境														
5	公司位置														
6	有更好工作														
7	工作时间														

图8-25 未报到原因表格结构

STEP 2 编辑公式。在B2单元格中输入公式，下拉至7行，右拉至M列。

=COUNTIFS(应聘人员信息表!$N:$N,">="&B$1,应聘人员信息表!$N:$N,"<="&EOMONTH(B$1,0),应聘人员信息表!$P:$P,$A2)

在N2、O2单元格输入下列公式并向下填充。

N2=SUM(B2:M2)

O2 =ROUND(N2/SUM($N$2:$N$6),3)

STEP 3 创建图表。对N列的数据进行降序排序，按住【Ctrl】键，选择A1:A7、N1:O7数据区域，插入组合图【簇状柱形图-次坐标轴上的折线图】，如图8-26所示。

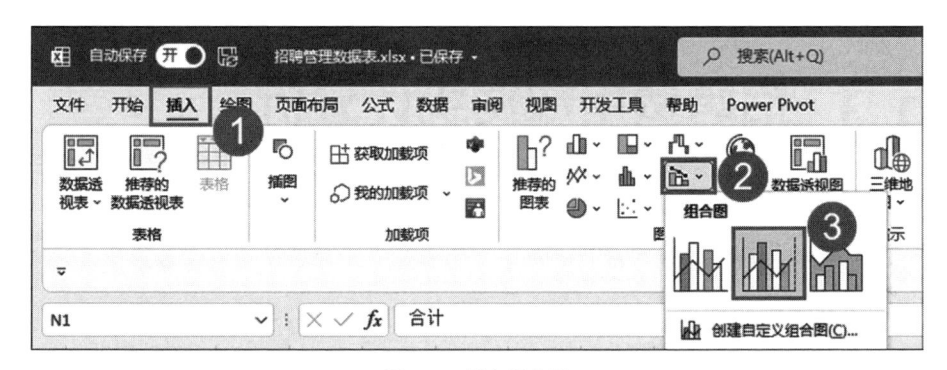

图8-26 插入组合图

选择折线，设置数据标签为【上方】，选择柱形，设置数据标签为【数据标签内】。

双击垂直(值)轴，设置【标签】位置为【无】，如图8-27所示。同样操作设置次坐标轴垂直(值)轴的【标签】位置也为【无】。

设置图表标题、删除网格线，美化图表，效果如图8-28所示。

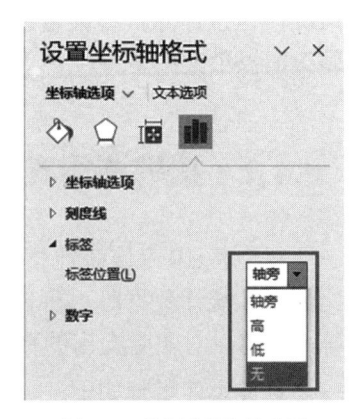

图8-27 设置数据标签位置

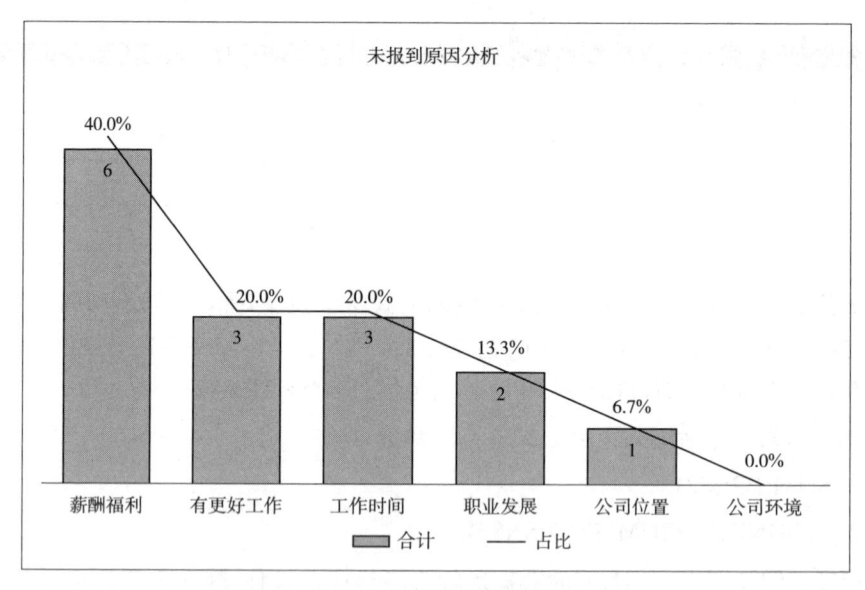

图8-28　未报到原因分析图

8.4 招聘费用数据统计分析

仅看招聘费用的高低不能说明招聘效果的情况，它仅仅是统计费用时的一个科目，招聘费用的投入及产出情况，可以结合招聘到的人数进行分析。

招聘活动的不确定性，对较短周期的人均招聘成本分析没有太大的帮助，建议以年度来进行对比分析。招聘费用数据统计分析中，可以统计实际招聘费用的支出情况，也统计分析各渠道人均招聘成本的情况及各渠道招聘人数的占比，为选择招聘渠道提供数据支持。

8.4.1　招聘费用支出情况统计分析

每个月HR应该统计招聘直接费用实际支出情况，结合年度招聘费用预算作对比分析，统计数据时，可以体现：月预算费用、实际支出、累计花费、预算完成率等，还可以对实际支出的费用统计各项目的占比情况。

具体设计步骤如下：

STEP① 新建工作表。新建名为"招聘费用支出"的工作表，在A2单元格输入"2021-1-1"，然后拖动单元格右下角到A13单元格，在右下角显示的【自动填充选项】中选择【按月填充】，设置A2:A13数据区域单元格格式为【自定义】"M月"。

设计表格结构，如图8-29所示。

STEP② 编辑公式。在B2单元格输入公式，下拉至第13行右拖至F列。

=SUMIFS(招聘直接成本统计表!C:C,招聘直接成本统计表!$A:$A,">="&$A2,招聘直接成本统计表!$A:$A,"<="&EOMONTH($A2,0))

对"合计"行求和，在H2单元格输入下列公式"=IFERROR(ROUND(F2/G2,3),0)"，向下填充公式。

补充预算费用，完成后效果如图8-30所示。

图8-29 招聘费用支出表格结构　　　图8-30 招聘费用支出表格完成图

STEP③ 创建月度分析图表。按住【Ctrl】键，分别选择A1:A13、F1:H13数据区域，插入组合图【簇状柱形图-次坐标轴上的折线图】。

选择折线，设置数据标签为【上方】，分别选择两个柱形，设置数据标签为【居中】。

分别设置两个垂直（值）轴【标签】位置为【无】。

设置图表标题、删除网格线，美化图表，效果如图8-31所示。

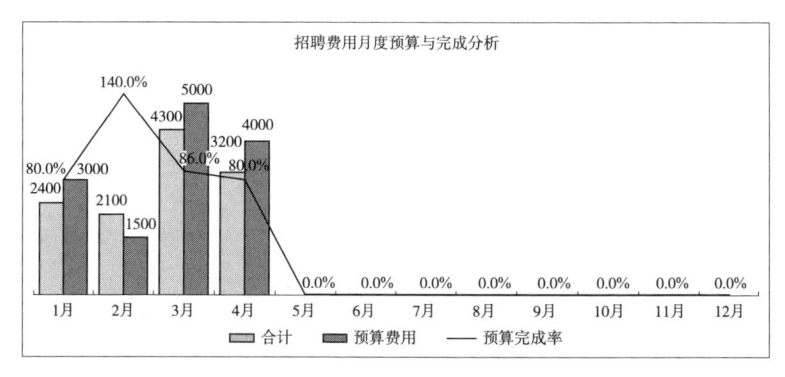

图8-31 招聘费用月度预算与完成分析图

STEP ④ 创建招聘用费分类图表。按住【Ctrl】键，分别选择B1:E1、B14:E14数据区域，插入【饼图】。设置数据标签为【最佳位置】，如图8-32所示。

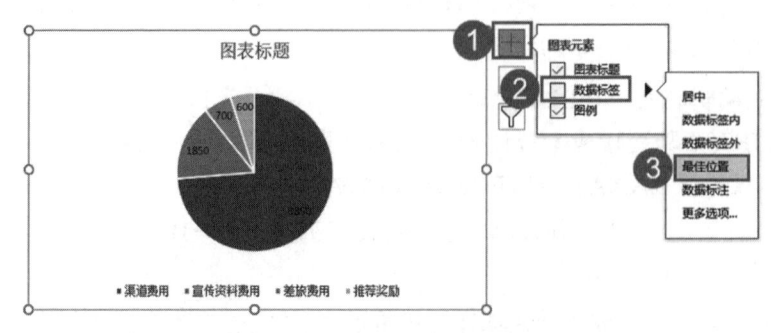

图8-32 设置数据标签

双击任意一个数据标签，在右侧窗格中勾选【类别名称】和【百分比】，如图8-33所示。

最终美化图表，效果如图8-34所示。

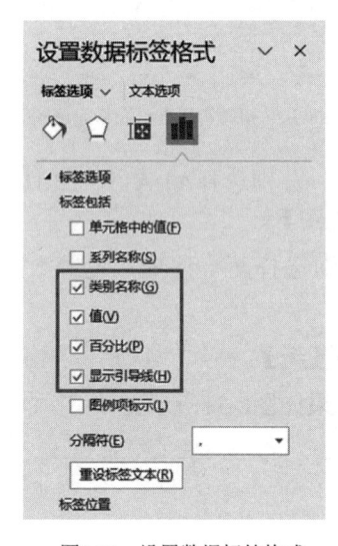

图8-33 设置数据标签格式　　　图8-34 招聘用费项目分析

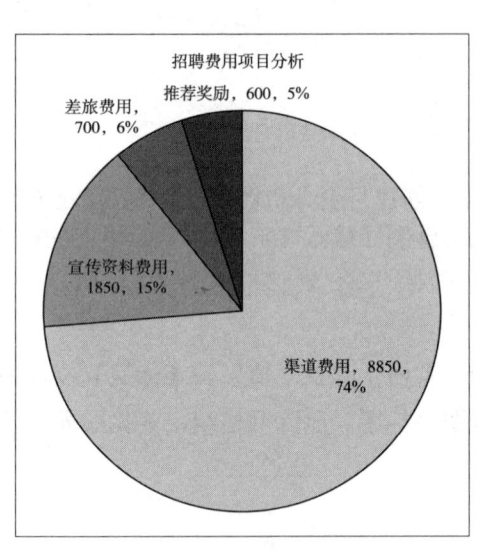

8.4.2　招聘渠道有效性统计分析

对于各公司来说，招聘量越大、招聘岗位越多、招聘渠道用得越多，招聘渠道分析越有用处，而招聘量小、招聘岗位少、招聘渠道少的公司，分析招聘渠道是没有多大意义的。就时间跨度而言，跨度越大，分析越有意义，因为招聘具有不确定性，不可能常态化，出现常态化就意味着公司在其他管理方面有问题，需要结合其他数据进行分析找出问题所在。

仅分析招聘渠道费用情况，是缺乏说明力的，可以对各招聘渠道录用人数的占比、费用（直接成本）占比及人均招聘费用（直接成本）等进行对比分析。

具体设计步骤如下：

STEP 1 新建工作表。新建名为"渠道有效性分析"的工作表，工作表结构如图8-35所示。

招聘渠道	招聘费用	招聘人数	费用占比	人数占比	人均招聘成本	整体人均招聘成本
招聘网站1						
招聘网站2						
现场招聘						
校园招聘						
内部推荐						

图8-35　渠道有效性表格结构

STEP 2 编辑公式。在各个单元格分别输入下列公式并向下填充公式。

B2=SUMIF(招聘直接成本统计表!$B:$B,A2,招聘直接成本统计表!$G:$G)

C2=COUNTIFS(应聘人员信息表!E:E,A2,应聘人员信息表!O:O,">0")

D2=ROUND(B2/SUM($B$2:$B$6),3)

E2=ROUND(C2/SUM($C$2:$C$6),3)

F2=ROUND(B2/C2,0)

G2=ROUND(SUM($B$2:$B$6)/SUM($C$2:$C$6),0)

完成后效果如图8-36所示。

招聘渠道	招聘费用	招聘人数	费用占比	人数占比	人均招聘成本	整体人均招聘成本
招聘网站1	2400	3	20.0%	16.7%	800	667
招聘网站2	4000	5	33.3%	27.8%	800	667
现场招聘	3200	5	26.7%	27.8%	640	667
校园招聘	1800	2	15.0%	11.1%	900	667
内部推荐	600	3	5.0%	16.7%	200	667

图8-36　渠道有效性表格效果图

STEP 3 创建渠道有效性分析图表。对E列数据进行降序排序，按住【Ctrl】键分别选择A1:A6、D1:E6数据区域，插入组合图【簇状柱形图-折线图】。

选择折线，设置数据标签为【上方】，选择柱形，设置数据标签为【居中】。

设置图表标题、删除网格线、删除垂直（值）轴，美化图表，效果如图8-37所示。

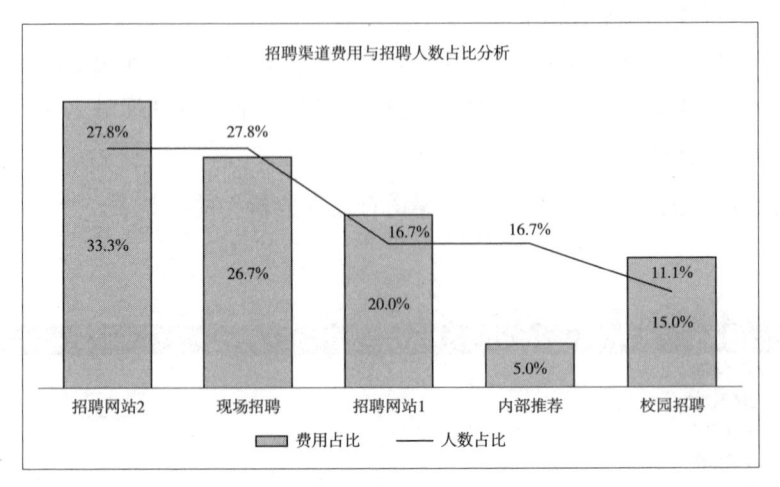

图8-37 渠道有效性分析图

STEP 4 创建人均招聘成本分析图表。将A1:A6、F1:G6的数据粘贴到I1:K6数据区域，注意要粘贴为【值】格式。对J列数据降序排序。

光标定位在I1:K6数据区域，插入组合图【簇状柱形图-折线图】。

单击折线最右侧，再单击，设置数据标签为【上方】，选择柱形，设置数据标签为【数据标签外】。

设置图表标题、删除网格线、删除垂直（值）轴，美化图表，效果如图8-38所示。

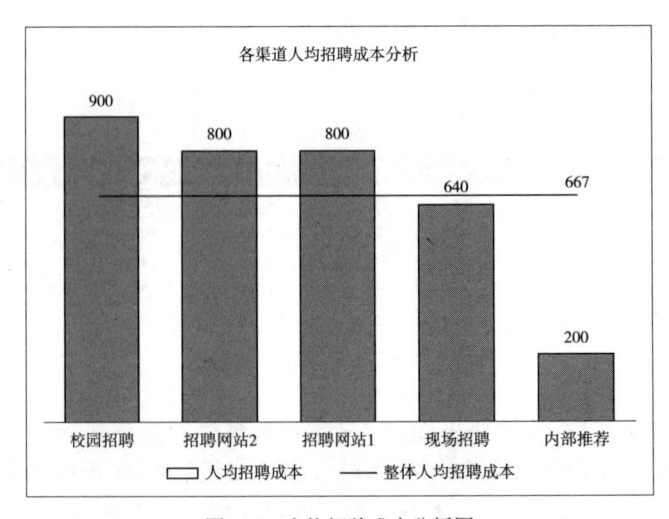

图8-38 人均招聘成本分析图

8.5 入职异动指标分析

入职异动指标有：招聘转正率和招聘离职率，这两个指标所需的数据可以在员工信息表中提取。理论上来说，招聘转正率+招聘离职率=100%，但从实际来说，因为入职后到转正需要有一定的时间跨度，统计周期内招聘转正率和招聘离职率两者相加会小于100%，差额部分就是入职未转正人员的比率。

因此，建议统计分析两个指标时，周期尽可能长一些，例如以12个月为周期进行对比，有三种统计方法：

（1）按自然年度统计入职、转正、离职人员和未转正人员，招聘转正率+招聘离职率+招聘未转正率=100%。

（2）假定试用期是三个月，统计入职人员以第一年10月1日至第二年9月31日为一个周期，至第二年12月31日正好保证最后一批入职人员转正。

（3）假定试用期是三个月，统计入职人员以第一年1月1日至当年12月31日为一个周期，至第二年3月31日正好保证最后一批入职人员转正。

第二种和第三种方法中，招聘转正率+招聘离职率=100%。

至于选择哪种统计方法，各公司可根据本单位情况选择，无论哪种统计方法，只要前后统计口径一致，统计出来的数据都有分析借鉴意义的。

第9章

培训数据模板的建立，以图表呈现培训效果

培训管理工作需要做阶段性的分析总结，既要在量上有保证，也要在质上有所提高，培训成效如何，最终还是辅以数据证明。计划与实际的对比、投入与产出的分析是做培训总结时需要体现的数据。本章主要讲解培训管理数据的统计分析及相关图表的应用。

9.1 培训班次情况统计分析

培训可以分为计划内和计划外培训，它们以是否在年度培训计划中进行区分，对培训班次的统计分析，一方面是分析各部门培训计划的完成情况；另一方面是分析计划内和计划外培训班次情况。

具体设计步骤如下：

STEP①新建工作表。在"培训管理数据表"工作簿中新建名为"培训班次分析"的工作表。

在H2单元格输入"2021-1-1"，然后拖动单元格右下角到H13单元格，在右下角显示的【自动填充选项】中选择【以月填充】，如图9-1所示。

选中H2:H13数据区域，按组合键【Ctrl+1】调出【设置单元格格式】窗口，在【自定义】的【类型】文本框中输入"M月"，如图9-2所示，单击【确定】按钮。

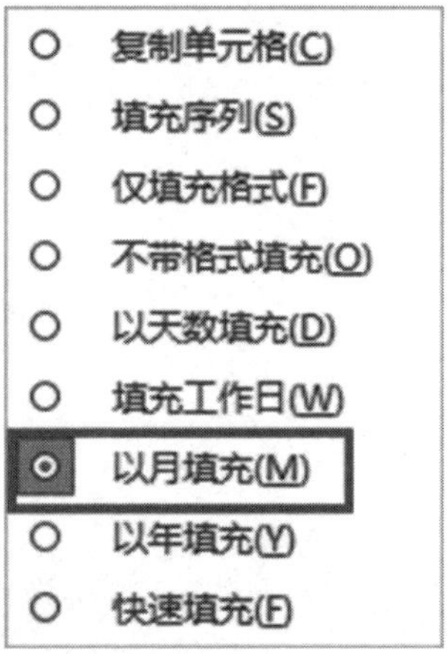

图9-1 自动填充选项设置

第9章 培训数据模板的建立，以图表呈现培训效果

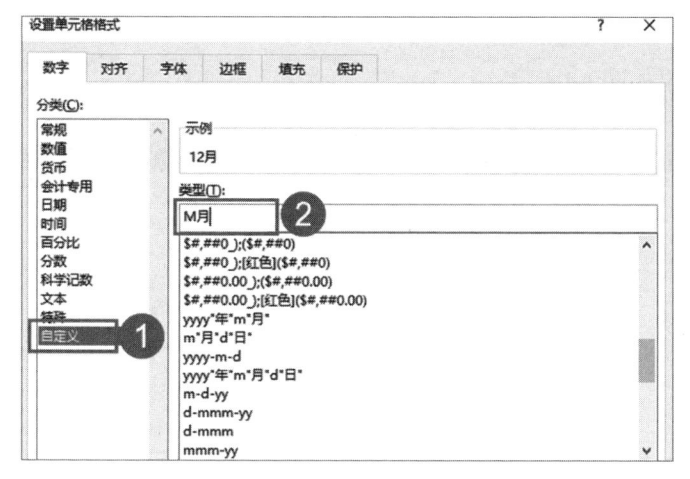

图9-2 设置单元格格式

然后设计表格结构，如图9-3所示。

图9-3 培训班次分析表格结构

STEP 2 编辑公式。各单元格输入以下公式，并向下填充公式。

B2 =COUNTIF(年度培训计划完成统计表!E:E,A2)

C2 =COUNTIFS('培训班汇总表 '!G:G,A2,'培训班汇总表 '!D:D,"是")

D2 =COUNTIFS('培训班汇总表 '!G:G,A2,'培训班汇总表 '!D:D,"")

E2 =C2+D2

F2 =ROUND(C2/B2,3)

I2 =COUNTIF(年度培训计划完成统计表!J:J,ROW(A1)&"月")

J2 =COUNTIFS('培训班汇总表 '!D:D,"是",'培训班汇总表 '!C:C,">="&H2,'培训班汇总表 '!C:C,"<="&EOMONTH(H2,0))

K2 =COUNTIFS('培训班汇总表 '!D:D,"",'培训班汇总表 '!C:C,">="&H2,'培训班汇总表 '!C:C,"<="&EOMONTH(H2,0))

L2 =J2+K2

M2 =ROUND(J2/I2,3)

完成后效果如图9-4所示。

部门	计划培训	计划内培训	计划外培训	实际培训	培训计划完成率		月份	计划培训	计划内培训	计划外培训	实际培训	培训计划完成率
财务部	14	11	2	13	78.6%		1月	19	13	7	20	68.4%
生产部	34	15	7	22	44.1%		2月	20	24	4	28	120.0%
设备五金部	11	5	2	7	45.5%		3月	22	14	11	25	63.6%
采购部	21	11	4	15	52.4%		4月	19	12	11	23	63.2%
技术部	20	7	5	12	35.0%		5月	18	13	11	24	72.2%
人力资源部	17	3	15	24	52.9%		6月	20	15	10	25	75.0%
品质部	47	14	7	21	29.8%		7月	15				
行政外联部	15	5	2	7	33.3%		8月	20				
工艺部	16	7	2	9	43.8%		9月	19				
销售部	26	7	8	15	26.9%		10月	17				
							11月	17				
							12月	15				

图9-4 培训班次分析效果

STEP 3 部门培训计划完成率图表设置。按住【Ctrl】键分别选择A1:C11、F1:F11数据区域，插入组合图【簇状柱形图-次坐标轴上的折线图】，如图9-5所示。

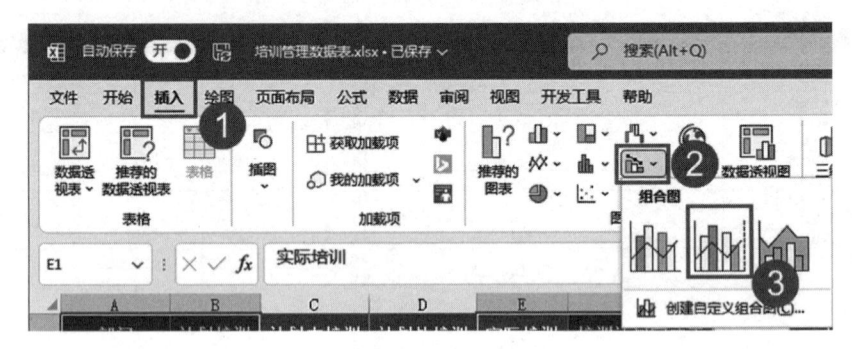

图9-5 插入组合图

双击任意一个柱形，在右侧窗格中设置【系列重叠】为100%，【间隙宽度】为80%，如图9-6所示。

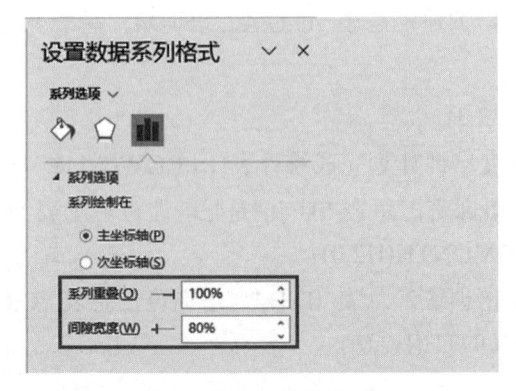

图9-6 设置数据系列格式

选择折线，在图表右上角依次单击【图表元素】→【数据标签】→【上方】，如图9-7所示。

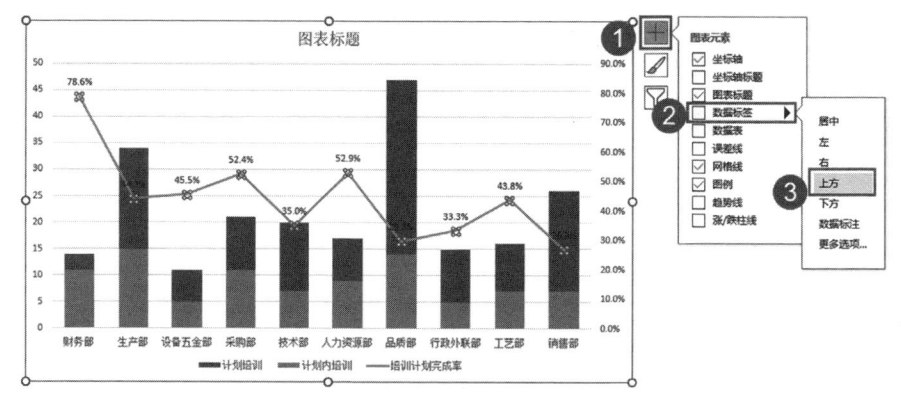

图9-7 插入数据标签

同样操作，设置另外两个柱形的数据标签位置。

双击垂直（值）轴，设置【标签】位置为【无】，如图9-8所示。同样操作设置次坐标轴垂直（值）轴的【标签】位置也为【无】。

设置图表标题、删除网格线、美化图表、将B列数据降序排序，最终效果如图9-9所示。

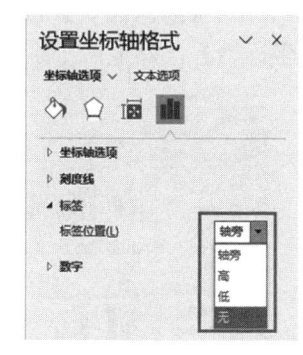

图9-8 设置数据标签位置

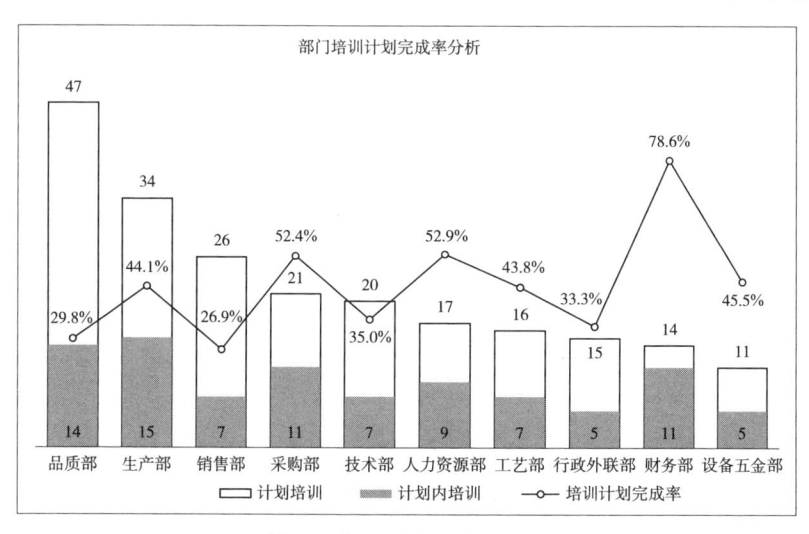

图9-9 培训计划完成率分析图

STEP ④ 培训班次情况分析。选中A1:D11数据区域,创建自定义组合图,如图9-10所示。

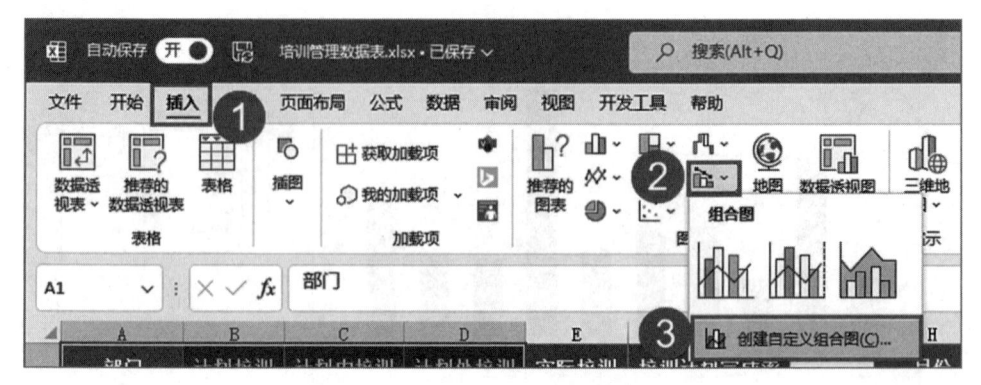

图9-10 创建自定义组合图

在【插入图表】窗口中设置"计划培训"系列为【簇状柱形图】,并标注【次坐标轴】,其他两个系列为【堆积柱形图】,如图9-11所示,单击【确定】按钮。

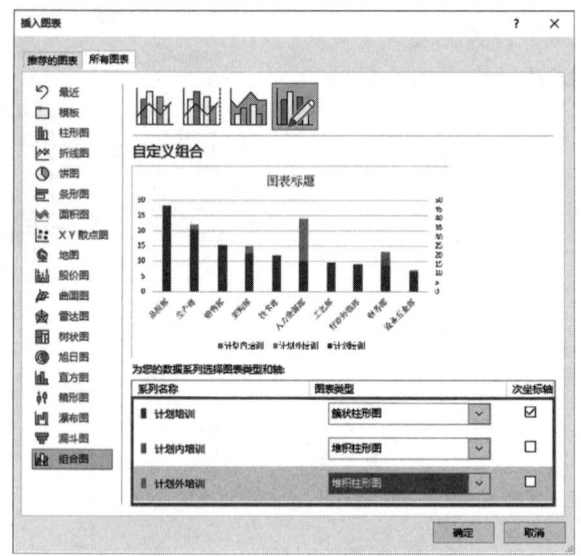

图9-11 图表类型设置

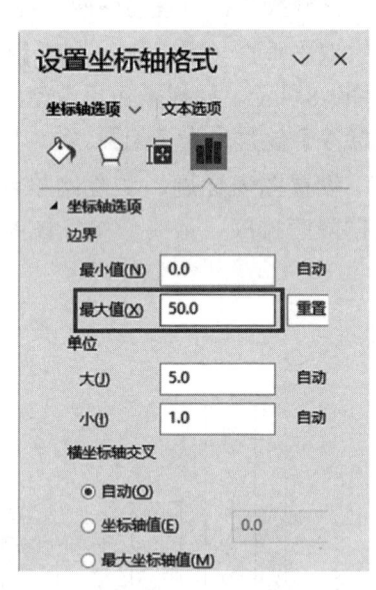

图9-12 坐标轴设置

双击垂直(值)轴,设置坐标轴最大值和次坐标轴垂直(值)轴最大值一致,如图9-12所示。

在图表上右键单击,菜单中选择【选择数据】,在【选择数据源】窗口中单击【添加】,弹出的【编辑数据系列】窗口中设置如图9-13所示,单击【确定】按钮。

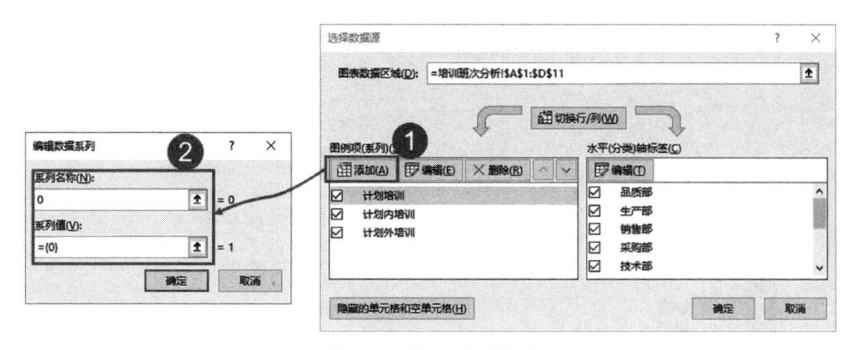

> 第9章 培训数据模板的建立，以图表呈现培训效果

图9-13 数据系列设置

同样操作，再增加一个数据系列，完成后如图9-14所示。

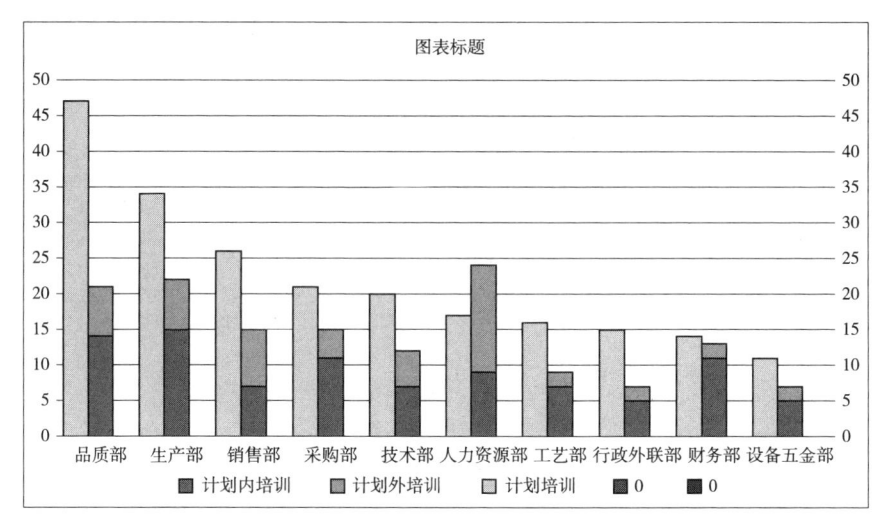

图9-14 图表初步设置效果

双击"计划培训"系列柱形，在右侧窗格中设置【系列重叠】和【间隙宽度】都为0%，如图9-15所示。

同样操作，设置另外两个系列中其中一个的【间隙宽度】为200%。

修改图表标题、删除网格线、设置两个垂直轴标签位置为【无】、删除新增的两个系列图例、设置数据标签等操作，完成后效果如图9-16所示。

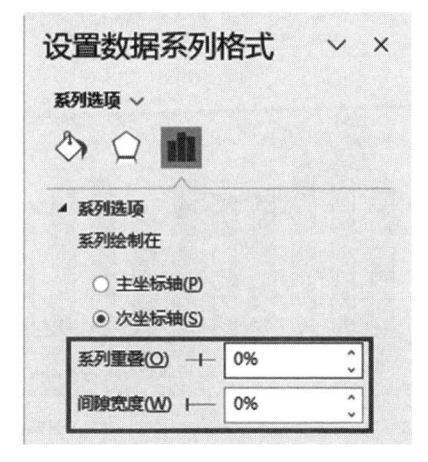

图9-15 设置数据系列格式

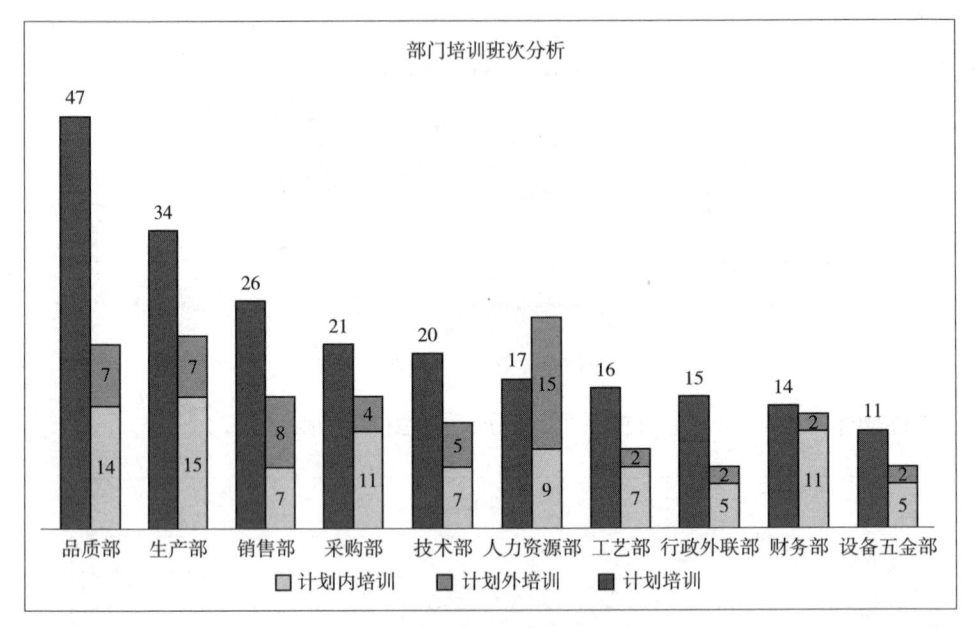

图9-16 培训班次分析最终效果图

同样操作，设置月度数据情况，完成后效果如图9-17所示。

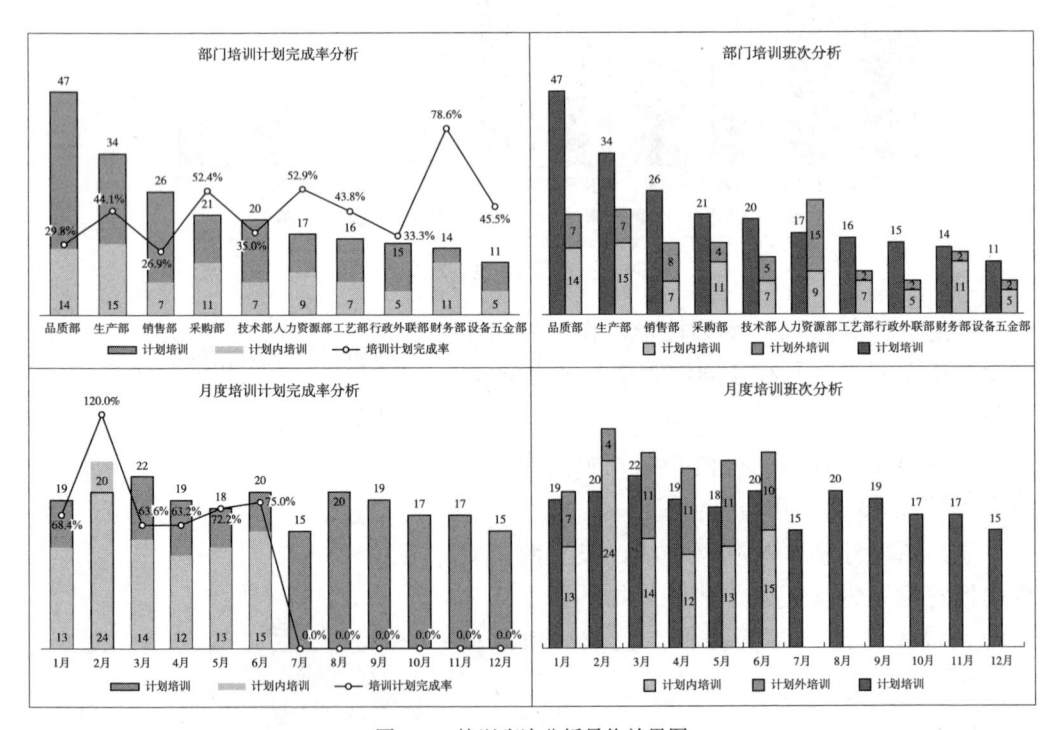

图9-17 培训班次分析最终效果图

9.2 人均培训学时分析

人均培训学时是培训管理工作中的一项重要指标,它是考核员工培训量的指标。

人均培训学时的计算方法:人均培训学时=培训总学时÷平均人数

人均培训学时分析,可以从部门、职级、岗位、工龄等维度来分析,以部门人均培训学时为例,具体操作步骤如下:

STEP 1 新建工作表。新建名为"人均培训学时分析"的工作表,并设计表格结构,如图9-18所示。

	A	B	C	D	E
1	部门	培训总学时	平均人数	人均培训学时	公司人均培训学时
2	品质部				
3	生产部				
4	销售部				
5	采购部				
6	技术部				
7	人力资源部				
8	工艺部				
9	行政外联部				
10	财务部				
11	设备五金部				

图9-18 人均培训学时表格结构

STEP 2 导入员工信息和培训学时。"员工培训考核情况统计表"工作表中在设计时没有体现部门信息和培训学时,可以通过员工信息表和培训班汇总表将部门信息、培训学时导入。

在B列后面插入一列,C1单元格输入"部门",C2单元格输入下列公式:

=VLOOKUP(A2,员工信息表!A:C,3,0)

然后在D列后面插入一列,E1单元格输入"培训学时",E2单元格输入公式:

=VLOOKUP(D2,'培训班汇总表 '!A:M,13,0)

完成后如图9-19所示。

	A	B	C	D	E	F	G	H
1	员工编号	姓名	部门	培训编号	培训学时	培训项名称	考核成绩	考核结果
2	GT00036	李少博	品质部	GT-HR-2021-T0001	2	重要工序控制方法	95	优秀
3	GT00067	刘永刚	品质部	GT-HR-2021-T0001	2	重要工序控制方法	93	优秀
4	GT00068	张菁菁	品质部	GT-HR-2021-T0001	2	重要工序控制方法	91	优秀
5	GT00079	巩欢	品质部	GT-HR-2021-T0001	2	重要工序控制方法	69	不合格
6	GT00094	李晓丰	品质部	GT-HR-2021-T0001	2	重要工序控制方法	98	优秀
7	GT00109	田立茂	品质部	GT-HR-2021-T0001	2	重要工序控制方法	74	合格
8	GT00128	吴小兰	品质部	GT-HR-2021-T0001	2	重要工序控制方法	89	良好
9	GT00036	李少博	品质部	GT-HR-2021-T0002	2	产品检验标准	93	优秀
10	GT00067	刘永刚	品质部	GT-HR-2021-T0002	2	产品检验标准	91	优秀

图9-19 员工部门导入

STEP ③ 编辑公式。在B2、D2、E2三个单元格分别输入下列公式，并向下填充公式：

B2=SUMIF(员工培训考核情况统计表!C:C,A2,员工培训考核情况统计表!E:E)

D2=ROUND(B2/C2,1)

E2=ROUND(SUM($B$2:$B$11)/SUM($C$2:$C$11),1)

输入各部门平均人数，完成后如图9-20所示。

	A	B	C	D	E
1	部门	培训总学时	平均人数	人均培训学时	公司人均培训学时
2	品质部	337	12	28.1	23.6
3	生产部	1483	57	26	23.6
4	销售部	239	12	19.9	23.6
5	采购部	134	5	26.8	23.6
6	技术部	143	6	23.8	23.6
7	人力资源部	169	6	28.2	23.6
8	工艺部	145	6	24.2	23.6
9	行政外联部	125	8	15.6	23.6
10	财务部	115	6	19.2	23.6
11	设备五金部	105	9	11.7	23.6

图9-20 人均培训学时表格效果图

STEP ④ 图表设置。将D列降序排序，按住【Ctrl】键分别选中A1:A11、D1:E11数据区域，插入组合图【簇状柱形图-折线图】，如图9-21所示。

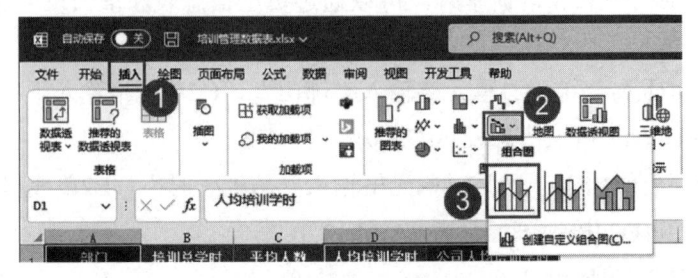

图9-21 插入组合图

单击选择折线最右端，然后再单击，设置数据标签为【上方】。同样操作，柱形系列设置数据标签为【数据标签外】。

设置图表标题、删除网格线、删除垂直（值）轴，美化图表，效果如图9-22所示。

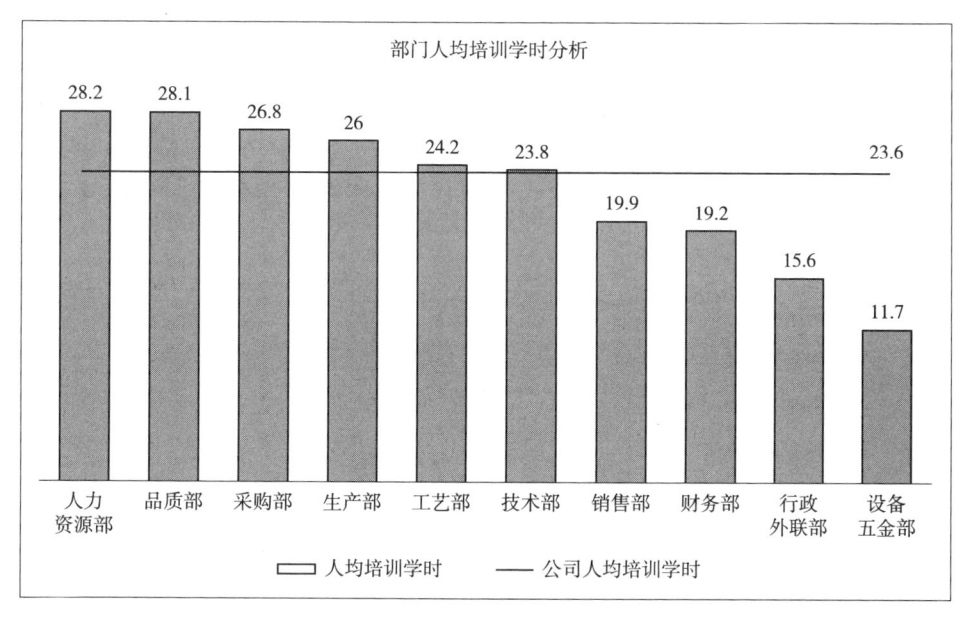

图9-22　部门人均培训学时分析图

同样操作，可以以职级、岗位、工龄等维度来分析人均培训学时。

9.3 培训覆盖率统计分析

培训覆盖率是用来考察培训组织效果的指标，它是用来考察在指定周期内参加培训人员比例。

培训覆盖率有两种计算方法：培训覆盖率=培训人次÷额定员工人数

培训覆盖率=培训人数÷计划应培训人数

前一种算法中，如果周期内多次培训，则分子为多次培训人数之和，分母为了便于计算，可以用"当期平均人数*培训次数"来表示，具体公式：

培训覆盖率=培训总人数÷（当期平均人数*培训次数）

第二种算法实际是培训出勤率，这种算法可以直观衡量培训组织效果，本例中使用第二种算法来讲解。

培训覆盖率可以从日期、部门、职级、岗位等维度来分析。本例中以月份和部门维度来讲解，具体操作步骤如下：

STEP① 新建工作表。新建名为"培训覆盖率"的工作表，在F2单元格输入"2021-1-1"，然后拖动单元格右下角到F13单元格，在右下角显示的【自动填充选项】中选择【以月填充】，如图9-23所示。

选中F2:F13数据区域，按组合键【Ctrl+1】调出【设置单元格格式】窗口，在【自定义】的【类型】文本框中输入"M月"，如图9-24所示，单击【确定】按钮。

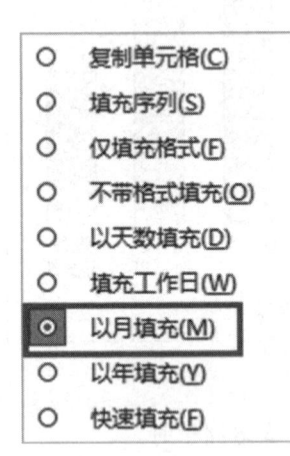

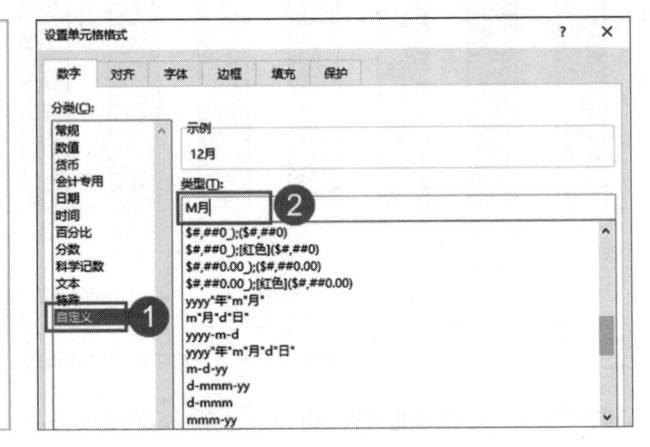

图9-23 自动填充选项设置　　　　图9-24 设置单元格格式

表格结构完成后如图9-25。

图9-25 培训覆盖率工作表结构

STEP② 编辑公式。在B2、C2、D2、G2、H2、I2单元格分别输入公式，并向下填充公式。

B2=SUMIF('培训班汇总表'!$G:$G,$A2,'培训班汇总表'!J:J)

C2=SUMIF('培训班汇总表'!$G:$G,$A2,'培训班汇总表'!I:I)

D2=ROUND(B2/C2,3)

G2=SUMIFS('培训班汇总表'!J:J,'培训班汇总表'!$C:$C,">="&$F2,'培训班汇总表'!$C:$C,"<="&EOMONTH($F2,0))

H2=SUMIFS('培训班汇总表'!I:I,'培训班汇总表'!$C:$C,">="&$F2,'培训班汇总表'!$C:$C,"<="&EOMONTH($F2,0))

I2=ROUND(G2/H2,3)

完成后效果如图9-26所示。

部门	实际参训人数	计划参训人数	培训覆盖率		月份	实际参训人数	计划参训人数	培训覆盖率
人力资源部	224	231	97.0%		1月	260	287	90.6%
品质部	132	154	85.7%		2月	127	146	87.0%
采购部	52	59	88.1%		3月	187	206	90.8%
生产部	619	666	92.9%		4月	151	169	89.3%
工艺部	41	49	83.7%		5月	345	367	94.0%
技术部	48	55	87.3%		6月	312	344	90.7%
销售部	71	82	86.6%		7月			
财务部	45	48	93.8%		8月			
行政外联部	118	138	85.5%		9月			
设备五金部	32	37	86.5%		10月			
					11月			
					12月			

图9-26 培训覆盖率表格完成效果图

STEP 3 部门培训覆盖率图表设置。将D列数据降序排序，按住【Ctrl】键分别选中A1:A11，D1:D11数据区域，插入【条形图】。

双击垂直（类别）轴，在右侧窗格中将【逆序类别】复选框勾选，如图9-27所示。

单击任意条形，在右侧窗格中设置【间隙宽度】为80%，如图9-28所示。

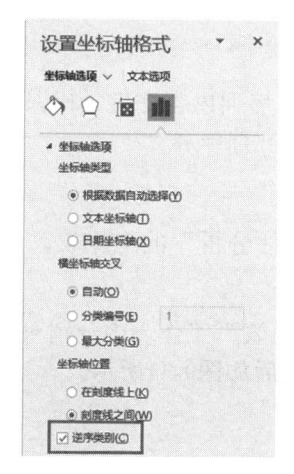

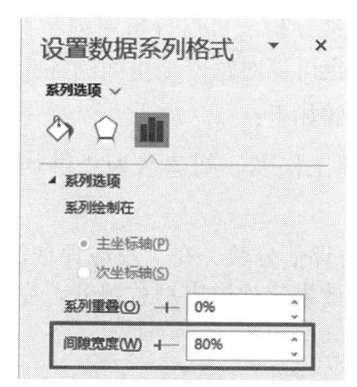

图9-27 设置逆序类别　　图9-28 设置数据系列格式

在图表右上角依次单击【图表元素】→【数据标签】→【数据标签外】。

设置图表标题、删除网格线、美化图表，最终效果如图9-29所示。

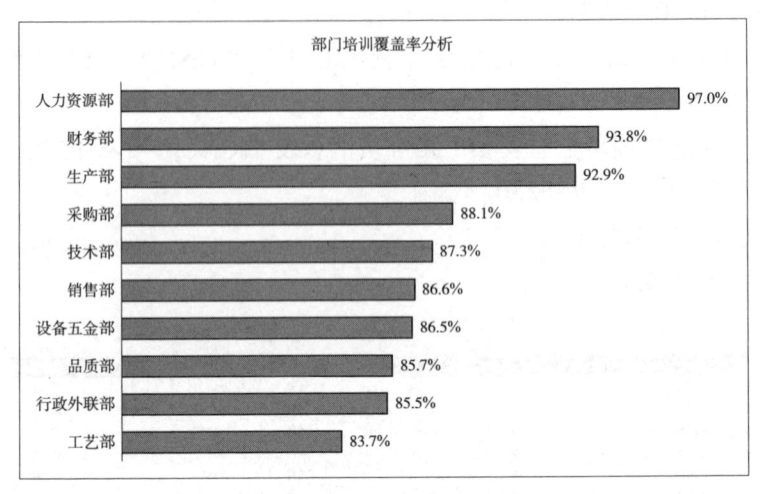

图9-29　部门培训覆盖率分析图

月度培训覆盖率可以用折线、柱形等图表来呈现，此处不再赘述。

9.4 内部培训讲师分析与评测

为保证内部讲师培训效果，内部培训讲师的动态管理是必需的，获取学员对内部培训讲师的评价结果后，通过对评价结果的分析，找到内部培训讲师的短板，可以针对性提升。

内部培训讲师分析，可以分析培训学员对培训内容评价、授课评价和培训效果三方面的评分，也可以对每一项里面的各个细分项评分。

具体设计步骤如下：

STEP① 新建工作表。 新建名为"讲师评估分析"的工作表，表格结构设置如图9-30所示。

STEP② 汇总评估分数。 在"反应评估汇总表"工作表中分别对培训内容评价、授课评价和培训效果三项内容汇总得分，完成后如图9-31所示。

	A	B	C	D	E
1					
2					
3		培训讲师	培训班次	培训学时	平均得分
4					
5		**姓名**	**项目**	**标准分**	**平均分**
6			培训内容得分	30	
7			授课评价得分	30	
8			培训效果得分	40	
9			**培训内容**	**标准分**	**平均分**
10			课件内容丰富	5	
11			便于理解	5	
12			便于应用于工作	5	
13			联系工作实际	5	
14			逻辑性、系统性	5	
15			对课程观点认同度	5	
16			**授课评价**	**标准分**	**平均分**
17			对教学过程安排合理有序	6	
18			讲师语言清晰、表达准确	6	
19			突出重点、详略得当	6	
20			方法灵活、手段多样	6	
21			与学员进行课程互动	6	
22			**培训效果**	**标准分**	**平均分**
23			培训时间安排	10	
24			培训形式安排	10	
25			帮助分析与解决问题	10	
26			启发工作思路	10	

图9-30 讲师评估分析表格结构

	A	B	C	D	E	F	G	H	I	J	K	L	M	N	O	P	Q	R	S	T	U
1	培训编号	培训讲师	课件内容丰富	便于理解	便于应用于工作	联系工作实际	逻辑性、系统性	对课程观点认同度	培训内容得分	对教学过程安排合理	讲师语言清晰、表达	突出重点、详略得当	方法灵活、手段多样	与学员进行课程互动	授课评价得分	培训时间安排	培训形式安排	帮助分析与解决问题	启发工作思路	培训效果得分	总分
2	GT-HR-2021-T0001	李静	5	5	4	1	3	2	20	6	6	3	6	6	27	9	10	6	10	35	82
3	GT-HR-2021-T0002	李静	5	5	5	5	5	4	29	5	5	1	6	6	23	8	3	6	7	24	76
4	GT-HR-2021-T0003	李玉红	5	4	5	2	5	4	25	6	3	2	6	1	18	10	10	6	10	36	79
5	GT-HR-2021-T0004	吴谦谦	5	5	5	5	0	3	23	1	3	6	0	6	16	6	6	1	5	18	57
6	GT-HR-2021-T0005	李锐	4	4	4	5	4	5	26	6	1	1	3	6	17	7	10	6	10	33	76
7	GT-HR-2021-T0006	郝松松	5	5	2	5	3	2	22	6	6	0	3	6	21	10	4	8	10	32	75
8	GT-HR-2021-T0007	李静	1	5	5	5	0	3	19	1	1	6	6	6	20	10	4	10	10	34	73
9	GT-HR-2021-T0008	李静	4	5	3	5	5	1	23	6	6	5	3	5	25	10	8	10	10	38	86
10	GT-HR-2021-T0009	李玉红	5	4	1	1	4	3	18	5	6	3	4	2	20	3	8	6	10	27	65
11	GT-HR-2021-T0010	李玉红	2	5	5	1	5	1	19	6	6	6	1	3	22	5	10	10	10	35	76
12	GT-HR-2021-T0011	李玉红	5	2	5	5	1	1	19	6	6	6	1	0	19	2	10	1	10	23	61
13	GT-HR-2021-T0012	张立锋	4	3	4	4	3	4	22	6	5	6	6	3	26	9	8	6	8	31	79
14	GT-HR-2021-T0013	李少博	5	3	5	4	4	4	25	5	1	1	2	5	14	8	8	6	7	29	68
15	GT-HR-2021-T0014	张龙	4	3	5	5	5	4	26	6	5	1	6	6	24	8	8	8	5	29	79
16	GT-HR-2021-T0010	周涛	3	4	3	4	3	5	22	4	6	5	6	2	23	10	9	7	10	36	81
17	GT-HR-2021-T0015	刘涛	4	5	4	5	5	4	27	3	2	4	4	4	17	7	7	7	9	30	74
18	GT-HR-2021-T0016	赵红花	3	4	3	4	3	5	22	3	2	2	1	2	10	5	7	10	8	30	62
19	GT-HR-2021-T0017	陈武	3	5	4	4	5	4	25	2	5	4	5	1	17	6	7	8	7	28	70
20	GT-HR-2021-T0018	张龙	4	4	5	5	3	4	25	4	5	1	3	1	14	9	9	5	7	30	69
21	GT-HR-2021-T0019	吴谦谦	5	3	4	4	4	4	24	5	6	1	1	1	14	6	6	9	10	31	69
22	GT-HR-2021-T0020	齐涛	4	3	5	3	3	4	22	6	3	5	2	5	21	8	10	6	5	29	72

图9-31 汇总得分后效果

STEP③数据验证设置。B列输入内部培训讲师姓名，选中B2单元格，在【数据】选项卡【数据工具】功能区单击【数据验证】按钮，调出【数据验证】窗口。

在【允许】下拉列表中选择【序列】选项，在【来源】文本框中输入公式“=OFFSET($B$6,,,COUNTA($B$6:$B$99),)”，单击【确定】按钮，如图9-32所示。

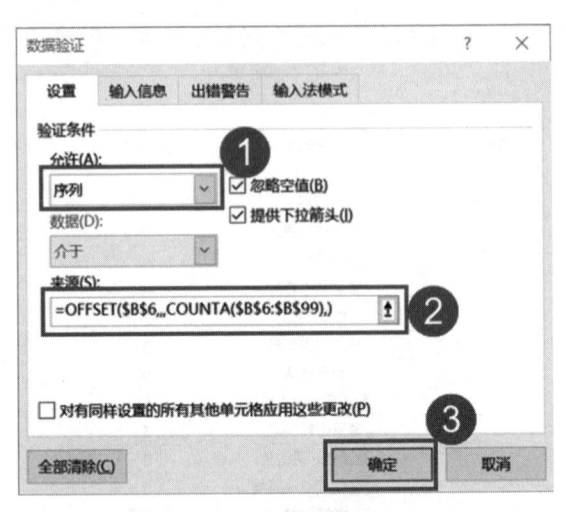

图9-32 数据验证设置

STEP ④ 公式编辑。在各个单元格编辑下列公式：

C2=COUNTIF('培训班汇总表'!H:H,B2)

D2=SUMIF('培训班汇总表'!H:H,B2,'培训班汇总表'!M:M)

E2=ROUND(AVERAGEIF(反应评估汇总表!B:B,B2,反应评估汇总表!R:R),1)

E10=ROUND(AVERAGEIF(反应评估汇总表!B:B,$B$2,OFFSET(反应评估汇总表!$B:$B,,MATCH(C10,反应评估汇总表!$C$1:$U$1,0))),1)，向下拖到E26单元格，然后将E16、E22单元格修改为"平均分"。

完成后如图9-33所示。

图9-33 讲师评估表格完成后效果图

第9章　培训数据模板的建立，以图表呈现培训效果

STEP ⑤ 图表设置。选中C5:E8数据区域，插入【填充雷达图】，如图9-34所示。

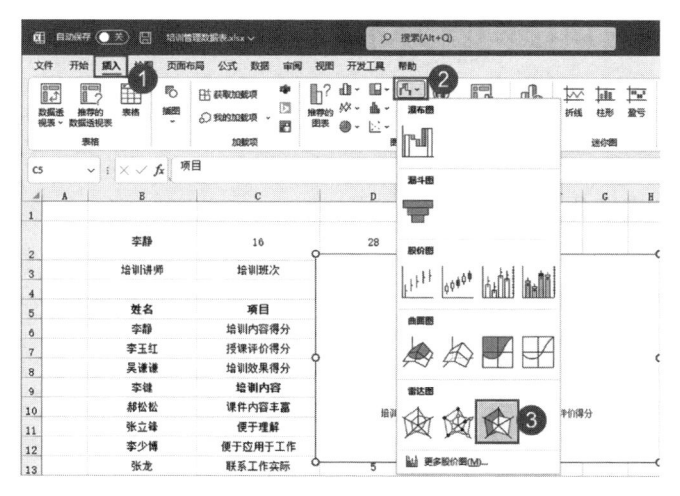

图9-34　插入填充雷达图

依次选中C9:E15、C16:E21、C22:E26数据区域，分别插入【填充雷达图】。

STEP ⑥ 表格及图表美化。调整表格格式，修改图表标题、设置填充颜色，最终美化后效果如图9-35所示。

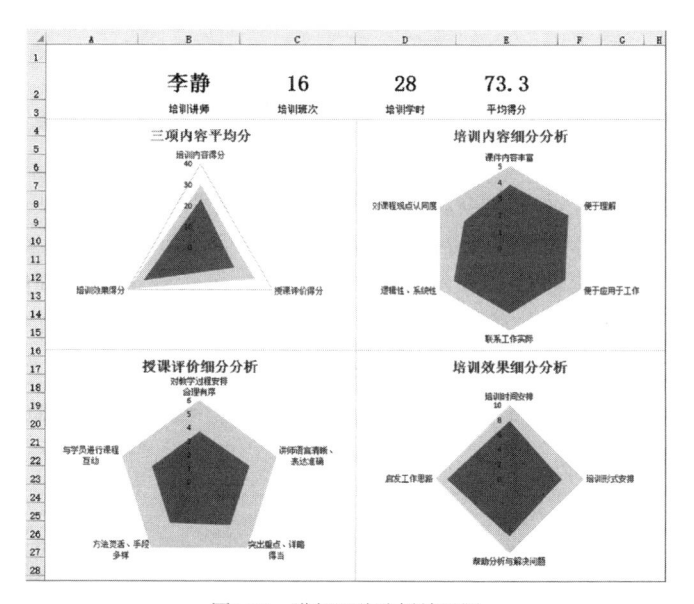

图9-35　讲师评估分析效果图

在B2单元格下拉菜单中选择不同的讲师，将出现他们各自的分析数据。

209

9.5 培训评估分析

柯氏四级培训评估是基础且常用的培训评估模式。

柯氏四级培训评估分别是：

（1）反应评估。

主要是评估参训人员对培训项目组织时间、场地、培训设施、培训内容、培训方法、培训讲师的表现等方面的感受。

数据获取方式主要为调查问卷、访谈等。

（2）学习评估。

主要是评估参训人员对培训知识、技能的掌握程度。

数据获取方式主要为笔试、现场问答、实操演练等。

（3）行为评估。

主要是评估参训人员对培训知识、技能在实际工作中应用的程度。

数据获取方式主要为观察、访谈、评价等。

（4）成果评估。

主要是评估培训组织后参训人员以及组织的绩效提升程度。

数据获取方式主要为：绩效提升数据，例如业务量、产量、绩效分数、成本降低、工作效率提升等。

四级评估中，反应评估数据和学习评估数据在培训组织后可以获取每位参训人员的数据，这些数据可以进行常态化分析；行为评估数据需要HR组织实施，每场培训都组织并不现实，需要花费大量时间和精力，所以有需求时可以根据评估数据分析；成果评估数据获取的难度和准确度都较大，而且需要培训项目结束后一定时间才能获取，这项数据也是根据需求来获取和分析。

反应评估数据分析在9.4节内容中已经讲解思路，本节主要来讲解学习评估和成果评估方面的数据分析。

9.5.1 学习评估数据分析

具体操作步骤如下：

STEP 1 新建工作表。新建名为"学习评估分析"的工作表，并设计表格结构如

图9-36所示。

STEP ②编辑公式。在B2单元格输入公式,并向左拖动,向下填充。
=COUNTIFS(员工培训考核情况统计表!$C:$C,$A2,员工培训考核情况统计表!$H:H,B1)

增加一行总计行,完成后如图9-37所示。

	A	B	C	D	E
1	部门	优秀	良好	合格	不合格
2	销售部				
3	生产部				
4	技术部				
5	财务部				
6	人力资源部				
7	采购部				
8	工艺部				
9	品质部				
10	设备五金部				
11	行政外联部				

图9-36 学习评估分析表结构

	A	B	C	D	E
1	部门	优秀	良好	合格	不合格
2	销售部	20	16	18	49
3	生产部	162	146	139	248
4	技术部	9	15	12	31
5	财务部	6	10	17	13
6	人力资源部	19	10	9	31
7	采购部	13	11	14	23
8	工艺部	12	21	13	16
9	品质部	33	28	31	54
10	设备五金部	10	12	9	17
11	行政外联部	12	16	6	17
12	全公司	296	285	268	499

图9-37 学习评估分析表完成后效果图

STEP ③辅助表格设置。选中H2单元格,在【数据】选项卡【数据工具】功能区域调出【数据验证】窗口,在【允许】下拉列表中选择【序列】选项,鼠标定位在【来源】文本框中选择A2:A12数据区域,单击【确定】按钮,如图9-38所示。

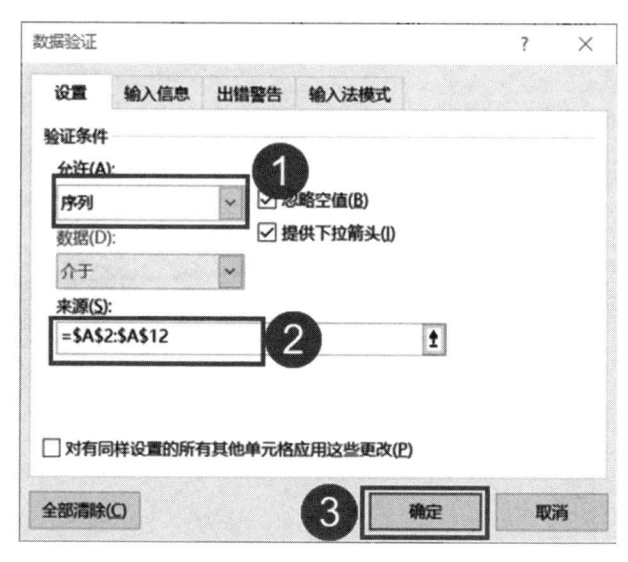

图9-38 设置下拉菜单

在H5单元格输入公式,并向右拖动到K5单元格,完成后如图9-39所示。
=VLOOKUP($H$2,$A$2:$E$12,COLUMN(B1),0)

	A	B	C	D	E	F	G	H	I	J	K
1	部门	优秀	良好	合格	不合格						
2	销售部	20	16	18	49			人力资源部			
3	生产部	162	146	139	248						
4	技术部	9	15	12	31			优秀	良好	合格	不合格
5	财务部	6	10	17	13			19	10	9	31
6	人力资源部	19	10	9	31						
7	采购部	13	11	14	23						
8	工艺部	12	21	13	16						
9	品质部	33	28	31	54						
10	设备五金部	10	12	9	17						
11	行政外联部	12	16	6	17						
12	全公司	296	285	268	499						

图9-39 辅助表格完成效果图

STEP ④ 图表设置。选中H4:K5数据区域,插入【饼图】,设置标签位置为【最佳位置】,双击标签,在右侧窗格中进行设置,如图9-40所示。

STEP ⑤ 美化图表。删除图表标题、图例,在I2单元格输入"学习评估分析",美化表格和图表,完成后如图9-41所示。

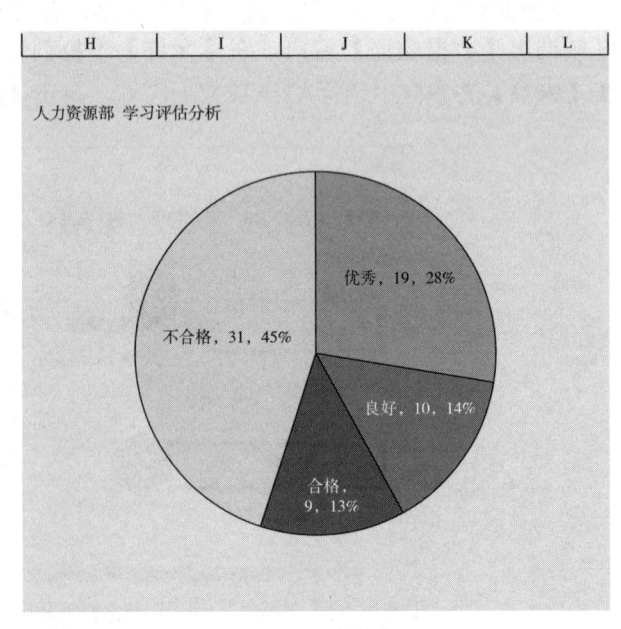

图9-40 标签设置

图9-41 学习评估分析最终效果

9.5.2 结果评估数据分析

某公司良品率一直达不到标准，生产部在2021年2月至4月每月组织1期培训，主要目的是提高良品率，最终在员工良品率绩效得分上得到体现。经过3月至9月连续7个月的数据统计，现在来分析员工通过培训绩效是否得到了提升。

具体操作步骤如下：

STEP① 收集数据。准备参训员工3月至9月良品率绩效得分，如图9-42所示。

STEP② 辅助表格设置。在G2单元格设置下拉菜单，下拉菜单内容为参训员工姓名，如图9-43所示。

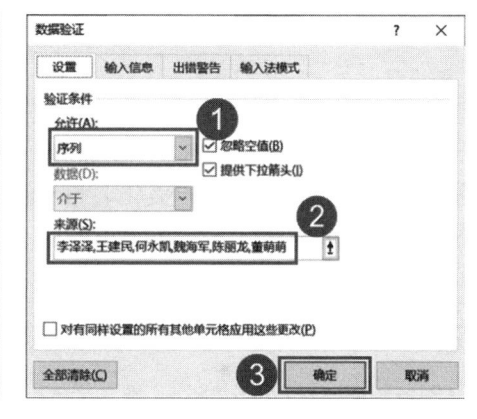

图9-42 学员良品率绩效得分

图9-43 下拉菜单设置

在H5单元格输入公式，并向下填充，完成后如图9-44所示。
=SUMIFS(D:D,B:B,$G$2,$C:$C,G5)

图9-44 辅助表格完成后效果图

STEP ③ 图表设置。选中G4:H11数据区域,插入【折线图】,单击图表右上角【图表元素】,依次选择【趋势线】→【线性】,如图9-45所示。

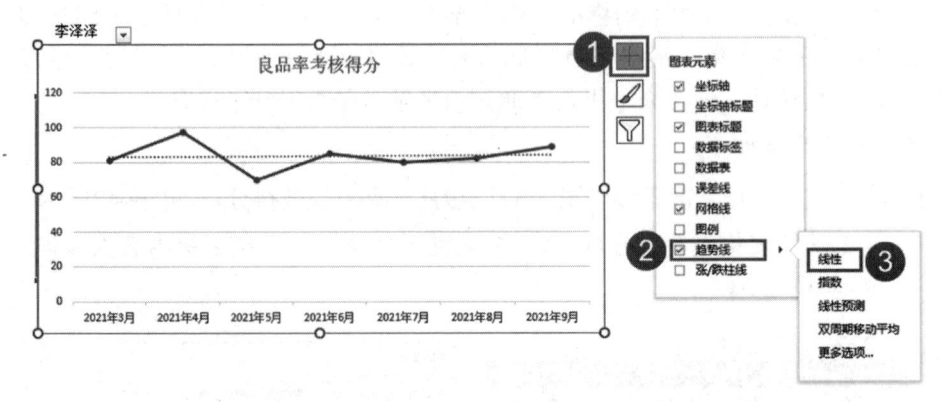

图9-45 趋势线设置

STEP ④ 图表美化。删除图表标题、网格张、垂直(值)轴,在H2单元格输入"培训后绩效提升情况",美化表格和图表,完成后如图9-46所示。会发现有的员工绩效提升特别明显。

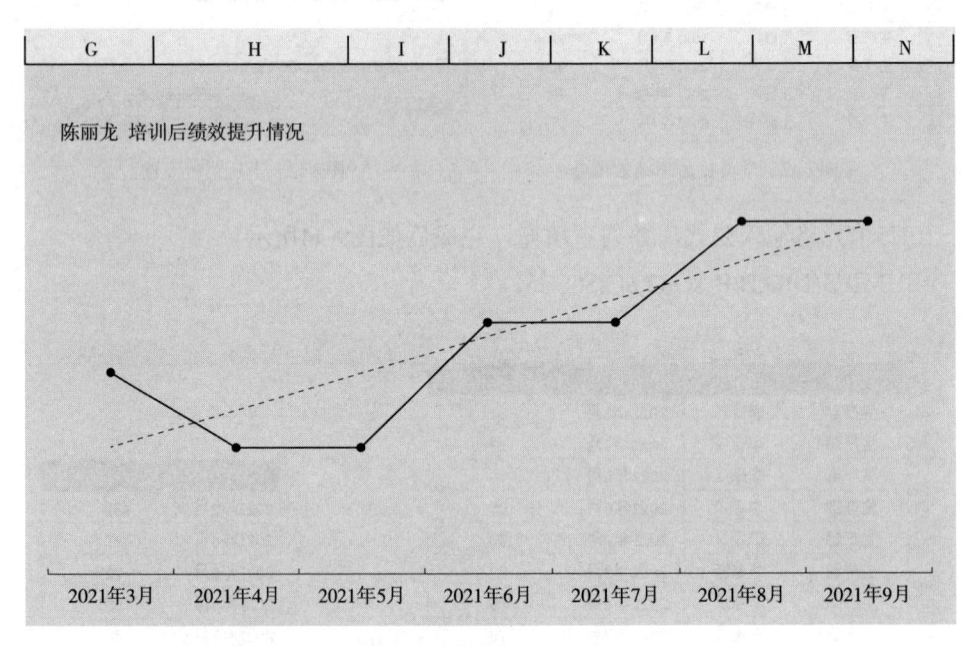

图9-46 结果评估分析最终效果图

9.6 培训成本数据统计分析

根据操作技能难度和应用范围，本节主要讲解月度培训费用预算完成情况分析、培训直接成本构成分析和人均培训直接成本分析，其他内容分析可以参照本节内容操作。

培训成本分析，主要从以下几个方面进行：

（1）培训直接成本和间接成本构成分析。

（2）培训费用预算完成情况，如月度预算完成情况、全年预算完成情况、部门预算完成情况。

（3）培训费用构成情况，主要是培训费用在各个方面的支出情况。

（4）内训和外训培训费用对比情况。

（5）人均培训成本分析。

（6）培训费用历史数据对比情况。

9.6.1 月度培训费用预算完成情况分析

STEP 1 新建工作表。新建名为"培训费用预算分析"的工作表。

在A2单元格输入"2021-1-1"，然后拖动单元格右下角到A13单元格，在右下角显示的【自动填充选项】中选择【以月填充】，如图9-47所示。

选中A2:A13数据区域，按组合键【Ctrl+1】调出【设置单元格格式】窗口，在【自定义】的【类型】文本框中输入"M月"，如图9-48所示，单击【确定】按钮。

然后设计表格结构，录入数据，如图9-49所示。

STEP 2 编辑公式。在C2和D2单元格分别输入下列公式，并向下填充。

C2=SUMIFS(培训成本表!E:E,培训成本表!D:D,">="&A2,培训成本表!D:D,"<"&EDATE(A2,1),培训成本表!B:B,"直接成本")

D2=ROUND(C2/B2,3)

完成后如图9-50所示。

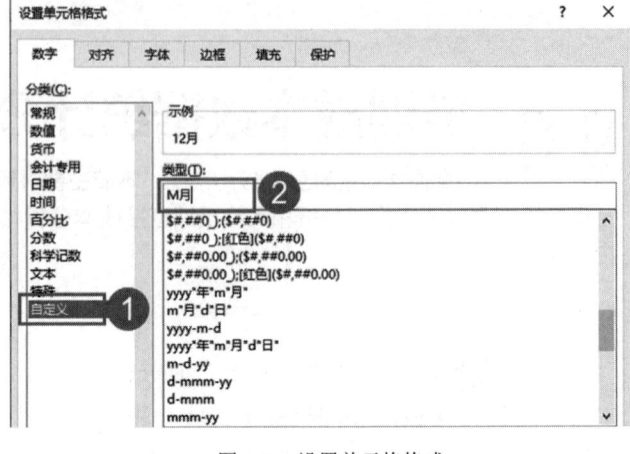

图9-47 自动填充选项设置

图9-48 设置单元格格式

	A	B	C	D
1	月份	预算金额	实际支出	预算完成率
2	1月	9000		
3	2月	22000		
4	3月	61000		
5	4月	25000		
6	5月	34000		
7	6月	71000		
8	7月	60000		
9	8月	43000		
10	9月	89000		
11	10月	50000		
12	11月	32000		
13	12月	25000		

图9-49 培训费用预算分析表格结构

	A	B	C	D
1	月份	预算金额	实际支出	预算完成率
2	1月	9000	5607	62.3%
3	2月	22000	15038	68.4%
4	3月	61000	82033	134.5%
5	4月	25000	16451	65.8%
6	5月	34000	37316	109.8%
7	6月	71000	58053	81.8%
8	7月	60000	0	0.0%
9	8月	43000	0	0.0%
10	9月	89000	0	0.0%
11	10月	50000	0	0.0%
12	11月	32000	0	0.0%
13	12月	25000	0	0.0%

图9-50 培训费用预算分析完成后效果图

STEP 3 图表设置。选择A1:D13数据区域，插入组合图【簇状柱形图-次坐标轴上的折线图】。

选择折线，设置数据标签为【上方】，分别选择两个柱形，设置数据标签为【居中】。

分别设置两个垂直（值）轴【标签】位置为【无】。

设置图表标题、删除网格线，美化图表，效果如图9-51所示。

第9章 培训数据模板的建立，以图表呈现培训效果

培训费用月度预算与完成分析

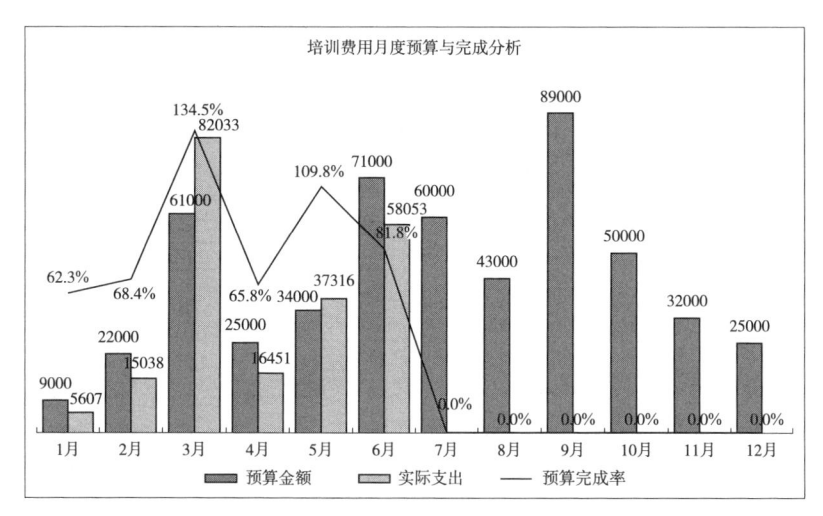

图9-51 培训费用月度预算与完成分析图

培训费用预算完成情况，可以以部门维度分析，操作思路是一样的，此处不再赘述。

9.6.2 培训直接成本构成分析

STEP① 新建工作表。新建名为"培训成本分析"的工作表，将"培训费用预算分析"工作表A列复制过来，设计表格结构如图9-52所示。

STEP② 编辑公式。在B2单元格输入下列公式，向右拖动，向下填充。

=SUMIFS(培训成本表!$E:$E,培训成本表!$C:$C,B$1,培训成本表!$D:$D,">="&$A2,培训成本表!$D:$D,"<"&EDATE($A2,1))

在表格最后一行加入合计行，完成后如图9-53所示。

月份	教材费	培训讲师费	办公后勤费	差旅费	培训设施费
1月					
2月					
3月					
4月					
5月					
6月					
7月					
8月					
9月					
10月					
11月					
12月					

图9-52 培训成本分析表格结构

月份	教材费	培训讲师费	办公后勤费	差旅费	培训设施费
1月	1266	2520	1821	0	0
2月	578	13300	1160	0	0
3月	1150	66660	1223	10000	3000
4月	763	14800	888	0	0
5月	1599	19060	2857	8800	5000
6月	2117	53440	2496	0	0
7月	0	0	0	0	0
8月	0	0	0	0	0
9月	0	0	0	0	0
10月	0	0	0	0	0
11月	0	0	0	0	0
12月	0	0	0	0	0
合计	7473	169780	10445	18800	8000

图9-53 培训成本分析表格效果图

STEP ③ 辅助表格设置。选中H2单元格，在【数据】选项卡【数据工具】功能区域调出【数据验证】窗口，在【允许】下拉列表中选择【序列】选项，在【来源】文本框中输入"1,2,3,4,5,6,7,8,9,10,11,12,合计"，单击【确定】按钮，如图9-54所示。

在I5单元格输入公式，并向右拖动到M5单元格，完成后如图9-55所示。

=INDEX(B2:B14,IF($J$2="合计",13,$J$2))

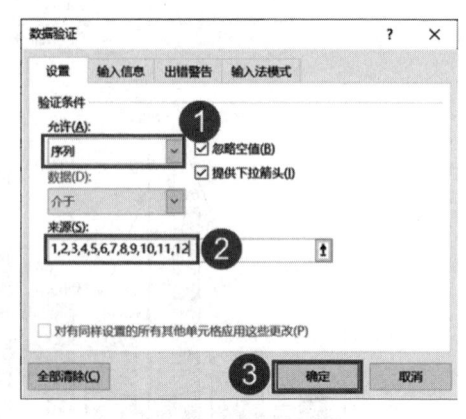

图9-54 设置下拉菜单

图9-55 辅助表格完成效果图

STEP ④ 图表设置。选中I4:M5数据区域，插入【饼图】，设置标签位置为【最佳位置】，双击标签，在右侧窗格中进行设置，如图9-56所示。

STEP ⑤ 美化图表。修改图表标题、删除图例，美化表格和图表，完成后如图9-57所示。

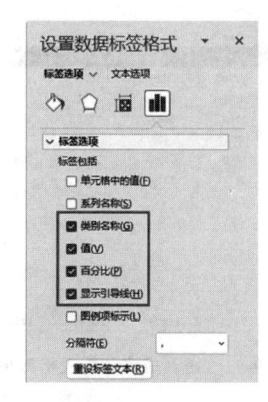

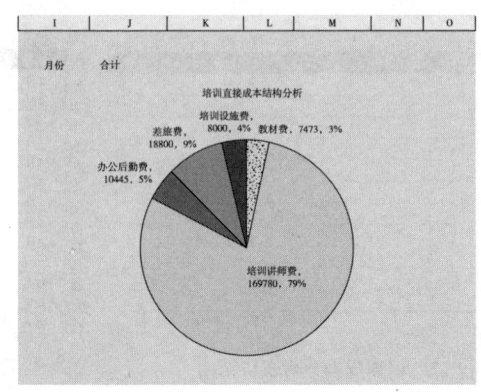

图9-56 标签设置　　图9-57 培训直接成本分析最终效果

9.6.3 人均培训直接成本分析

人均培训直接成本=培训总直接成本÷参训人数(次)

人均培训直接成本可以以月度、部门等维度来分析,部门维度指标计算有以下两种方式:

第一种是每个部门组织培训产生的费用计入部门费用,然后除以参训人数(次),每个计算方式未考虑参训人员为其他部门的情况,计算较简单。

第二种是每次培训都计算参训人员人均培训直接成本,在统计部门人均培训直接成本时,将各部门参训人员人均培训直接成本相加,再除以本部门参训人数(次),这种计算方式比较精准,但是计算较复杂。

本例中采用第二种计算方式,具体操作步骤如下:

STEP 1 新建工作表。新建名为"人均培训成本分析"的工作表,设计表格结构如图9-58所示。

部门	培训直接成本	参训人数(次)	人均培训直接成本	公司人均数
人力资源部				
财务部				
生产部				
采购部				
技术部				
销售部				
设备五金部				
品质部				
行政外联部				
工艺部				

图9-58 人均培训成本分析表格结构

STEP 2 辅助列设置。在"员工培训考核情况统计表"工作表中I1单元格输入"平均直接成本",在I2单元格输入下列公式,并向下填充。

=ROUND(SUMIF(培训成本表!A:A,D2,培训成本表!E:E)/COUNTIF(D:D,D2),1)

STEP 3 编辑公式。在B2、C2、D2、E2四个单元格分别输入下列公式,向下填充。

B2=SUMIF(员工培训考核情况统计表!C:C,A2,员工培训考核情况统计表!I:I)

C2=COUNTIF(员工培训考核情况统计表!C:C,A2)

D2=ROUND(B2/C2,1)

E2=ROUND(SUM($B$2:$B$11)/SUM($C$2:$C$11),1)

完成后效果如图9-59所示。

	A	B	C	D	E
1	部门	培训直接成本	参训人数(次)	人均培训直接成本	公司人均数
2	人力资源部	12577.5	69	182.3	156.5
3	财务部	19696.5	46	428.2	156.5
4	生产部	82383.5	695	118.5	156.5
5	采购部	9941.9	61	163	156.5
6	技术部	10704.7	67	159.8	156.5
7	销售部	20283.6	103	196.9	156.5
8	设备五金部	9370.3	48	195.2	156.5
9	品质部	21778.4	146	149.2	156.5
10	行政外联部	10545.5	51	206.8	156.5
11	工艺部	13701.2	62	221	156.5

图9-59　人均培训成本分析表格效果图

STEP ④ 图表设置。对D列降序排序，按住【Ctrl】键，分别选中A1:A11、D1:E11数据区域，插入组合图【簇状柱形图-折线图】。

单击折线最右侧，再单击，设置数据标签为【上方】，选择柱形，设置数据标签为【数据标签外】。

设置图表标题、删除网格线、删除垂直（值）轴，美化图表，效果如图9-60所示。

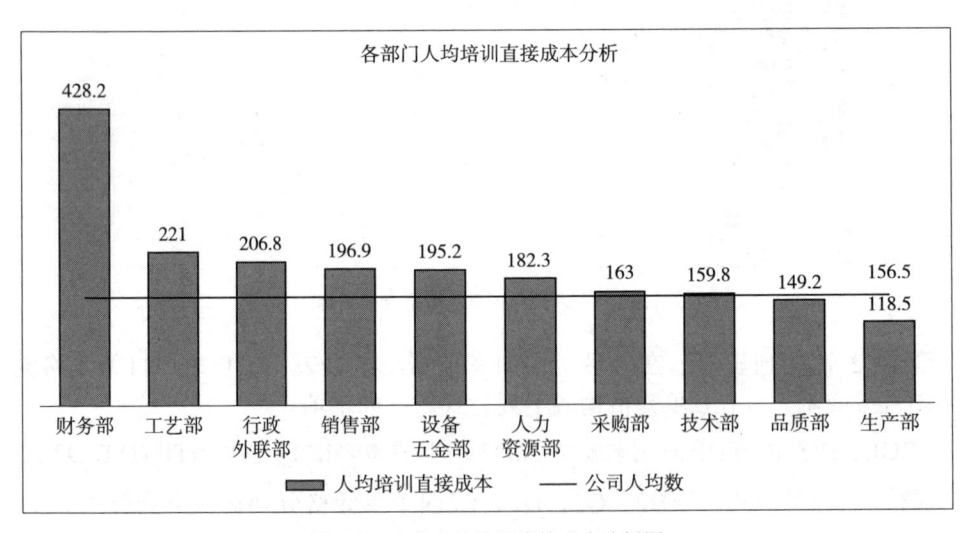

图9-60　人均直接培训直接成本分析图

第10章

考勤薪酬分析模板，总结规律无忧工作

考勤、薪酬方面数据分析是人力资源管理中最常用的分析之一，这两方面数据项目非常多，数据分析角度也是人力资源各模块中最多的，如何将考勤、薪酬数据展现出来并从中总结出有效的信息，是薪酬管理人员需要考虑的工作之一。

10.1 考勤薪酬数据统计分析总述

按整个薪酬系统的数据来说，其数据分析的角度是人力资源各模块中最多的。

考勤薪酬数据涉及考勤数据和费用数据。

（1）考勤数据一般涉及各项假期及考勤情况统计、出勤率统计、加班情况统计等。

（2）费用数据一般涉及的有基本工资、绩效工资、加班工资、奖金奖励、社会保险、公积金、福利、其他代扣费用等方面。

这些维度再结合总量和分项、周期性、岗位层级、员工结构、组织等方面的统计分析，会让HR非常头疼。

任何分析都不能脱离实际状况，每个公司甚至是同一公司不同时间的分析重点都不一样，掌握考勤、薪酬数据处理和通用分析思路，在使用时结合具体情形，将极大提高工作效率。

薪酬模块的数据分析，一般以年度为周期进行，因为年度是一个预算周期，也通常是各项工作进行最终总结的周期。在薪酬模块的数据统计分析中，数据透视表是最常用也是最方便的一种方法。

本章主要讲解以年度为周期用数据透视表汇总分析数据的方法，再结合图表的应用，对考勤数据和薪酬数据进行统计分析。

各节内容都是独立讲解，如果对各节内容排列组合，又会出现多种分析思路，例如人均薪酬历史数据对比分析、各部门薪酬项目构成分析、各职级薪酬分布分析等，这些需要读者自行摸索。

10.2 快速汇总全年薪酬数据

薪酬核算表一般是按月存储，分析年度薪酬数据时，汇总全年薪酬数据是HR比较头疼的问题，如何高效汇总全年薪酬数据，本节主要讲解具体操作方法。

STEP①准备表格。准备全年12个月薪酬表在一个工作簿中，如图10-1所示。

图10-1　全年薪酬表

STEP②进入Power Query编辑器。在【数据】选项卡【获取和转换数据】功能区依次选择【获取数据】→【来自文件】→【从Excel工作簿】，如图10-2所示。

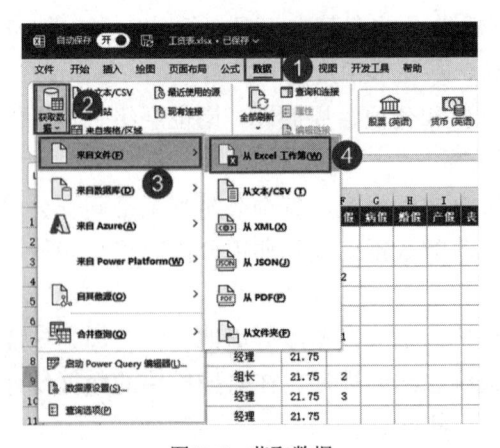

图10-2　获取数据

第10章 考勤薪酬分析模板，总结规律无忧工作

在弹出的【导入数据】窗口中选择工作簿所在文件夹，并双击选择工作簿，如图10-3所示。

在弹出的【导航器】窗口中选择"工资表.xlsx"文件夹，单击【转换数据】，如图10-4所示。

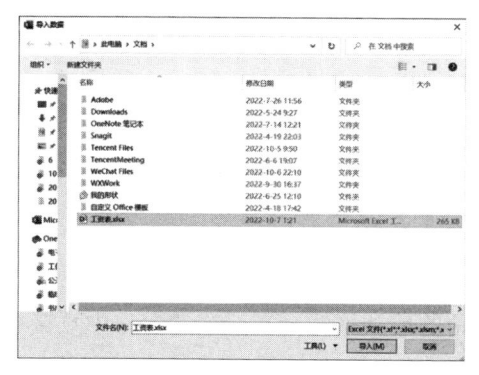

图10-3 导入数据　　　　　　　　　　　　图10-4 导航器操作

然后生成Power Query编辑器，如图10-5所示。

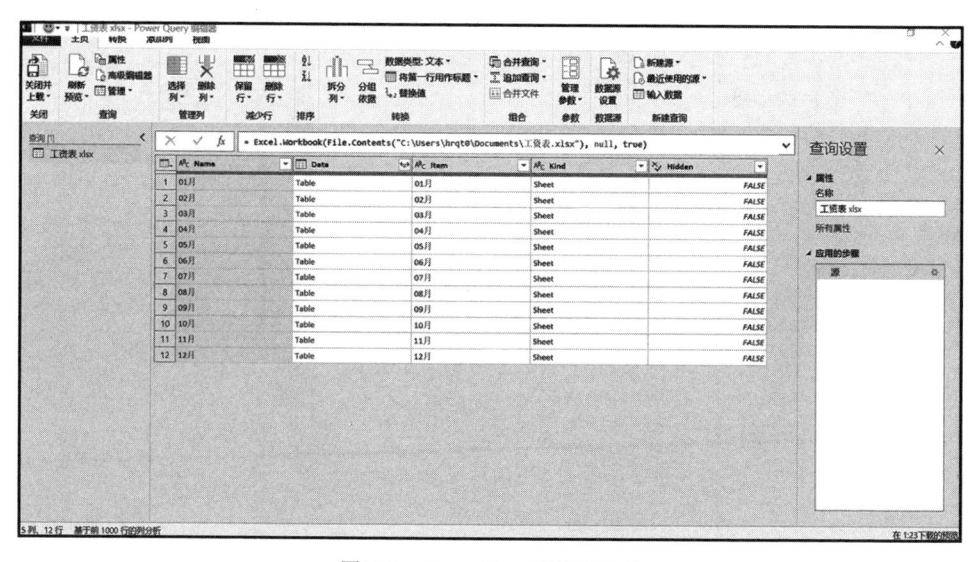

图10-5 Power Query编辑器界面

STEP 3 删除列。选中表格中后三列，右击选择【删除列】，如图10-6所示。

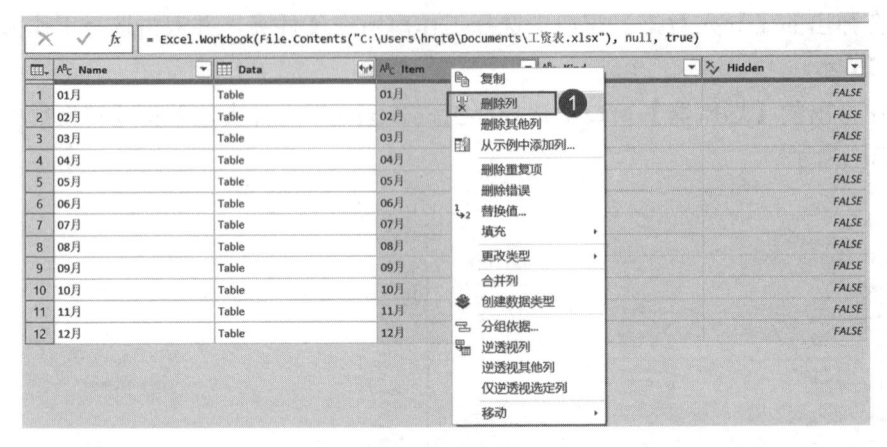

图10-6 删除列

STEP(4)展开列。单击【Data】列右上角的展开按钮，在弹出的窗口中直接单击【确定】按钮，如图10-7所示。

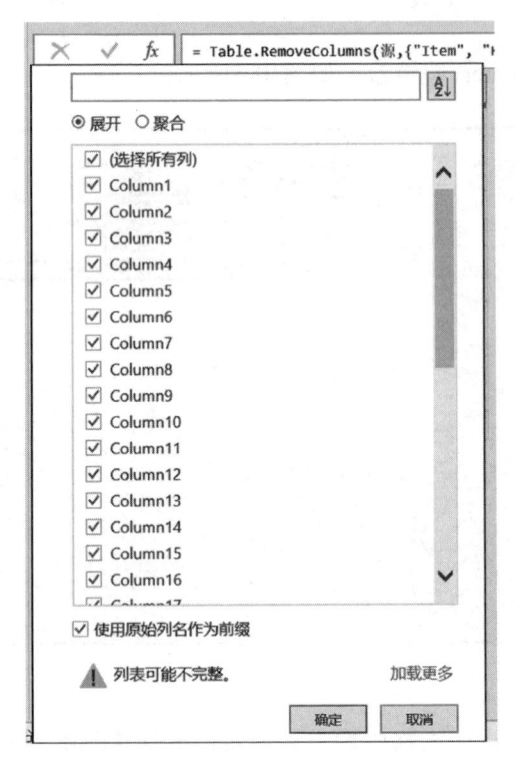

图10-7 展开列

STEP(5)提升标题。在【主页】选项卡【转换】功能区单击【将第一行用作标题】，如图10-8所示。

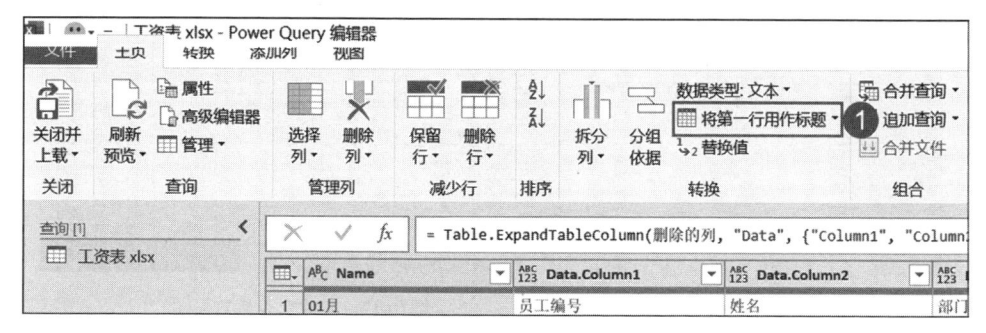

图10-8 提升标题

STEP ⑥ 更改标题类型。在右侧【应用的步骤】里面删除【更改的类型】操作，如图10-9所示。

STEP ⑦ 修改标题。双击第一列标题，修改为"月份"，如图10-10所示。

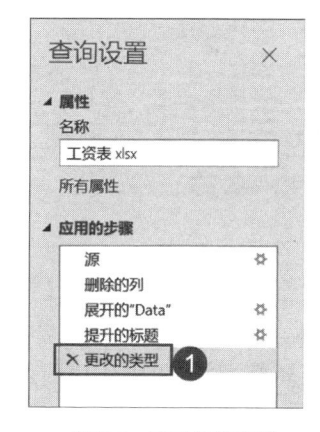

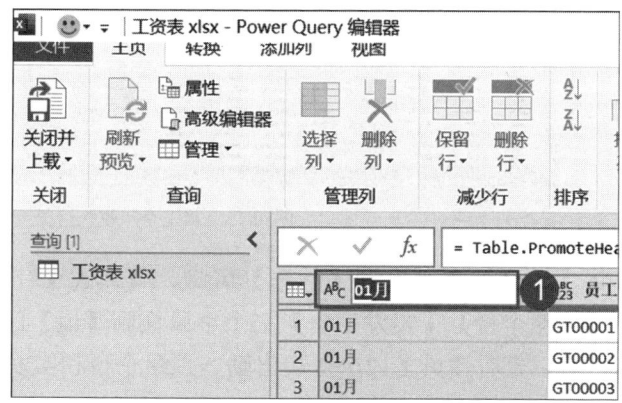

图10-9 更改标题类型

图10-10 修改标题

STEP ⑧ 上载数据。对"员工编号"列进行筛选操作，取消筛选项里面的"员工编号"选项，单击【确定】按钮，然后单击左上角【关闭并上载】，如图10-11所示。

这样会看到工作簿中新增一个名为"工资表 xlsx"的工作表，工作表中包含12个月薪酬数据，如图10-12所示。

利用这个表格可以实现员工薪酬数据的查询，一般应用包括：员工全年薪酬数据查询、员工全年社保明细查询、员工全年个税情况查询、员工全年考勤情况查询等。

鼠标定位在工作表中任意一个有数据单元格，插入【数据透视表】。将【月份】字段拖到【列】区域，【姓名】字段拖到【行】区域，【实发工资】字段拖到【值】区域，可以查看所有员工全年收入情况，如图10-13所示。

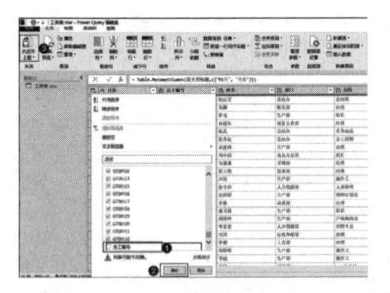

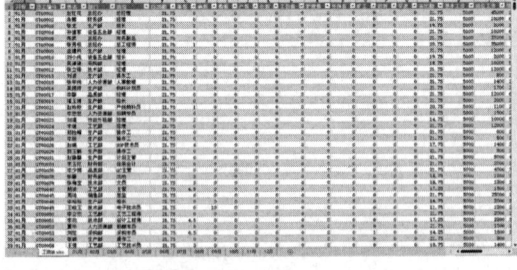

图10-11 上载数据　　　　　　图10-12 完成后表格效果图

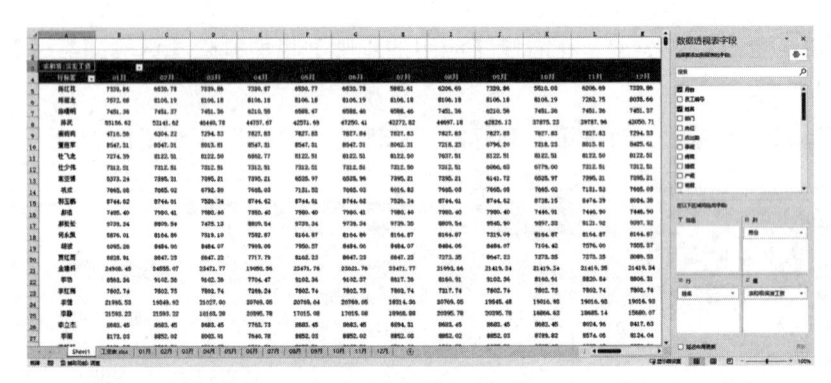

图10-13 员工全年收入情况

将【姓名】字段拖到【筛选】区域，【月份】字段拖到【行】区域，【实出勤】【预缴个税】【实发工资】三个字段拖到【值】区域，B2单元格选择任意员工姓名，可以查看该员工12个月实出勤、预缴个税和实发工资情况，如图10-14所示。

图10-14 员工全年数据查询

其他内容同样可以查询，不再演示。

10.3 部门出勤情况分析

部门出勤情况一般统计部门的出勤率或缺勤率：
部门的缺勤率=部门未出勤天数总和÷部门应出勤天数总和×100%
部门出勤率=部门实际出勤天数总和÷部门应出勤天数总和×100%

以部门出勤率为例来分析部门出勤情况，具体设计步骤如下：

STEP① 统计数据。将【部门】字段拖到【行】区域，【实出勤】和【应出勤】字段拖到【值】区域，如图10-15所示。

行标签	求和项:实出勤	求和项:应出勤
销售部	1704.50	1827.00
生产部	10373.50	10962.00
技术部	1249.50	1305.00
财务部	1255.00	1305.00
人力资源部	1247.00	1305.00
采购部	997.50	1044.00
工艺部	1492.00	1566.00
品质部	1989.00	2088.00
设备五金部	1508.00	1566.00
行政外联部	1765.50	1827.00
总经办	1006.00	1044.00
总计	24587.50	25839.00

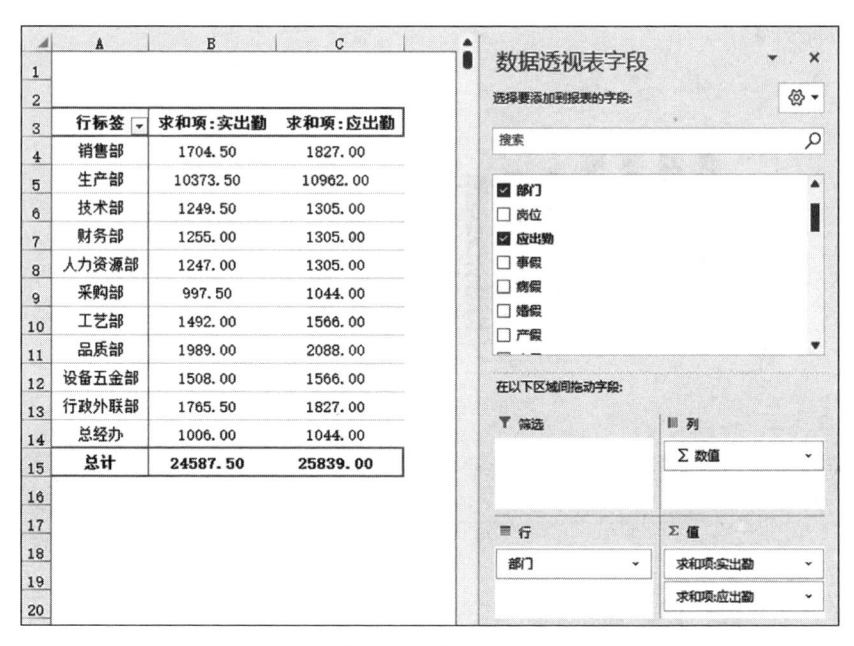

图10-15 统计数据

STEP② 导出数据。新建一个名为"部门出勤率"的工作表，将数据透视表的结果复制到该表中。

STEP③ 编辑公式。在D2、E2单元格分别编辑公式并向下填充。
D2=ROUND(B2/C2,3)
E2=ROUND(SUM($B$2:$B$12)/SUM($C$2:$C$12),3)
对D列降序排序，美化表格，完成后如图10-16所示。

STEP④ 创建图表。按住【Ctrl】键分别选择A1:A12、D1:E12数据区域，插入组合图【簇状柱形图-次坐标轴上的折线图】，如图10-17所示。

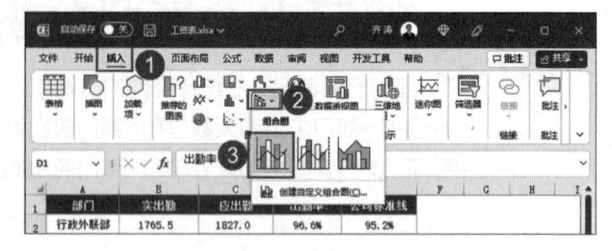

图10-16　调整后表格效果

图10-17　插入组合图

单击选择折线最右端，然后再单击，在图表右上角依次单击【图表元素】→【数据标签】→【上方】，如图10-18所示。同样操作，柱形系列设置数据标签为【数据标签外】。

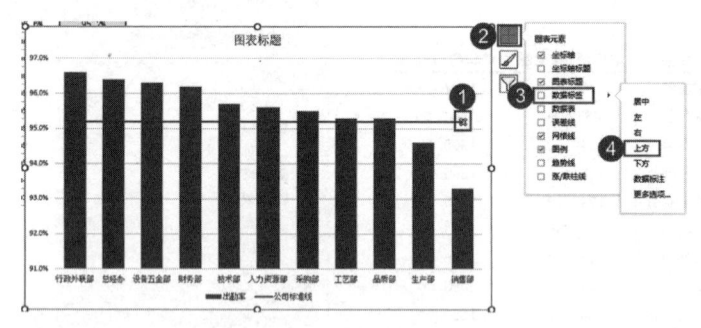

图10-18　设置数据标签

设置图表标题、删除网格线、删除垂直（值）轴，美化图表，效果如图10-19所示。

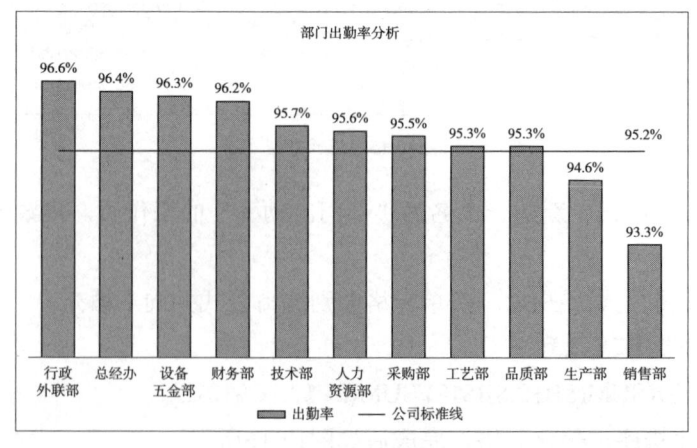

图10-19　部门出勤率分析效果图

10.4 薪酬预算与完成分析

薪酬预算既按周期预算费用，如年度预算、月度预算，又按组织预算费用，如部门预算，薪酬预算与完成分析，主要是分析预算完成率。

薪酬预算完成率=薪酬实际支出÷薪酬预算费用×100%

本节主要讲解月度和部门薪酬预算与完成分析，具体设计步骤如下：

STEP 1 统计数据。将【部门】字段拖到【行】区域，【实发工资】字段拖到【值】区域，如图10-20所示。

STEP 2 导出数据。新建一个名为"预算分析"的工作表，将数据透视表的结果复制到该表中。

同样操作，统计月度费用，复制到该工作表中。

将预算费用补充到表格中，将数字调整到万元单位，美化表格，完成后如图10-21所示。

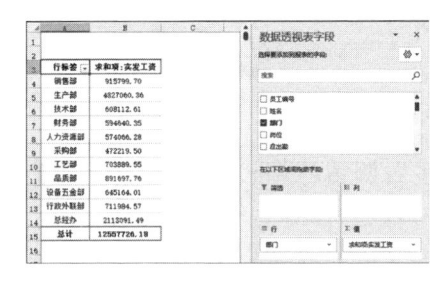

图10-20 统计数据　　　　　　图10-21 预算分析表格效果

STEP 3 编辑公式。在D2、I2单元格分别编辑公式并向下填充。

D2=ROUND(B2/C2,3)

I2=ROUND(G2/H2,3)

对B列降序排序，美化表格，完成后如图10-22所示。

STEP 4 创建部门薪酬预算与实际完成图表。选中A1:C12数据区域，在【插入】选项卡【图表】功能区【插入组合图】中选择【创建自定义组合图】，弹出【插入图表】窗口后设置两个系列全部为【簇状柱形图】，并将"实际支出"系列【次坐标轴】勾选，单击【确定】按钮，如图10-23所示。

图10-22　调整后表格效果

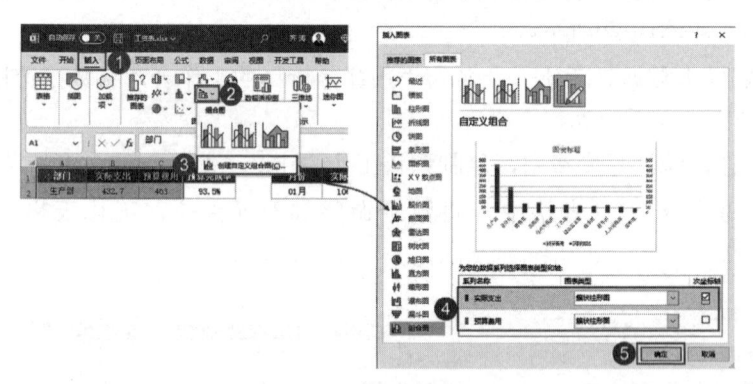

图10-23　插入组合图

双击"预算费用"系列任意一个柱形,在右侧窗格中设置【间隙宽度】为80%,如图10-24所示。

单击任意一个数据标签,在右侧窗格中将【值】取消,勾选【单元格中的值】,光标定位在弹出的【数据标签区域】窗口文本框中,选择D2:D12数据区域,单击【确定】按钮,如图10-25所示。

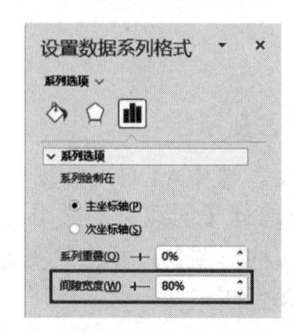

图10-24　间隙宽度设置　　　图10-25　数据标签设置

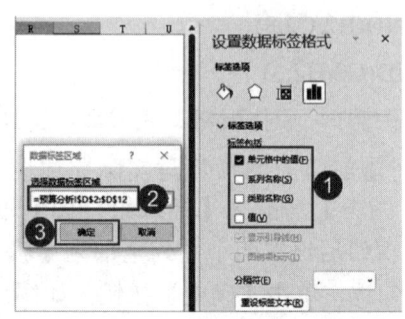

单击"预算费用"系列任意一个柱形，在图表右上角依次单击【图表元素】→【数据标签】→【数据标签外】。

设置图表标题、美化图表，效果如图10-26所示。

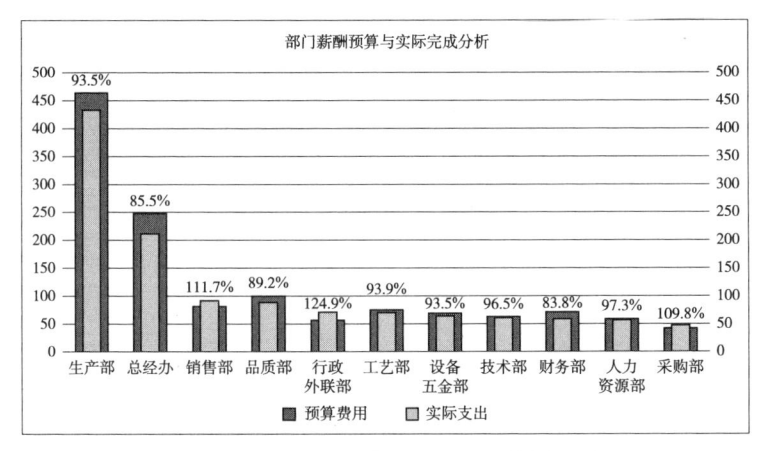

图10-26 部门薪酬预算与实际完成分析效果图

STEP 5 创建月度薪酬预算与实际完成图表。选中F1:H13数据区域，选择生成任意一个图表，选中"部门薪酬预算与实际完成分析"分析图表，按组合键【Ctrl+C】。

然后单击刚生成的图表，在【开始】选项卡【剪切板】功能区【粘贴】下拉列表中选择【选择性粘贴】，在弹出的【选择性粘贴】窗口中选择【格式】，单击【确定】按钮，如图10-27所示。

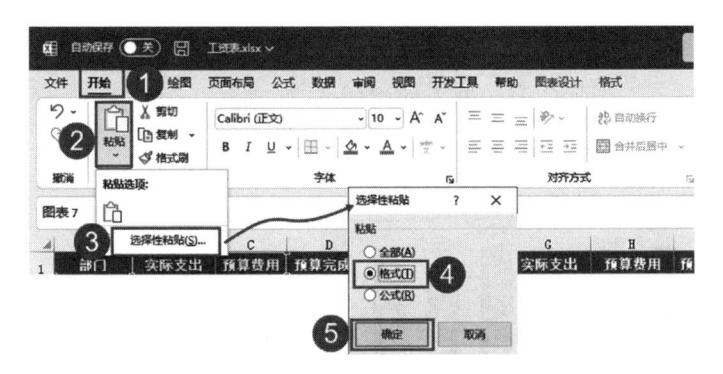

图10-27 快速复制格式

完成后效果如图10-28所示。

双击任意一个数据标签，在右侧窗格中单击【选择范围】，在弹出的【数据标签】区域窗口中将数据范围修改为I2:I13，单击【确定】按钮，如图10-29所示。

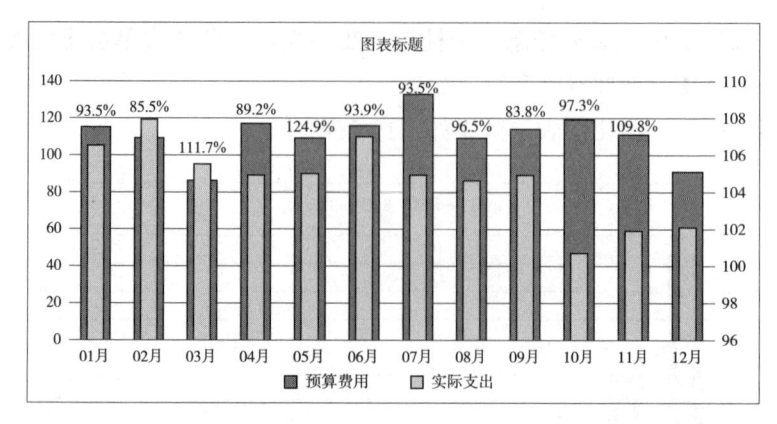

图10-28　快速复制格式后初步效果图

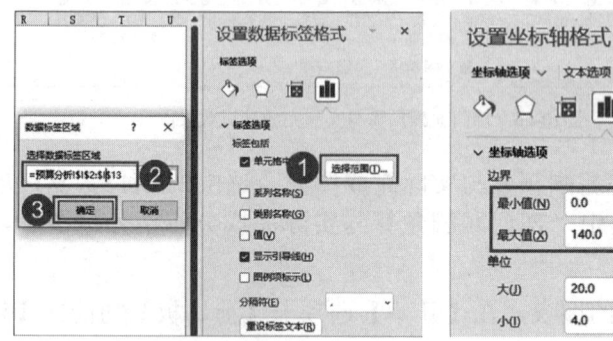

图10-29　修改数据标签区域　　　　图10-30　设置坐标轴

单击"次坐标轴 垂直(值)轴",在右侧窗格中设置【最小值】和【最大值】与垂直(值)轴的【最小值】和【最大值】一致,即分别为0和140,如图10-30所示。

设置图表标题、美化图表,效果如图10-31所示。

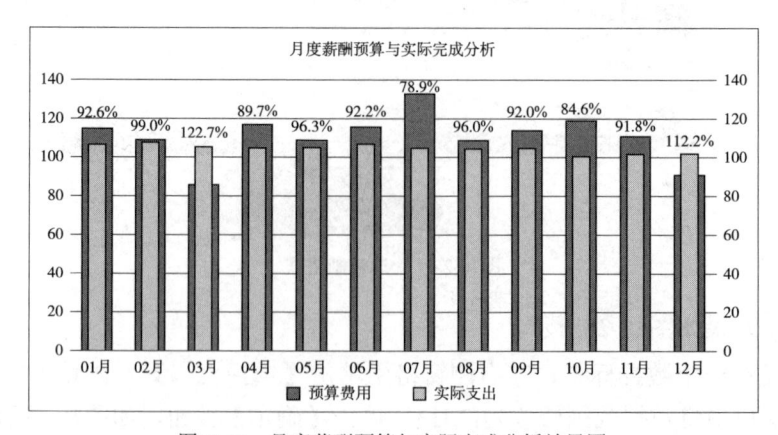

图10-31　月度薪酬预算与实际完成分析效果图

10.5 薪酬构成分析

构成分析主要是对构成整体的各个部分情况分析，薪酬构成分析，可以以月度、季度、部门、职级、工资项目等方面构成分析。

本节主要讲解部门构成和薪酬项目构成分析。

10.5.1 薪酬部门构成分析

薪酬部门构成的具体设计步骤如下：

STEP 1 新建工作表。新建名为"构成分析"的工作表，将部门和实发工资两项数据复制到此表中，在C2单元格输入下列公式并向下填充：

=ROUND(B2/SUM($B$2:$B$12),3)

美化表格，对C列降序排序，如图10-32所示。

STEP 2 创建图表。选中A1:C12数据区域，插入组合图【簇状柱形图-次坐标轴上的折线图】，如图10-33所示。

图10-32 部门构成分析表格

图10-33 插入组合图

设置柱形的数据标签位置为【居中】，设置折线的数据标签位置为【上方】。

双击垂直（值）轴，设置【标签位置】为【无】，同样操作设置"次坐标轴 垂直（值）轴"的【标签位置】为【无】，如图10-34所示。

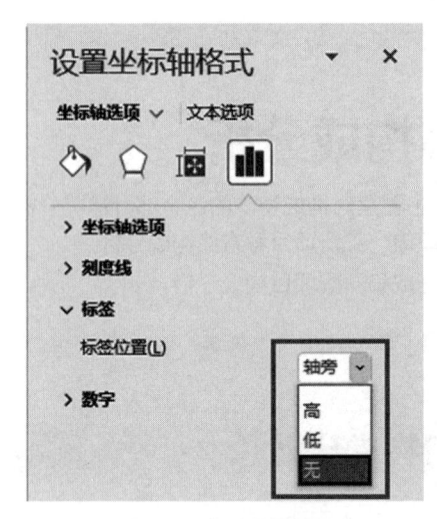

图10-34 标签位置设置

STEP ③ 美化图表。设置图表标题、删除网格线、设置字号，美化图表，完成后效果如图10-35所示。

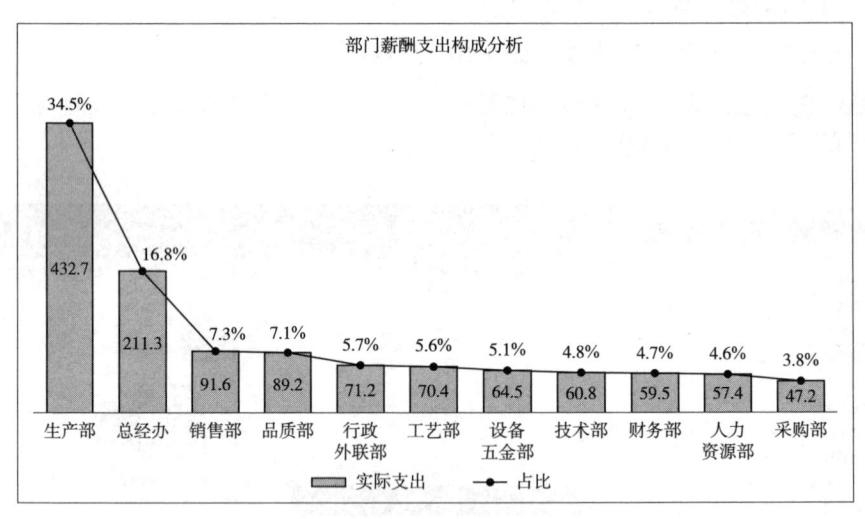

图10-35 部门薪酬支出构成分析效果图

10.5.2 薪酬项目构成分析

薪酬项目的数值有正有负，和部门构成分析不一样，不能显示占比情况，可以通过瀑布图来分析，因操作版本不一样，瀑布图做法也不一样，介绍两种瀑布图做法。

1 直接生成瀑布图

STEP ① 统计数据。将工资项目的各个字段拖到【值】区域,在【列】区域会自动生成【数值】字段,将此字段拖到【行】区域,完成后如图10-36所示。

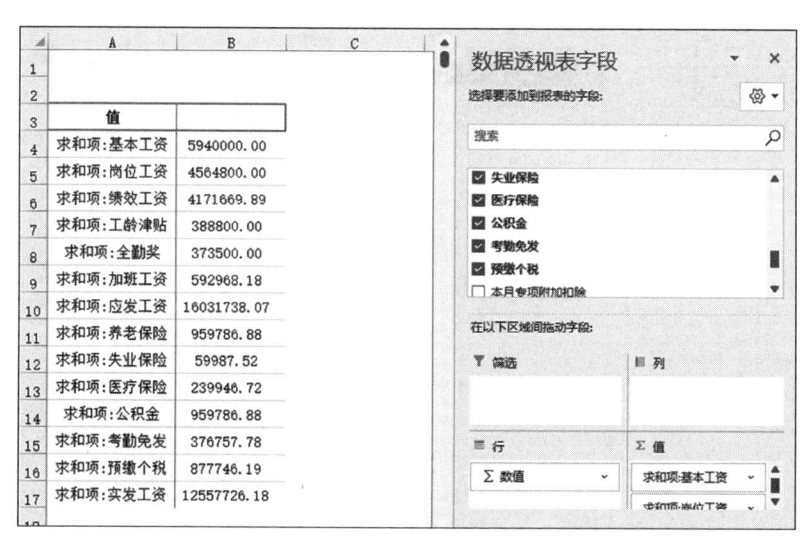

图10-36 工资项目汇总

STEP ② 导出数据。将数据复制到"构成分析"工作表,复制表格中"求和项:"内容,按组合键【Ctrl+H】调出【查找和替换】窗口,将复制的内容粘贴到【查找内容】文本框中,单击【全部替换】,如图10-37所示。

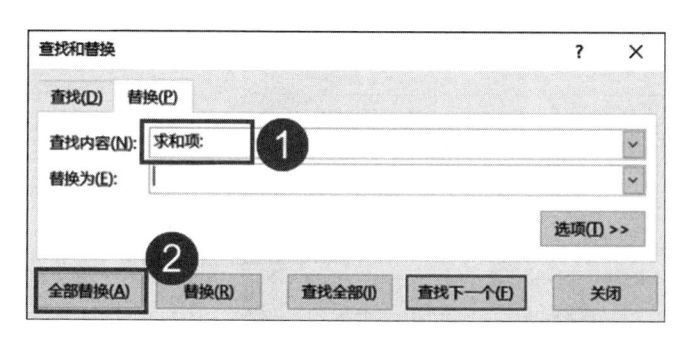

图10-37 替换内容

将金额调整为万元单位,工资减项内容全部修改为负数,将三险一金金额合并,完成后效果如图10-38所示。

STEP ③ 创建图表。选中E1:F12数据区域,插入【瀑布图】,如图10-39所示。

在图表中"应发工资"柱形上单击再单击,然后右击,选择【设置为汇总】,如图10-40所示。在"实发工资"柱形上右击,设置为【设置为汇总】。

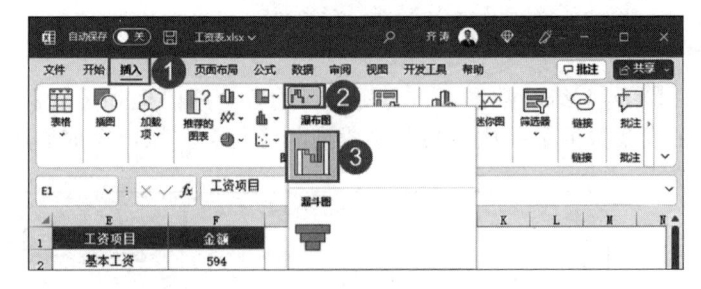

图10-38　工资项目统计表

图10-39　插入瀑布图

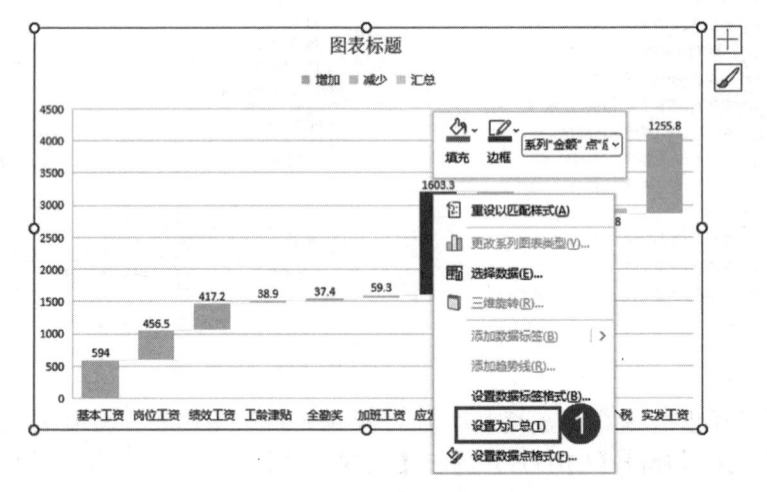

图10-40　设置为汇总

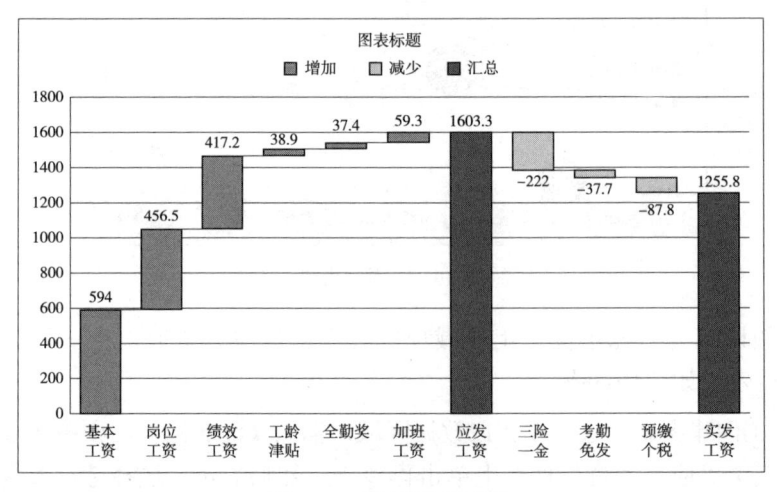

完成后效果如图10-41所示。

图10-41　瀑布图初步效果

> 第10章 考勤薪酬分析模板，总结规律无忧工作

STEP 4 美化图表。修改图表标题、删除垂直（值）轴、删除网格线、美化图表，最终效果如图10-42所示。

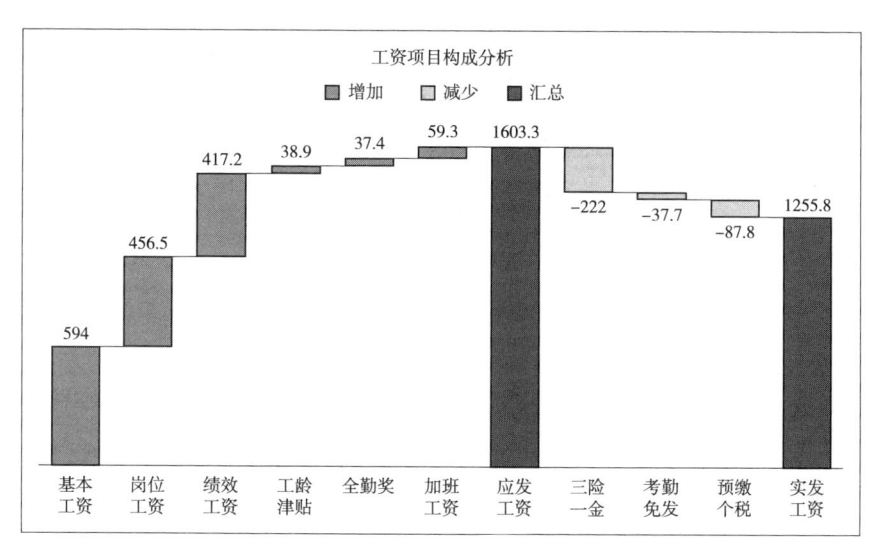

图10-42 工资项目构成分析瀑布图

2 辅助列生成瀑布图

STEP 1 将E1:F12数据区域复制到H1:I12数据区域，在H列后面插入两列。

I2单元格输入公式=SUM($K$1:K1)，拖动到I7单元格；

I9单元格输入公式=SUM($K$8:K9)，拖动到I11单元格；

将K列内容复制到J列，修改负数为正数，完成后效果如图10-43所示。

	H	I	J	K
1	工资项目	辅助列1	辅助列2	金额
2	基本工资	0	594	594
3	岗位工资	594	456.5	456.5
4	绩效工资	1050.5	417.2	417.2
5	工龄津贴	1467.7	38.9	38.9
6	全勤奖	1506.6	37.4	37.4
7	加班工资	1544	59.3	59.3
8	应发工资	0	1603.3	1603.3
9	三险一金	1381.3	222	-222
10	考勤免发	1343.6	37.7	-37.7
11	预缴个税	1255.8	87.8	-87.8
12	实发工资	0	1255.8	1255.8

图10-43 表格效果图

STEP ②创建图表。选中H1:J12数据区域,插入【堆积柱形图】,如图10-44所示。

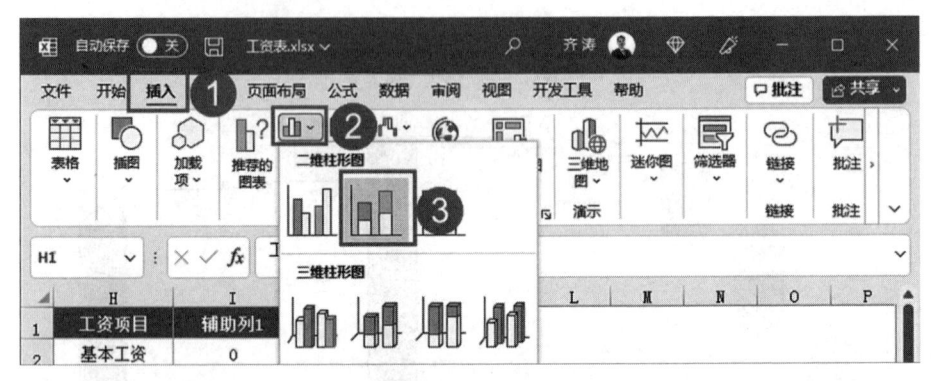

图10-44 插入堆积柱形图

单击"辅助列1"系列任意一个柱形,设置填充颜色为【无填充】。

单击"辅助列2"系列任意一个柱形,在图表右上方依次单击【图表元素】→【数据标签】→【居中】,完成后效果如图10-45所示。

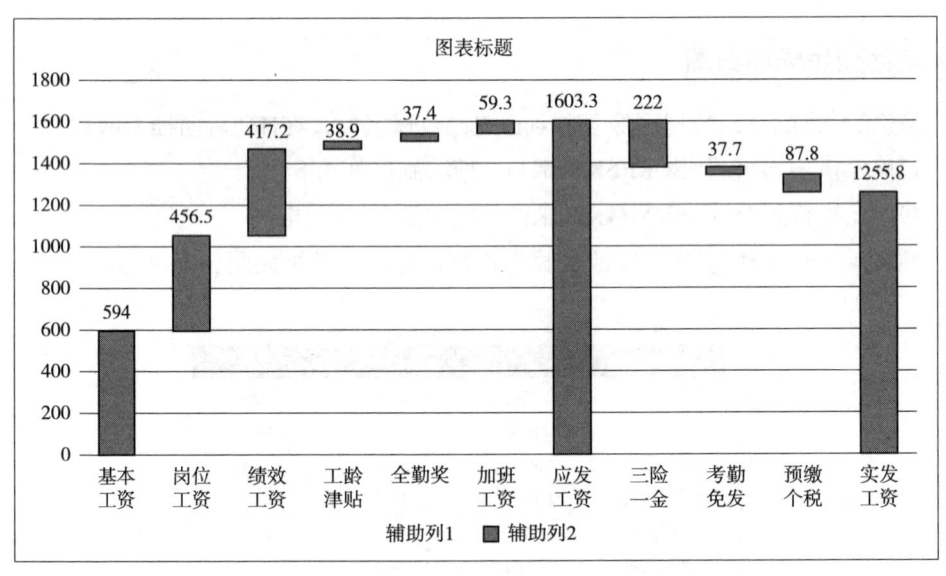

图10-45 瀑布图初步效果

STEP ③美化图表。删除垂直(值)轴、网格线、图例,修改图表标题。

实际操作时,可将工资增项、工资减项、应发工资和实发工资设置为三种不同的颜色,美化图表,完成后效果如图10-46所示。

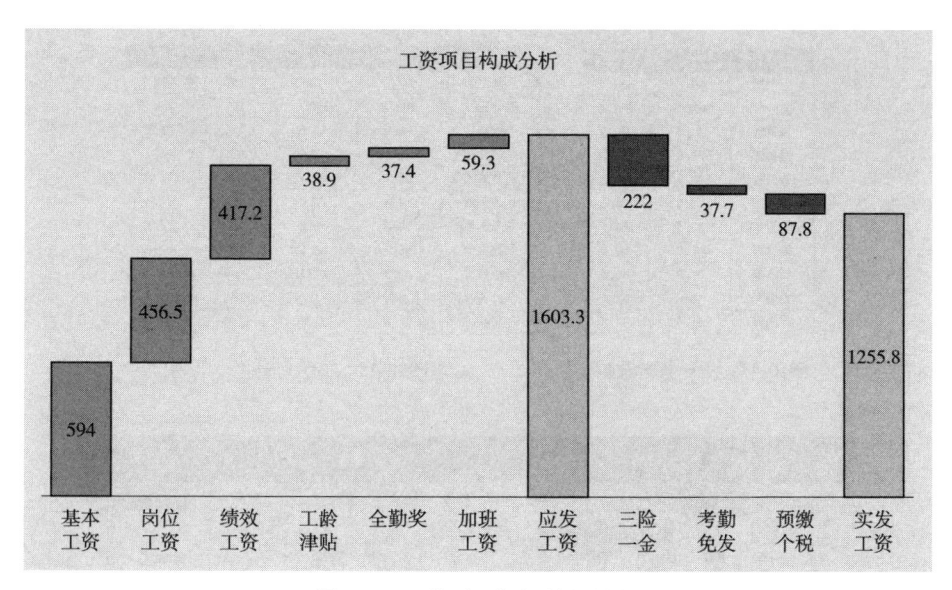

图10-46 工资项目构成分析瀑布图

10.6 薪酬历史数据分析

历史数据分析主要分析历史数据趋势、同比、环比等情况,对比分析当前周期数据与历史数据增减变化。

本节讲解各部门当年和上一年度薪酬数据对比,具体设计步骤如下:

STEP① 准备数据。新建名为"历史对比"的工作表,将各部门薪酬汇总数据复制到此工作表中,准备上一年度薪酬数据,完成后如图10-47所示。

STEP② 辅助列设置。在B列后面插入两列辅助列,C列中将B列数值全部调整为负数,D列数值自定,先全部填写数字100,完成后如图10-48所示。

STEP③ 创建图表。按住【Ctrl】键分别选中A1:A12、C1:E12数据区域,插入【堆积条形图】,如图10-49所示。

双击垂直(值)轴,在右侧窗格中勾选【逆序类别】,如图10-50所示。

设置【标签位置】为【无】,如图10-51所示。

部门	去年	当年
生产部	445.7	432.7
总经办	192.3	211.3
销售部	91.6	91.6
品质部	85.6	89.2
行政外联部	62.7	71.2
工艺部	72.5	70.4
设备五金部	59.3	64.5
技术部	55.9	60.8
财务部	61.3	59.5
人力资源部	66	57.4
采购部	41.5	47.2

图10-47 两年薪酬数据

部门	去年	去年	辅助列	当年
生产部	445.7	-445.7	100	432.7
总经办	192.3	-192.3	100	211.3
销售部	91.6	-91.6	100	91.6
品质部	85.6	-85.6	100	89.2
行政外联部	62.7	-62.7	100	71.2
工艺部	72.5	-72.5	100	70.4
设备五金部	59.3	-59.3	100	64.5
技术部	55.9	-55.9	100	60.8
财务部	61.3	-61.3	100	59.5
人力资源部	66	-66	100	57.4
采购部	41.5	-41.5	100	47.2

图10-48 辅助列设置

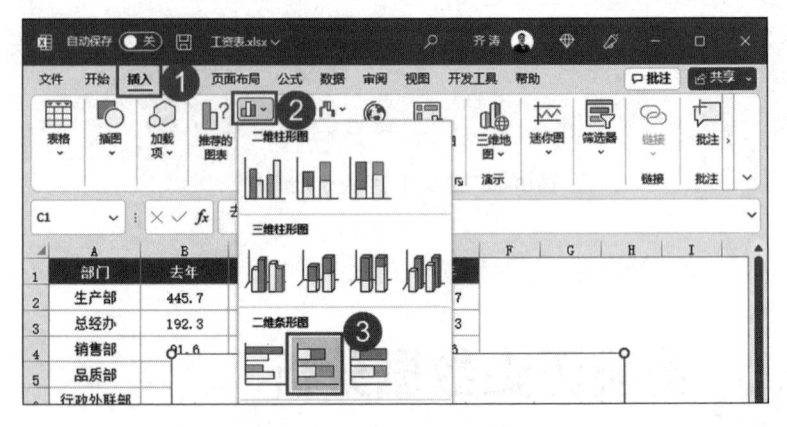

图10-49 插入堆积条形图

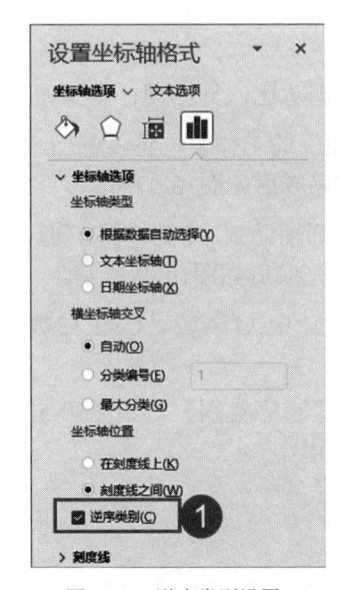

图10-50 逆序类别设置

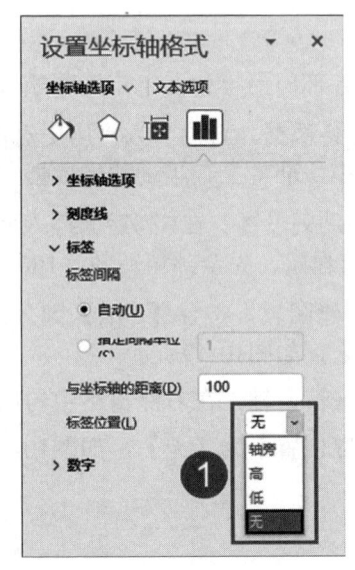

图10-51 标签位置设置

单击"辅助列"系列任意一个条形,在图表右上角依次单击【图表元素】→【数据标签】→【居中】。

单击任意一个标签,在右侧窗格中取消【值】选项,勾选【类别名称】,如图10-52所示。

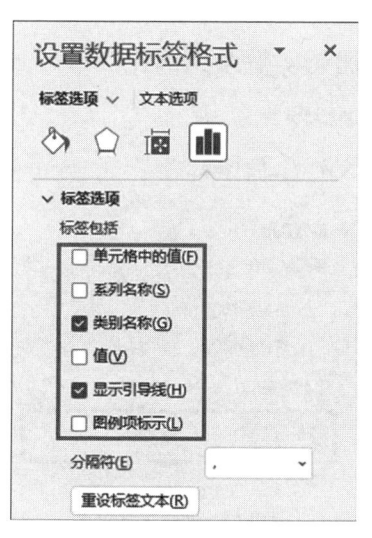

图10-52 数据标签设置

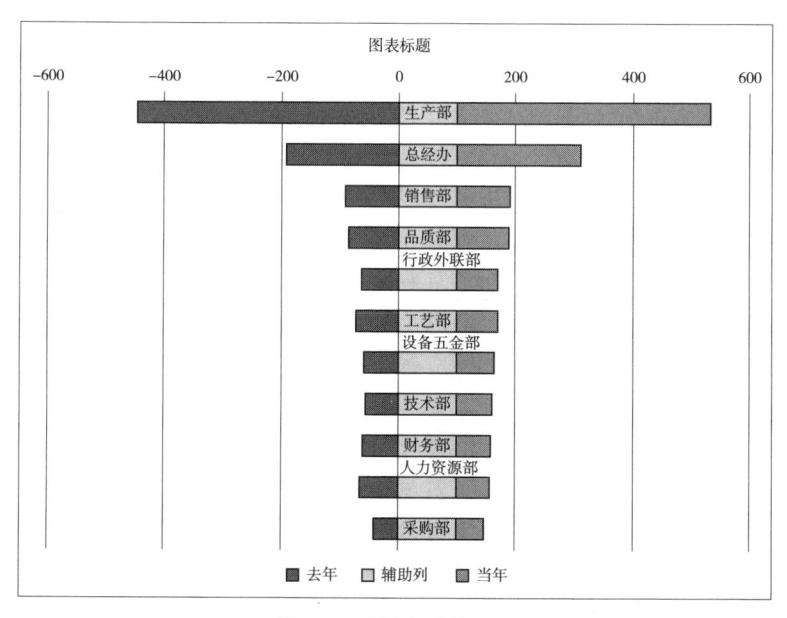

完成后效果如图10-53所示。

图10-53 图表初步效果图

STEP ④ 美化图表。删除网格线、水平（值）轴、修改图表标题，在图例中"辅助列"一项上单击再单击，按【Del】键删除"辅助列"图例。

将"辅助列"系列条形填充颜色设置为【无填充】，在右侧窗格中设置【间隙宽度】为30%，如图10-54所示。

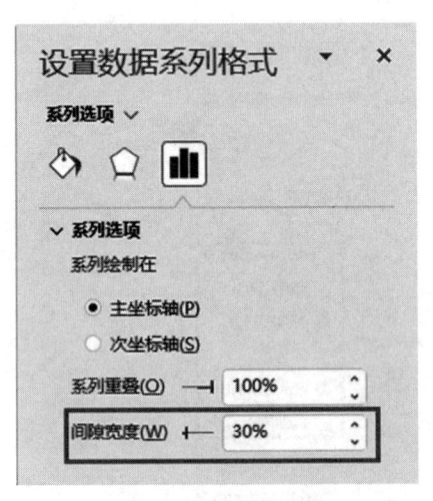

图10-54　间隙宽度设置

设置"去年"数据系列数据标签位置为【轴内侧】，"今年"数据系列数据标签位置为【数据标签内】，完成后效果如图10-55所示。

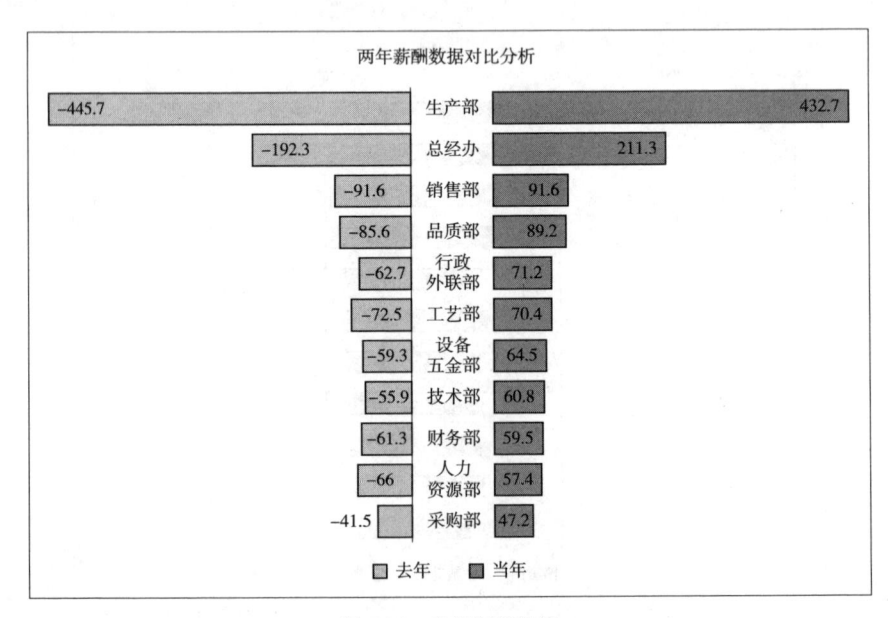

图10-55　数据标签设置

单击"去年"数据系列任意一个数据标签,在右侧空格中取消【值】选项,勾选【单元格中的值】,光标定位在弹出的【数据标签区域】窗口文本框中选择B2:B12数据区域,单击【确定】按钮,如图10-56所示。

图10-56 单元格中的值设置

美化图表,最终效果如图10-57所示。

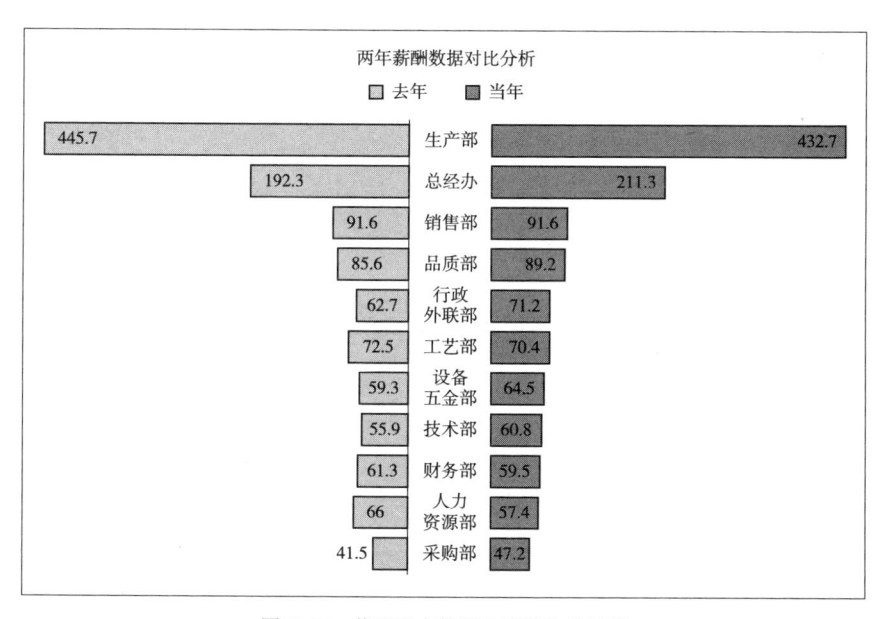

图10-57 薪酬历史数据分析最终效果图

10.7 薪酬分布分析

薪酬分布分析主要是分析薪酬在各个维度上的分布情况，从分布情况来分析薪酬合理性，从全局视角分析薪酬情况。

本节讲解公司层面年度薪酬分布情况，因软件版本不同，有不同操作方法，下面来讲解两种针对不同版本的操作方法。

首先准备数据，将【员工编号】字段拖到【行】区域，【实发工资】字段拖到【值】区域，如图10-58所示。

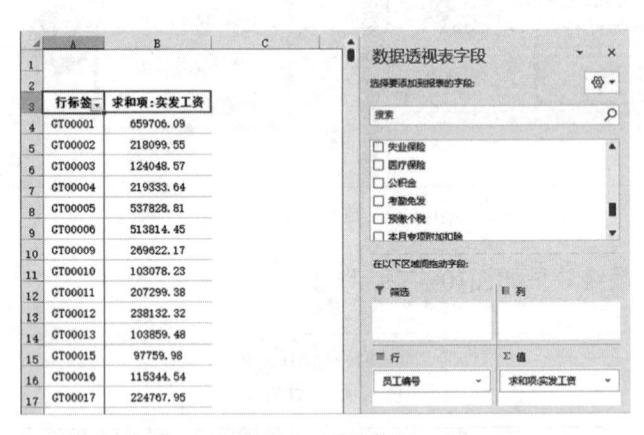

图10-58 统计数据

新建名为"分布分析"的工作表，将数据透视表的数据复制到此工作表中，数值转换成万元单位，美化表格，效果如图10-59所示。

员工编号	年收入
GT00001	66
GT00002	21.8
GT00003	12.4
GT00004	21.9
GT00005	53.8
GT00006	51.4
GT00009	27
GT00010	10.3

图10-59 年收入表格效果图

第10章 考勤薪酬分析模板，总结规律无忧工作

1 直方图分析

STEP①创建图表。鼠标定位在表格中任意一个单元格，插入【直方图】，如图10-60所示。

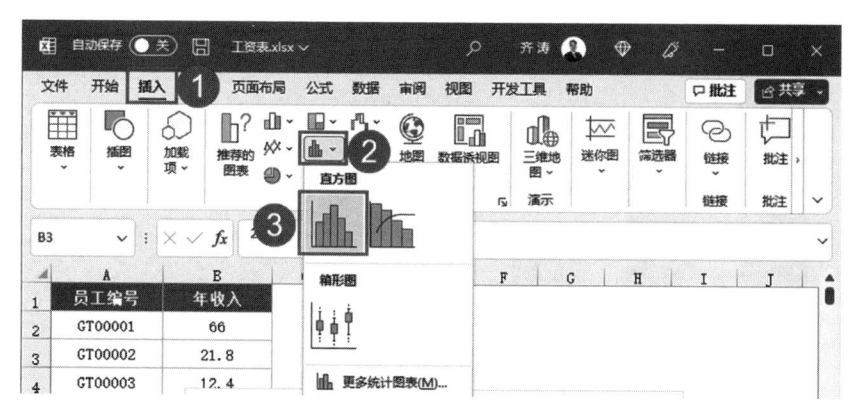

图10-60　插入直方图

STEP②设置图表。双击水平坐标轴，在右侧窗格中设置【箱宽度】为10，【溢出箱】为60，【下溢箱】为10，如图10-61所示。

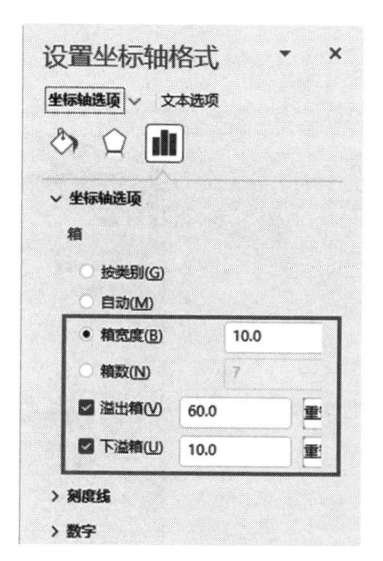

图10-61　坐标轴设置

单击图表，在图表右上角依次单击【图表元素】→【数据标签】→【数据标签外】。

美化图表，最终效果如图10-62所示。

| 245

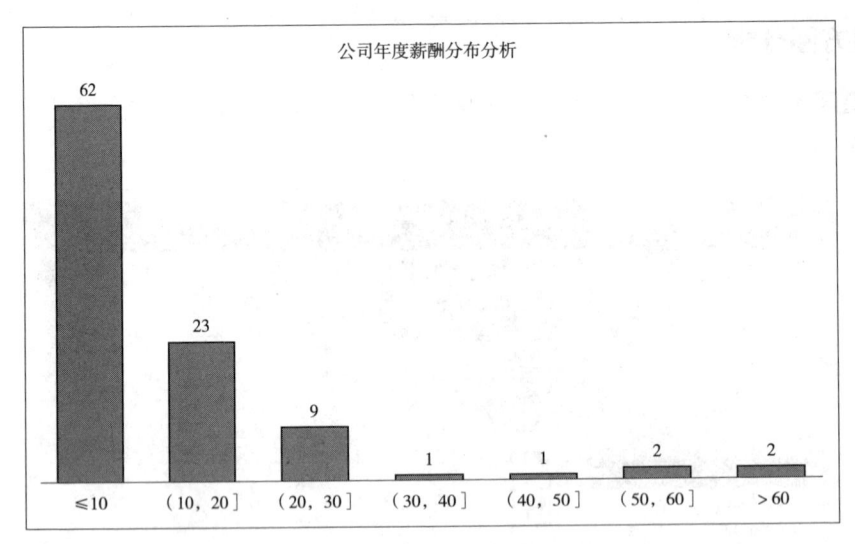

图10-62 年度薪酬分布分析效果图

2 数据透视图分析

STEP① 创建数据透视表。鼠标定位在表格中任意一个单元格，插入【数据透视表】，将【年收入】字段拖到【行】区域，【员工编号】字段拖到【值区域】，完成后效果如图10-63所示。

图10-63 数据透视表效果图

STEP② 组合数据。在A列任意一个数字单元格右击，选择【组合】，在弹出的【组合】窗口中设置如图10-64所示，单击【确定】按钮。

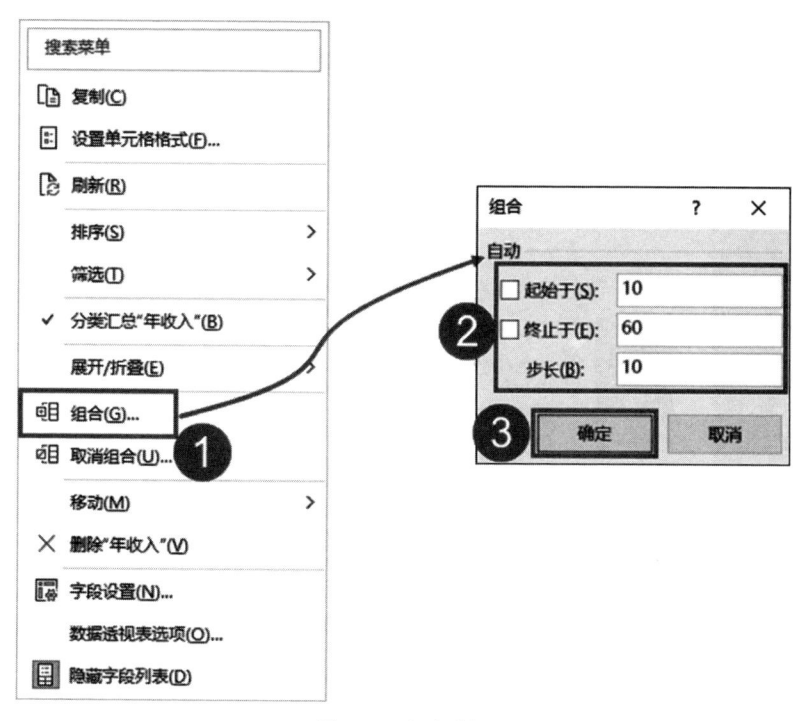

图10-64 组合数据

STEP③创建图表。插入【簇状柱形图】，在图表中任意一个字段按钮上右键单击，选择【隐藏图表上的所有字段按钮】，如图10-65所示。

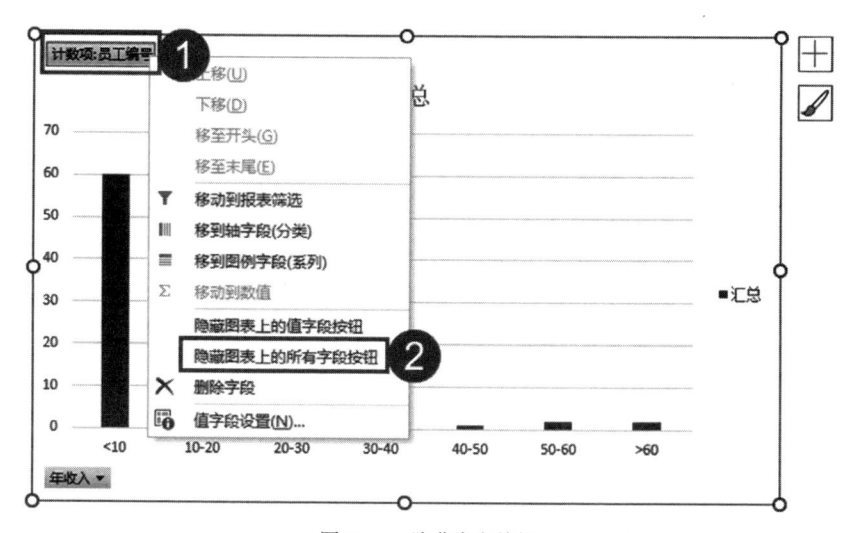

图10-65 隐藏字段按钮

删除垂直（值）轴、网格线、图例，修改图表标题，美化图表后效果如图10-66所示。

公司年度薪酬分布分析

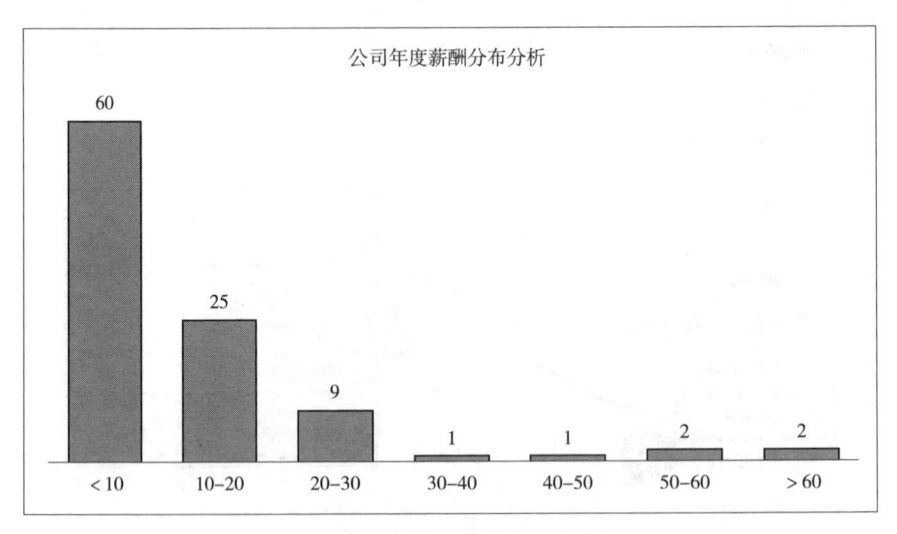

区间	人数
<10	60
10-20	25
20-30	9
30-40	1
40-50	1
50-60	2
>60	2

图10-66　薪酬分布分析最终效果图

10.8 人均薪酬收入分析

人均薪酬收入分析主要是用来分析各维度人均薪酬收入情况。

人均薪酬指标计算公式如下：

人均薪酬=薪酬总额÷平均人数

需要注意这个指标中的分母为"平均人数"，并非是"发薪人数"。

本节主要讲解各部门人均薪酬收入分析（总经办除外），具体设计步骤如下：

STEP 1 准备数据。新建名为"人均薪酬分析"的工作表，准备各部门年度薪酬总额和平均人数，如图10-67所示。

STEP 2 编辑公式。在D2、E2单元格分别输入公式，并向下填充公式：

D2=ROUND(B2/C2,1)

E2=ROUND(SUM($B$2:$B$11)/SUM($C$2:$C$11),1)

对D列降序排序，完成后效果如图10-68所示。

STEP 3 创建图表。按住【Ctrl】键分别选择A1:A11、D1:E11数据区域，插入组合图【簇状柱形图-折线图】，如图10-69所示。

单击选择折线最右端，然后再单击，设置数据标签为【上方】。同样操作，柱形系列设置数据标签为【数据标签外】。

图10-67 统计数据

图10-68 表格最终效果图

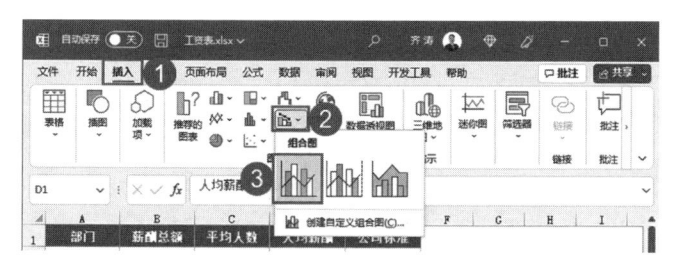

图10-69 插入组合图

设置图表标题、删除网格线、删除垂直（值）轴，美化图表，效果如图10-70所示。

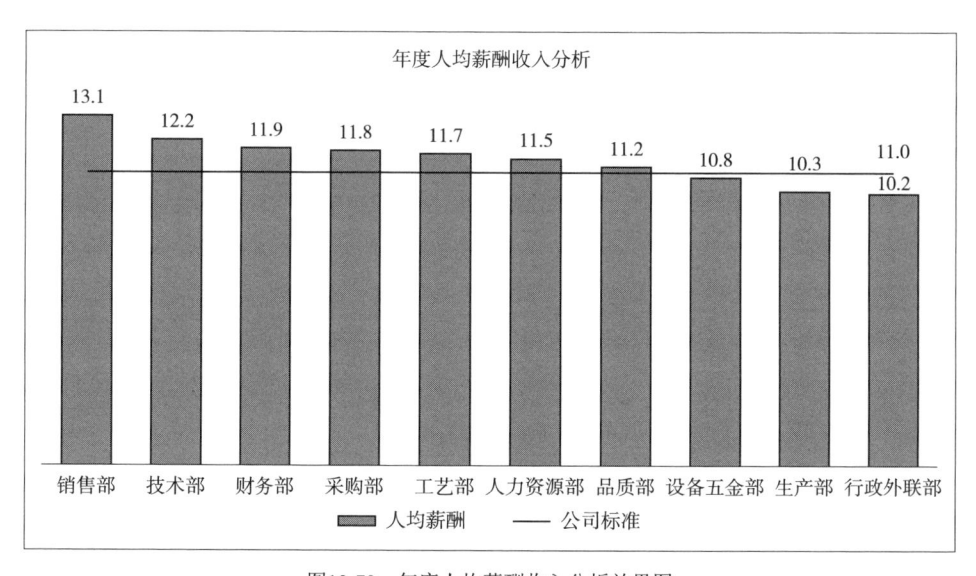

图10-70 年度人均薪酬收入分析效果图

读者意见反馈表

亲爱的读者：

感谢您对中国铁道出版社有限公司的支持，您的建议是我们不断改进工作的信息来源，您的需求是我们不断开拓创新的基础。为了更好地服务读者，出版更多的精品图书，希望您能在百忙之中抽出时间填写这份意见反馈表发给我们。随书纸制表格请在填好后剪下寄到：北京市西城区右安门西街8号中国铁道出版社有限公司大众出版中心经济编辑部 张明 收（邮编：100054）。此外，读者也可以直接通过电子邮件把意见反馈给我们，E-mail地址是：513716082@qq.com。我们将选出意见中肯的热心读者，赠送本社的其他图书作为奖励。同时，我们将充分考虑您的意见和建议，并尽可能地给您满意的答复。谢谢！

所购书名：_____

个人资料：

姓名：_____ 性别：_____ 年龄：_____ 文化程度：_____

职业：_____ 电话：_____ E-mail：_____

通信地址：_____ 邮编：_____

您是如何得知本书的：
☐书店宣传 ☐网络宣传 ☐展会促销 ☐出版社图书目录 ☐老师指定 ☐杂志、报纸等的介绍 ☐别人推荐
☐其他（请指明）_____

您从何处得到本书的：
☐书店 ☐邮购 ☐商场、超市等卖场 ☐图书销售的网站 ☐培训学校 ☐其他

影响您购买本书的因素（可多选）：
☐内容实用 ☐价格合理 ☐装帧设计精美 ☐优惠促销 ☐书评广告 ☐出版社知名度
☐作者名气 ☐工作、生活和学习的需要 ☐其他

您对本书封面设计的满意程度：
☐很满意 ☐比较满意 ☐一般 ☐不满意 ☐改进建议

您对本书的总体满意程度：
从文字的角度 ☐很满意 ☐比较满意 ☐一般 ☐不满意
从技术的角度 ☐很满意 ☐比较满意 ☐一般 ☐不满意

您希望书中图的比例是多少：
☐少量的图片辅以大量的文字 ☐图文比例相当 ☐大量的图片辅以少量的文字

您希望本书的定价是多少：

本书最令您满意的是：
1.
2.

您在使用本书时遇到哪些困难：
1.
2.

您希望本书在哪些方面进行改进：
1.
2.

您需要购买哪些方面的图书？对我社现有图书有什么好的建议？

您更喜欢阅读哪些类型和层次的经管类书籍（可多选）？
☐入门类 ☐精通类 ☐综合类 ☐问答类 ☐图解类 ☐查询手册类

您的其他要求：